中国名镇志文化工程
Culture Project of Local Records of China's Famous Towns

德平镇志

LOCAL RECORDS OF DEPING

山东省临邑县德平镇志编纂委员会　编

方志出版社
Publishing House of Local Records

图书在版编目（CIP）数据

德平镇志 / 山东省临邑县德平镇志编纂委员会编
. -- 北京：方志出版社，2020.11
（中国名镇志丛书）
ISBN 978-7-5144-4597-8

Ⅰ. ①德… Ⅱ. ①山… Ⅲ. ①乡镇—地方志—临邑县
Ⅳ. ① K295.25

中国版本图书馆 CIP 数据核字（2020）第 230224 号

· 中国名镇志丛书 ·

德平镇志

编　　者： 山东省临邑县德平镇志编纂委员会
责任编辑： 何明忠

出 版 者： 方志出版社
地址　北京市朝阳区潘家园东里 9 号（国家方志馆 4 层）
邮编　100021
网址　http://www.zgfzcb.cn
发　　行： 方志出版社图书经销中心
电话　（010）67110500
经　　销： 各地新华书店
排　　版： 北京纺印图文设计制作有限公司
印　　刷： 北京中科印刷有限公司

开　　本： 787 × 1092　　1/16
印　　张： 16.75
字　　数： 311 千字
版　　次： 2020 年 11 月第 1 版　　2020 年 11 月第 1 次印刷

ISBN 978-7-5144-4597-8　　**定价：** 136.00 元

序一

习近平总书记指出：“不忘历史才能开辟未来，善于继承才能善于创新……只有坚持从历史走向未来，从延续民族文化血脉中开拓前进，我们才能做好今天的事业。”中国优秀传统文化是在漫长的历史长河中历经无数次涤荡和沉淀而形成的思想精髓，蕴藏着无穷的宝藏和无尽的力量。发掘和继承优秀传统文化，是延续中华文明“根”与“魂”的必由之路。与时俱进，推动传统文化不断开拓创新，是中华文明常葆勃勃生机的重要保证。

“国有史，邑有志。”编修地方志是中国特有的文化现象，是中华民族的优秀文化传统。数千年来，连绵不断的志书编修为保护中华民族根脉，传承中华文明发挥了不可替代的作用。中国现存古志有 8000 余种，占现存古籍的十分之一。中华人民共和国成立以来，编修完成数万种省、市、县三级综合性行政区域志、部门志、行业志、专志等，编纂数万种地方综合年鉴、行业年鉴和专门年鉴等，整理出版数千种历代方志及相关研究成果，发表相当数量的方志理论与年鉴理论研究成果。这既是对我国国情、地情持续开展的大规模普遍调查，也是对各地自然与社会发展状况进行的综合研究，其成果构成了一座丰富的文化资源宝藏，为各级领导科学决策提供了重要参考，为推动经济社会发展和文化建设发挥了重要作用。

当前，中国特色社会主义进入新时代，全国地方志事业也进入新时代。如今的地方志事业围绕党和国家利益、经济社会发展，以人民为中心开拓创新，志、鉴、馆、史“四驾马车”并驾齐驱，志、鉴、馆、网、库、用、会、刊、研、史“十业并举”，加快实现在全国范围内全面推进地方志从一项工作向一项事业转型升级。在党中央、国务院的亲切关怀和各级地方志工作者的共同努力下，一批紧密结合社会发展需求、具有独特创造性的工作逐步开展，涵盖中国名镇志、中国名村志、中国名山志、中国名水志、中国名街志等“名志”系列文化工程是其中代表。作为首个“名志”系列文化工程的中国名镇志文化工程，启动于 2015 年，至今已是第三个年头。中国名镇志丛书在记述主体上，选择中国历史文化名镇、经济强镇、特色镇等在全国具有影响力和代表性的乡镇，旨在全面展示中国名镇的文化精髓；在内容题材选择上，重在突出不同名镇的“名”和“特”，力求集中体现不同名镇最精彩的部分，增强可读性；在志书编纂程序设置方面，志书申报、篇目设计、专家审读、专家组验收等流程环环相扣，紧密结合，力争把每一部志书都打造成精品佳志。

习近平总书记指出：“历史和现实都表明，一个抛弃了或者背叛了自己历史文化的民族，不仅不可能发展起来，而且很可能上演一场历史悲剧。”2018 年是改革开放 40 周年，40 年来中华大地发生了翻天覆地的变化，乡镇发生了极为深刻的改变，从粗茶淡饭到有机食品，从粗布衣裙到精美时装，从土屋平房到高楼大厦，人民生活水平大大提高，城乡差距不断缩小。然而，在感受辉煌成就的同时，我们也应该看到，许多精巧的古建、精湛的工艺、亲切的乡音、独特的乡俗也在快节奏的发展中与我们渐行渐远，曾经的家乡正逐渐变为记忆中的故园。

党的十九大报告提出乡村振兴战略，此后党中央、国务院又推出一系列重大举措。实施乡村振兴战略，必须全面加强乡村文化建设，培养乡村文化自信，培植文化之“根”，铸牢文化之“魂”。没有乡村文化的高度自信，没有乡村文化的繁荣发展，就难以实现乡村振兴的伟大使命。振兴乡村文化，既要塑形，更要铸魂，必须遵循乡村发展的客观规律，在发展中把文化的精髓保留下来，把乡土味道、乡村风貌的“魂”传承下去。在保留优秀乡村文化内核的基础上，用现代表现方式，把反映时代精神、先进理念的内容通过群众喜闻乐见的文化产品表达出来，才能够让乡土文化具有更强大的生命力。用创新性的模式书写乡镇志，传承和抢救乡土历史文化，激发爱国爱乡情怀，为探索中国特色新型城镇化发展经验、发展模式、发展道路提供历史智慧和现实借鉴，正是实施中国名镇志文化工程的目的和意义所在。

“月是故乡明”。中国人素有“家国情怀”，家乡的山水是最为美丽的，家乡的风俗是充满温暖的，一声亲切的乡音，一口熟悉的家乡菜，都能拨动游子的心弦，让其魂牵梦萦。中国名镇志丛书是一套全面梳理中国名镇历史人文，挖掘文化特色，突出“名”和“特”的镇志。它能让人民群众深刻感受到本土本乡自然的优美、历史的醇厚、人物的杰出、艺文的风雅等，有助于培养人民群众对家乡文化的自信，激发起人民群众浓烈的爱乡爱国情怀，助力国家新型城镇化建设和乡村振兴战略的实施。

是为序。

中国社会科学院院长
中国地方志指导小组组长　　谢伏瞻

序二

连绵不断地编修地方志是我国特有的文化传统，为传承中华文明作出了巨大的贡献。在党中央、国务院的高度重视和支持下，这一古老的文化传统焕发勃勃生机，展现新的活力，成为保存、继承、发扬光大中华优秀传统文化的重要依托，培育和践行社会主义核心价值观的重要媒介，社会主义先进文化建设的重要组成部分，发展中国特色社会主义，增强道路自信、制度自信、理论自信的重要载体，在实现"两个一百年"奋斗目标和中华民族伟大复兴中国梦进程中具有不可替代的地位和作用。

事物总是在不断发展中前进。经过改革开放以来30余年的发展，中国特色地方志事业与传统的编修地方志已不可同日而语，形成了志（志书）、鉴（年鉴）、库（地情数据库）、馆（方志馆）、网（地情网站）、刊（期刊）、会（学会）、研（理论研究）、用（开发利用）等多业并举的新格局。截至2015年10月底，全国编纂完成首轮、二轮省、市、县志书8000多种，编修部门志、行业志、专业志、乡镇村志27000多种，编纂地方综合年鉴2300多种，累计整理旧志2500多种，还编纂出版了大量的地情书，字数以百亿计，形成以反映国情、地情为主要内容，全面系统、持续不断、卷帙浩繁的社会科学成果群。另外，还开通了27个省级网站、230个市级网站、816个县级网站；建成国家方志馆1个、省级方志馆16个、市级方志馆86个、县级方志馆近300个。这些成果，成为国家极为重要的文化资源，是国家文化软实力和公共文化服务体系的重要组成部分。

最近几年，地方志工作的触角在不断延伸，部门志、行业志、专业志、特色志、乡镇村志编纂方兴未艾，成为当前地方志事业发展新的增长点和亮点。特别是乡镇志，兴起了编纂热潮，从自发的民间行为逐渐过渡为政府组织的文化行为，有的省份以政府令形式将其纳入地方志编修范畴，像河南省还以省政府办公厅名义要求全省普修乡镇志。乡镇志并不是一个新生事物，据现有资料可考，宋代常棠所撰《澉水志》是现存最早的一部乡镇志。与省、市、县三级志书相比，乡镇志虽属小志，但意义却不小，特别是在当前国家全力推进新型城镇化建设的背景下，乡镇志的作用更显重要。

启动中国名镇志文化工程，是适应当前新型城镇化建设形势发展需要、地方志事业发展形势需要的重要举措，也是充分发挥地方志存史、资政、育人功能的重要手段。作为最基层行政组织的志书，镇志是最接近中国社会发展变迁的国情、地情记录文本，具有重要的历史文献价值。而作为充分反映本区域自然、政治、经济、文化和社会的历史与现状的资料性文献，镇志又能全面展示发展脉络，摸索发展经验，为探索中国乡镇未来发展方向提供借鉴和参考。当然，对于祖祖辈辈生于斯长于斯的中国人来说，故乡就是一个魂牵梦萦的地方，故乡的情怀终生难忘。留得住乡愁，记得住乡思，充分展示名镇文化魅力，激发爱乡、爱国情怀，正是中国名镇志文化工程题中应有之义。

是为序。

中国社会科学院原院长
中国地方志指导小组原组长 王伟光

序三

“国有史，邑有志”，中国自古就有注重编史修志的传统。按照我国目前地方志行政法规，国家各级地方志机构的法定职责是编纂省、市、县三级志书，并不包括县以下的乡镇志和村志。这种规定，一方面可能因为全国有数百万自然村落和数万乡镇，全部实行官修很难实现；另一方面可能因为我国历史上就有“皇权止于县”的说法，县以下的民间社会历来是一个以自治为主的领域。然而，改革开放几十年来，我国社会正在发生巨变，这种巨变在基层社会的乡镇、村落、家庭领域更为深刻。作为“乡之首，城之尾”的镇，逐渐被日益崛起的大都市淹没了光彩，村落在快速的城镇化过程中每天都在大量消失，农村家庭的小型化、空巢化趋势非常突出。在这种情况下，我一直在思考，如何留得住历史文化记忆和乡愁，如何把修志的工作向基层社会延伸？

中国人的“家国情怀”，是从“诚意、正心、修身”开始，到实现“齐家、治国、平天下”。所以从国家一统志，省、市、县三级志，到乡镇志、村志、家谱，也是一个完整的系统。

正是在这种背景下，我们决定启动中国名镇志文化工程。乡镇是无数中国人生命的底色和成长的摇篮。如何在城镇化进程中，留得住乡愁，记得住乡音，忘不了乡思，事关城镇化进程的人文关怀和文化保护，事关文化血脉的传承。同时，科学记录城镇化进程，反映城镇化成就，也为今后探索城镇化发展规律、积累经验提供了基本素材。作为全面系统记述一定行政区域的自然、政治、经济、文化和社会的资料性文献，志书是以上功能最好的载体。

我国目前有 4 万多个乡镇，全部修乡镇志还不具备条件。中国名镇志丛书选择的是传统文化名镇、历史军事重镇、革命历史名镇、民族特色名镇、特色经济名镇、旅游景观名镇等类型的乡镇，应该是最具代表性的，在中国乡镇文化传承和社会发展中具有标杆意义。

编纂中国名镇志丛书是对乡土历史文化的保护。随着城镇化进程加快，有不少乡镇被撤并，有些还是在历史上有重要意义的历史文化名镇、特色镇等。如不及时对其历史进行整理、记录，这些重要的历史资料将散佚殆尽。因此，中国名镇志丛书的编纂是对宝贵历史资料的抢救。

编纂中国名镇志丛书是对乡土意识的传承。什么东西有魅力？故乡的山水，乡音乡情的记忆，乡土的气息和家乡菜的味道，不管走到哪里，总是触动心弦。中国名镇志丛书记录的是家乡的山山水水，家乡的历史文化，家乡的风土人情，留住的是乡愁。这些最能激发远方游子和本地民众的爱乡情怀、爱国情怀。

编纂中国名镇志丛书是一种学术探索。镇志的编纂，实质也是一次深入的社会调查研究。“麻雀虽小五脏俱全”，相比省、市、县，乡镇第一手资料的获得需要付出更大的努力。我们也希望在志书编纂上有所创新，使中国名镇志丛书成为一套图文并茂、雅俗共赏的新型志书。

中国社会科学院原副院长
中国地方志指导小组原常务副组长 李培林

中国名镇志文化工程专家委员会

名誉主任　徐匡迪
主　　任　谢伏瞻
常务副主任　高　翔
委　　员（按姓氏笔画排序）
毛其智　叶裕民　李　铁　李善同
杨保军　柳　拯　倪鹏飞　魏后凯

中国名镇志文化工程学术委员会

主　　任　高　翔
常务副主任　冀祥德
副 主 任　邱新立
委　　员（按姓氏笔画排序）
于伟平　王　晖　王铁鹏　巴兆祥
田　嘉　苏炎灶　李　江　李孝聪
张大伟　张英聘　陈　强　陈泽泓
武　力　和卫国　黄晓勇　潘晨光

山东省临邑县德平镇志编纂委员会

顾　　问　林春元　张　旗
专职顾问　王玉东　修广利　傅宗国
主　　任　张洪东
副 主 任　张万里　赵志峰
委　　员　郭　忠　高希辉　静玉钊　蔡光勇　陈玉胜
　　　　　石连峰　张魁君　李　晶　于艳莉　菅荣山
　　　　　王桂成　张　峰　王增国　刘　欣　赵吉刚
　　　　　王启晨　刘道清　韩家峰　鲍明亮　张　悦
　　　　　侯善波　马洪彬　刘天庆　夏德民

山东省临邑县德平镇志编辑人员

主　　编　于艳莉
副 主 编　黄晓东
编　　辑（按姓氏笔画排序）
　　　　　邓荣河　任德志　杜永波　张冬梅　李希石
　　　　　范里昂　郭培强　翟文峰
摄　　影　李志国　李　刚　庞　晓　黄浩鹏

中国名镇志丛书凡例

一、以马克思列宁主义、毛泽东思想、邓小平理论、“三个代表”重要思想、科学发展观、习近平新时代中国特色社会主义思想为指导，坚持辩证唯物主义和历史唯物主义的立场、观点和方法，存真求实，全面、客观、系统记述中国名镇城镇化进程和改革开放成果，传承和抢救乡土历史文化，激发爱国爱乡情怀，留住乡愁，为探索中国特色新型城镇化建设、服务乡村振兴战略提供历史智慧和现实借鉴。

二、为全面反映入志事物发展脉络，各志上限追溯至事物发端，下限一般断至各镇志启动编修年份，个别重大事项可延至搁笔。详今明古，着重反映时代特色和地方特点，重点体现各镇的“名”与“特”。

三、记述地域范围以下限年份的行政辖区为主。为体现名镇在更大区域内的意义，可以从更开阔的区域视野记述与该镇相关的内容。

四、统一采用纲目体，设类目、分目、条目三个层次。横排门类，纵述史实，述而不论。

五、综合运用述、记、志、传、图、表、录等各种体裁，以志体为主。体裁运用适当创新，篇目设置不求面面俱到，一般意义上的乡镇级内容略去不载。

六、除引用文字和附录文献资料外，统一使用规范的现代语体文记述，行文力求朴实、严谨、简洁、流畅、优美，具有较强可读性。

七、人物部类遵循“生不立传”原则，人物传主按生年排序，只选录对本镇发展有重大影响的人物，不面面俱到。

八、各项数据一般采用国家统计部门数据。数据缺乏的，采用主管部门或主办单位正式提供的数据。

九、数字用法、标点符号、计量单位分别执行国家标准《出版物上数字用法》（GB/T 15835—2011）、《标点符号用法》（GB/T 15834—2011）、《国际单位制及其应用》（GB 3100—1993）和《有关量、单位、符号的一般原则》（GB 3101—1993）。历史上使用的计量单位，如斗、石、里、尺、磅、华氏度等，在引文时可照录。考虑到社会使用习惯，全书中亩不统一换算。

十、中华民国成立前的纪年，使用朝代年号纪年，括注公元年份；中华民国成立后的纪年，均使用公元纪年。志中所称“解放前（后）”，以该镇解放日为界；“新中国成立前（后）”，以中华人民共和国成立日 1949 年 10 月 1 日为界；“改革开放前（后）”，以 1978 年 12 月中共十一届三中全会召开为界。本志“×× 年代”，凡未加世纪者，均指 20 世纪。

十一、为节省篇幅，避免重复，本志采用条目互见法。参见条目的表示形式为：参见本志“×× 类目 · ×× 分目 · ×× 条目”。

十二、对旧志、古籍中的繁体字、冷僻字一般用简化字或通用字替换，易引起误解的则保留。

十三、记述各个历史时期的党派、机构、职务、地名等，均以当时的名称为准。对频繁使用的名称，首次用全称并括注简称，其后用简称。

十四、各镇志需要单独说明的事项，均在各自编纂始末中记述。

德平镇在中国的位置

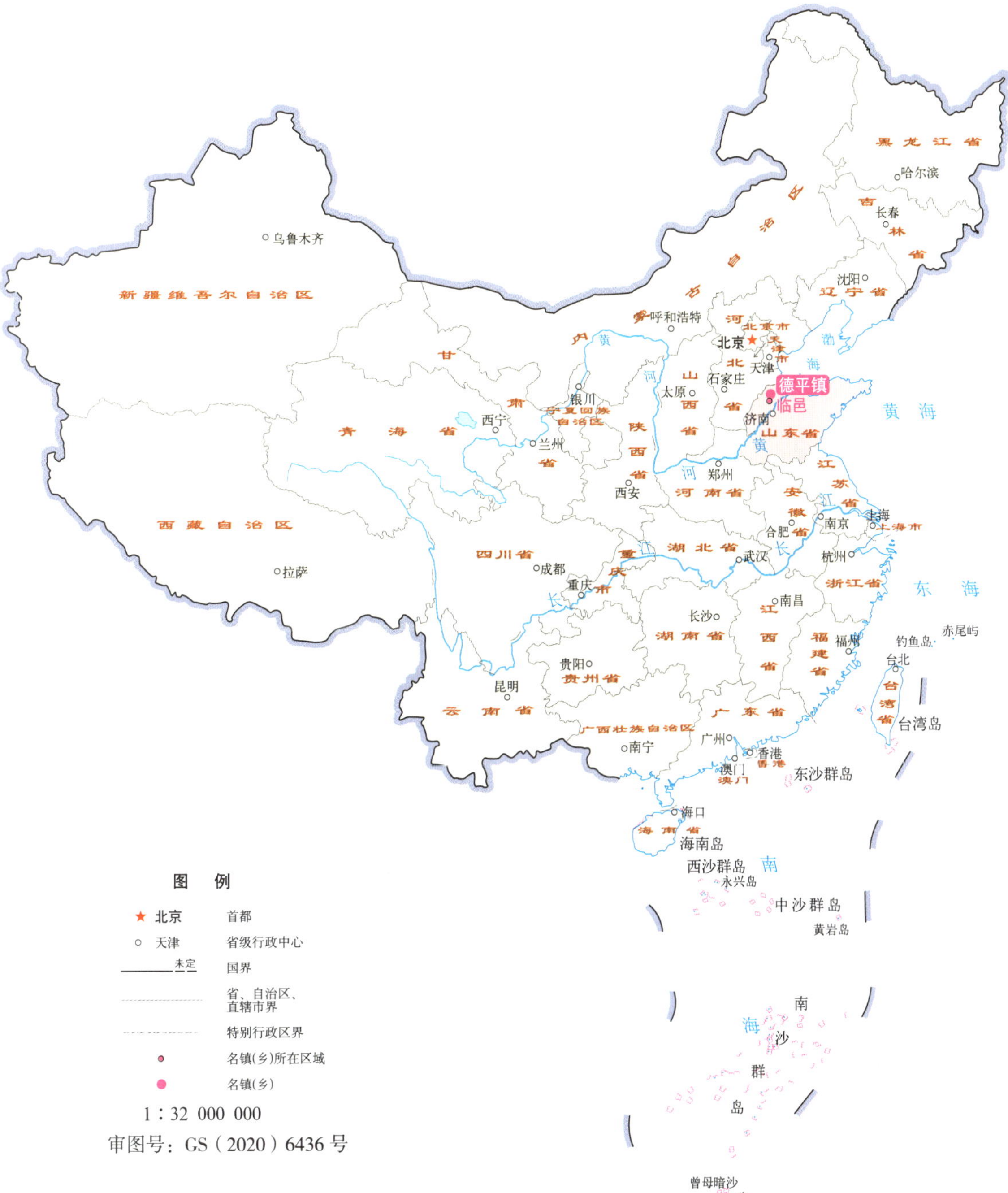
德平镇
临邑
北京
天津
石家庄
太原
济南
郑州
西安
呼和浩特
乌鲁木齐
拉萨
西宁
兰州
银川
成都
重庆
武汉
合肥
南京
上海
杭州
南昌
长沙
福州
贵阳
昆明
南宁
广州
香港
澳门
海口
台北
哈尔滨
长春
沈阳
黑龙江省
吉林省
辽宁省
内蒙古自治区
河北省
北京市
天津市
山西省
山东省
河南省
陕西省
宁夏回族自治区
甘肃省
青海省
新疆维吾尔自治区
西藏自治区
四川省
重庆市
湖北省
湖南省
安徽省
江苏省
上海市
浙江省
江西省
福建省
台湾省
广东省
广西壮族自治区
贵州省
云南省
海南省
香港
澳门
渤海
黄海
东海
南海
黄河
长江
钓鱼岛
赤尾屿
台湾岛
东沙群岛
海南岛
西沙群岛
永兴岛
中沙群岛
黄岩岛
南沙群岛
曾母暗沙
图例
北京 首都
天津 省级行政中心
未定 国界
省、自治区、直辖市界
特别行政区界
名镇(乡)所在区域
名镇(乡)
1：32 000 000
审图号：GS（2020）6436 号

德平镇在山东省的位置

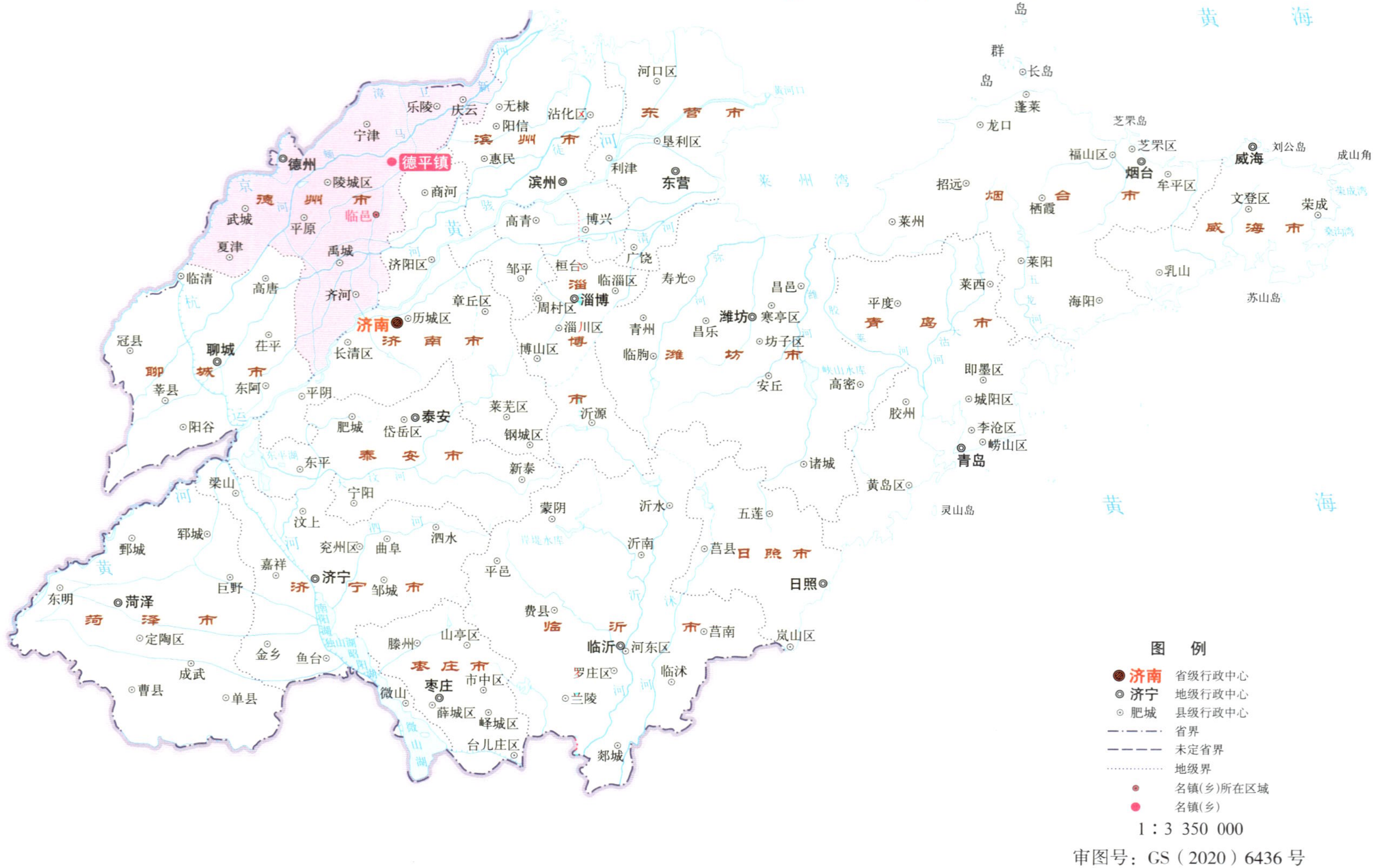

德平镇
德州
德州市
乐陵
庆云
宁津
陵城区
临邑
武城
平原
夏津
禹城
齐河
济南
济南市
历城区
长清区
济阳区
章丘区
平阴
滨州
滨州市
无棣
阳信
沾化区
惠民
商河
高青
博兴
邹平
东营
东营市
河口区
垦利区
利津
淄博
淄博市
桓台
临淄区
周村区
淄川区
博山区
广饶
寿光
潍坊
潍坊市
昌邑
寒亭区
坊子区
昌乐
青州
临胸
安丘
高密
诸城
青岛
青岛市
平度
莱西
即墨区
城阳区
李沧区
崂山区
胶州
黄岛区
烟台
烟台市
芝罘区
福山区
牟平区
莱山
龙口
蓬莱
长岛
招远
栖霞
莱州
莱阳
海阳
威海
威海市
文登区
荣成
乳山
聊城
聊城市
临清
冠县
高唐
茌平
莘县
东阿
阳谷
泰安
泰安市
肥城
岱岳区
东平
宁阳
新泰
莱芜区
钢城区
沂源
蒙阴
济宁
济宁市
梁山
汶上
兖州区
曲阜
泗水
嘉祥
邹城
鱼台
金乡
菏泽
菏泽市
郓城
鄄城
东明
巨野
定陶区
成武
曹县
单县
枣庄
枣庄市
山亭区
滕州
市中区
薛城区
峄城区
台儿庄区
微山
临沂
临沂市
平邑
费县
沂水
沂南
河东区
罗庄区
兰陵
临沭
郯城
日照
日照市
莒县
五莲
岚山区
莒南
渤海
莱州湾
黄海
庙岛群岛
芝罘岛
刘公岛
成山角
苏山岛
灵山岛
图例
济南 省级行政中心
济宁 地级行政中心
肥城 县级行政中心
省界
未定省界
地级界
名镇(乡)所在区域
名镇(乡)
1：3 350 000
审图号：GS（2020）6436号

德平镇地图

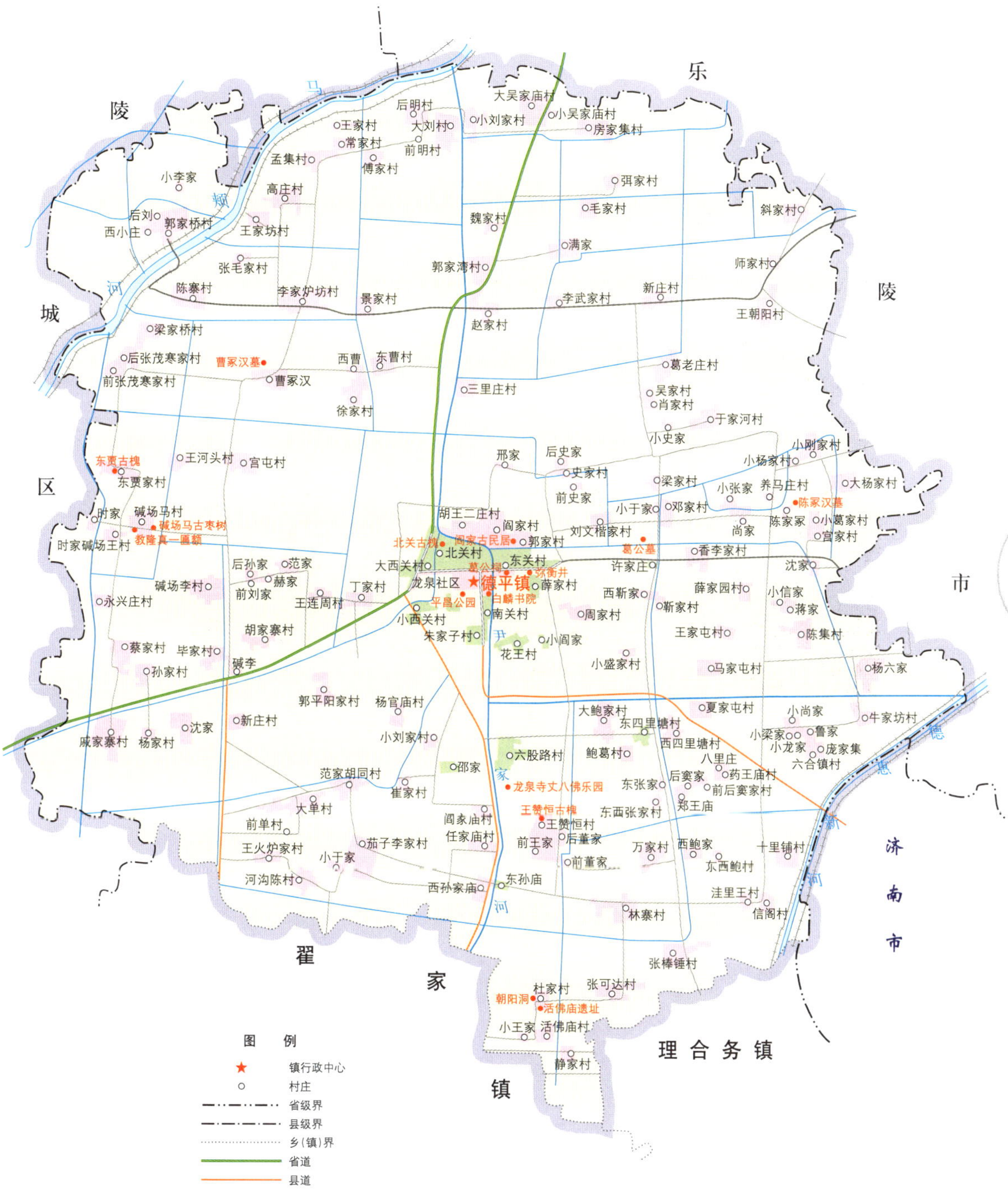

审图号：GS（2020）6436号

德平境内马颊河畔（2018 年）

郭谌《西山漫兴图》

北京故宫博物院 馆藏

山东省省级示范农场——富民家庭农场鸟瞰图（2018 年）

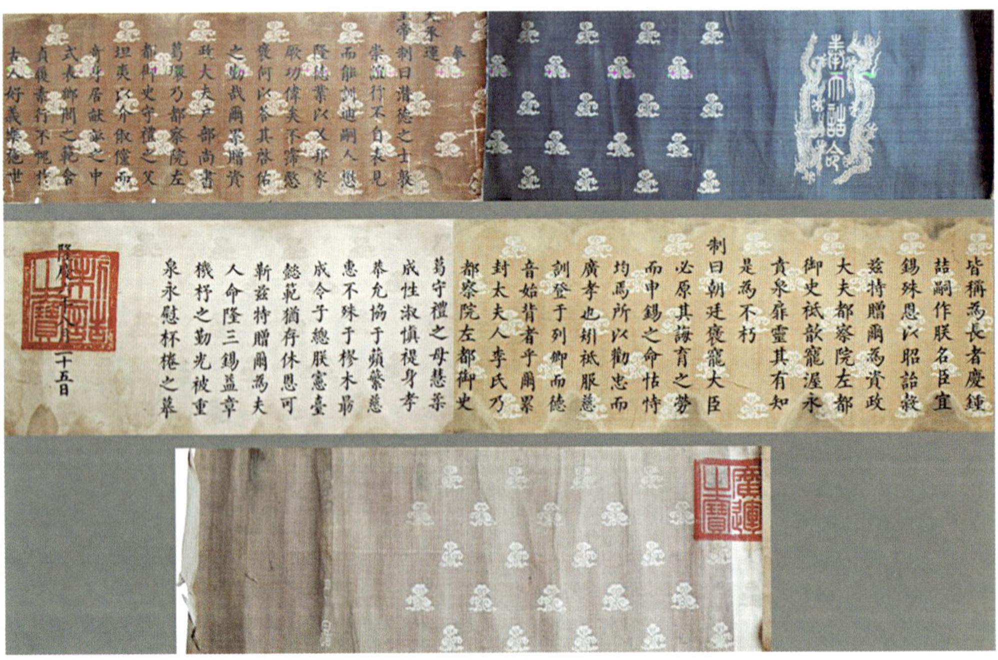

明隆庆年间穆宗皇帝敕于葛守礼父母的诰书

全国发展改革试点小城镇——德平镇镇区鸟瞰图（2018 年）

山东省文明生态社区和农村新型示范社区——龙泉社区一角（2018 年）

富民家庭农场的油菜花（2018 年）

德平大鞅歌表演现场（2006 年）

春晖苑内母亲花雕塑（2018 年）

葛守礼离乡赴任雕塑（2018 年）

春晖苑内游子吟雕塑（2018 年）

德平镇城标（2018 年）

目录

齐风鲁韵　人文古镇

德平镇为古鬲国地，旧称齐边鲁鄙。无高山大川可据，四望平衍，易取难守，能作为县治驻地2000余年，阔达淳厚的民风、源远流长的儒家文化起了决定作用。史载德平“人尚忠勇，士务功名，家业农桑，俗崇俭朴”。走出了祢衡、明可让、刘禹、葛守礼等众多仁人志士，将边鄙之地变成了风华之乡。

近年来，德平镇深入践行新发展理念，全面实施乡村振兴战略，持续推进新旧动能转换，倾力打造县域发展次中心，推动社会经济高质量发展，先后获得全国重点镇、全国发展改革试点小城镇、国家级生态镇等多项殊荣。

德平镇位于山东省德州市临邑县北部，居临邑县、陵城区、宁津县、乐陵市、商河县5县（市、区）交界处，省道323线贯穿全境，境内公路成网，四通八达，是南到济南、北通京津、东进滨州、西达德州的重要交通枢纽。总面积144.32平方千米，辖26个社区、134个行政村，总人口6.7万人。

德平远古分封，为陆终氏、有鬲氏封域；先秦建置，属齐郡；西汉设县，始名鬲县，属青州部平原郡，后陆续有般、重平、平昌等地名。五代后唐时期，割安德东北境及平昌地合为一县，两地各摘一字，名为德平县。除北宋有25年时间短暂废县为镇外，直到1956年撤县设镇前，一直为历代县治驻地。

《史记》中言齐地民风“其俗宽缓阔达，而足智，好议论，地重，难动摇”。意即通情达理，足智多谋，关心国事，喜立功业，乡土观念重，这是对德平民风的最好诠释。在这种奋发有为精神的滋养下，2000多年里，德平人才辈出，灿如星斗。明家村明氏族人自西晋惠帝至唐开元年间，功业成就历400余年长盛不衰；葛老庄葛氏族人自明嘉靖时至清嘉庆年间，200余年高官显宦史不绝书。高翊、明山宾、明克让、刘禹、葛守礼、葛如麟、葛树贵、张可信……这些名字如一座座丰碑，激励着一代代德平人前赴后继，砥砺前行，立朝心忧天下，在野德惠乡里。据不完全统计，德平历史上共出郡王4人，驸马1人，侯7人，子爵1人，男爵1人，从一品2人，国子祭酒1人，国子博士6人，刺史8人，太守10人。近现代又涌现出许多著名人物，三级解放勋章、独立自由勋章获得者——南关村李明东在受邀参加新中国成立70周年庆祝活动时，和开国领袖的后代同乘一辆花车，成为“致敬”方阵中的一员。

德平人民耕读传家，尚文、重节、崇儒，文风兴盛，形成德平书院文化。光绪《德平县志》中记载，明、清知县都倡建义学、社学，有育贤、养正、培元、毓俊、储翰5处义塾，并陆续建起般阳、甘露、敬业、白麟4处书院，白麟书院讲堂至今尚存。清乾隆年间，敬业书院主讲席张学文作《书院规约》十则，叙述详备，条约分明，对当今读书人修身洁行、笃学上进，仍有启发教育意义。书院弦歌飞扬，催化黉门桃李芬芳，德平明清以降即出进士16人，举人76人，有名可查用以褒崇科举的坊表就有12座。未通过科举出仕的生员，也有很多转而著书立说、讲学课徒、制订乡约和家训，用自己的学识润泽乡梓、倡明风化。《德平县文献汇略》记载的著述即有62部、246卷。深厚的人文氛围，滋养出一众文化名家。东汉末祢衡《鹦鹉赋》托物言志，·展才子情怀，其“击鼓骂曹”事迹成为京剧名段，妇孺皆知；宋代诗人黄庭坚在任德平镇监期间，写出了“桃李春风一杯酒，江湖夜雨十年灯”的传世名句；当代著名歌唱家朱明瑛也籍出德平。

齐风泱泱，鲁韵悠长。历代先贤栉风沐雨，殚精竭虑建功立业，给德平留下众多古迹，供人们咏叹、凭吊。曹冢汉墓、葛公祠堂、白麟书院、祢衡公园、阎家古民居、丈八古佛、平昌八景……这些古迹名胜一直浸润德平大地，成就德平的人文风华。中华人民共和国成立后，德平——这片古老的土地，更是厚积薄发、百花齐放，戏曲、书画、雕刻、诗歌、小说、剪纸、鞅歌、舞蹈、民俗等各类艺术，都生机勃发。德平大鞅歌以其特有的鞅歌调、特有的跑场子阵式、特有的莲花灯等特色，被列入山东省第二批非物质文化遗产名录。厚重的人文底蕴，蓬勃的时代风潮，共同构成德平独有的孝德文化。

1943 年年底，德平建立中国共产党领导的抗日民主政权。自此至今，勤劳质朴的德平人民，在中国共产党的领导下，勤奋耕耘，不断创新，让这个千年古镇旧貌换新颜，迸发出亘古未有的生机和活力。

德平镇作为传统的农业大镇，现代农业发展步伐不断加快。德平镇富民家庭农场成为山东省首批省级示范农场。富民小麦种植专业合作社被评为全国首批农民专业合作社示范社、省级标准化农产品基地。富民家庭农场负责人魏德东先后被评为全国种粮售粮大户、全国劳动模范，2018 年当选为第十三届全国人大代表。德州壹号食品有限公司是山东省单场存栏量最大的土鸡养殖基地，同时也是德州市第一家生产无抗土鸡蛋基地。英国樱桃谷农场（山东）有限公司成为世界最大的曾祖代鸭研发和孵化繁育基地。

德平以兴企强镇为目标，不断推进“产业升级”。至 2019 年年底，全镇拥有外资企业 1 家、民营企业 221 家，其中规模以上企业 23 家。旭光集团已跻身山东省铸造行业综合实力 50 强。山东天源化工有限公司成为华北地区最大的芳烃橡胶软化剂生产基地，也是国际第二家、国内首家拥有环保芳烃油生产技术并达到国际标准的厂家。山东亚明照明科技有限公司，已与上海飞乐音响股份有限公司合作成功上市，被评为山东省高新技术企业。

德平镇作为全国发展改革试点小城镇、国家级生态镇、全国重点镇、山东省“百镇建设示范行动”示范镇、山东省特色小镇，不断推进城镇建设提档升级。重点建设了龙泉社区。至 2019 年年底，已建成龙泉御园、富丽家园等 7 个居民区，居住面积 70 余万平方米，入住居民 3 万余人。同时，高标准配套建设便民服务中心、平昌公园、商贸市场、大型连锁超市、幼儿园、白麟小学、污水处理厂、垃圾转运站等，水、电、路、网络等基础设施日臻完善，形成“五分钟”生活圈。龙泉社区被评为“山东省文明生态社区和农村新型示范社区”。

德平作为传统的商贸重镇，以打造县域北部商贸繁荣的经济中心为目标，加快以龙泉社区为中心的商贸区建设，建设占地5.75公顷的商贸城，建成正平大街、龙泉大街、鲧堤大街、富平路4条商贸街，吸引万余人在此经商就业。结合碱李商贸街、满家商贸街，规划建设服装鞋帽、农机家电、建筑建材、副食批发、蔬菜市场、汽配物流等功能区，构筑起以德平集贸大市场为龙头，以碱李、满家、林寨等集贸市场为补充的“镇村一体、布局合理、辐射力强”的商贸流通体系，年交易额数十亿元。

修前贤德，治今世平。历史悠久的古镇，铸就德平人“忠厚诚信、勤劳智慧、勇敢朴实”的精神气质；深厚的文化积淀，涵养德平人特有的心性品格。“好客德平”正以开放包容的姿态喜迎八方来客、广纳天下英才。

平昌公园鸟瞰图（2018 年）

基本镇情

德平镇位于临邑县北部，居临邑县、陵城区、宁津县、乐陵市、商河县5县（市、区）交界处，为南到济南、北通京津、东进滨州、西达德州的重要交通枢纽。总面积144.32平方千米，耕地面积8000公顷，辖26个社区、134个行政村。镇内自然资源丰富，社会保障体系完善，养老孝老氛围浓厚，卫生医疗设施水平逐步提高，人民安居乐业，各项发展日臻完善。

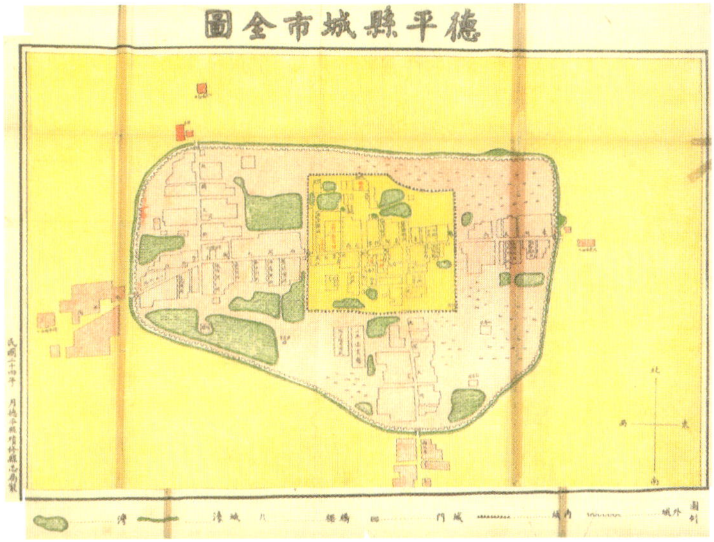

德平县城市全图（摘自民国《德平县志》）

建置区划

德平由来 据光绪《德平县志》记载：德平西汉设县，始名鬲县。五代后唐时期，割安德东北境及平昌地合为一县，两地各摘一字，名为德平县。自此德平一名沿用至今。

建置沿革 德平镇上古时属陆终氏封域。尧、舜、禹和夏、商时属兖州有鬲氏封域。西周时属青州齐太公封地。春秋时属齐国。战国时属齐宣王少子通的封地。秦时属齐郡。

西汉时分别属青州部平原郡的鬲县、平昌县。东汉时属青州部平原郡西平昌县。晋代、南朝宋时属冀州部平原国西平昌县。北魏、东魏时从平昌县分属冀州部东安郡、安德郡、渤海郡、乐陵郡。北齐时属安德郡西平昌县。隋时属平原郡平昌县。唐时属河北道德州平原郡平昌县。五代后唐时属德平县。

德平汽车站（2018 年）

宋熙宁六年（1073），随德平县并入安德县，废县设德平镇，共 25 年。元符元年（1098），复置德平县，遂属之。

金、元、明、清、民国至 1956 年，属德平县。

1956 年 3 月，撤销德平县。德平为县治 2000 余年。原属德平县的德平、理合 2 区划入临邑县；姜家、糜镇 2 区划入德县；奎台区北部及孔镇区 145 个村划入乐陵县；怀仁区 37 个村及奎台区南部的 39 个村划入商河县。

德平镇政府门前牌坊——“修前贤德”（2018年）

1957年12月，根据临邑县委指示，将德平区撤销，建立德平工委，管辖5个县直辖乡，即德平、八里、碱李、茄子李、满家。

1958年3月，根据县委意见，德平工委撤销。同时，碱李乡并入茄子李乡，所辖4个乡直属临邑县。

1958年9月，区划调整，临邑县划为11个乡镇，将德平、八里、茄子李、满家4个乡合并，称为德平镇。

1958年11月，临邑县实行人民公社化，德平镇更名为德平人民公社。

1965年1月，德平人民公社划分为德平、碱李和满家3个人民公社。

1984年5月，德平人民公社改为德平镇，碱李、满家2个人民公社分别改为碱李乡、满家乡。

德平镇政府门前牌坊——“治今世平”（2018年）

德平县委员会临别纪念留影（1956年）

2000年5月8日，实施乡镇机构改革。全县20个乡镇归并为7镇3乡，碱李、满家2乡并入德平镇。

辖区变迁 1956年3月，撤销德平县，将原属德平县的德平一区（茄子李区）、德平二区（满家区）、理合区划入临邑县；原德平一区（茄子李区）、德平二区（满家区）合并为德平镇，辖丁家、满家、任家庙等182个自然村。

1957年12月，建立德平工委，管辖德平、八里、碱李、茄子李、满家5个县直辖乡，域内含182个自然村。

1958年9月，区划调整，将德平、八里、茄子李、满家4个乡镇合并，称为德平镇。1958年11月，德平镇更名为德平人民公社，先后设立东关、闫家、十里堡、南关、史家、静家、王赞恒、闫庙、大鲍、养马、夏屯、林寨、曹徐、满家、王朝阳、大刘、陈寨、戚寨、碱李、曹冢、茄李21个大队，辖182个自然村。

1964年，原德平人民公社的董家河村、大田家村、东田家村、基山村、新集村、于家村、梅家村、小许家村、修家村、徐家阁（前徐家、后徐家、张家、堤口王家、西贾家村）10个村划归陵县。

1965年1月，域内分为德平、碱李和满家3个人民公社。其中，德平人民公社有东关、大鲍等6个大队；碱李人民公社有戚寨、碱李等4个大队；满家人民公社有大刘、陈寨等5个大队。

1984年5月，域内人民公社分别改称为德平镇、碱李乡、满家乡。同年，取消大队建制，成立管理区。其中，德平镇有东关、闫家、养马、大鲍、夏屯、闫庙、林寨、万家8个管理区，辖教场、小吕家、薛家等93个自然村；碱李乡有戚寨、碱李、曹冢、茄李、丁家5个管理区，辖范家、茄子李、大单家等37个自然村；满家乡有曹徐、满家、王朝阳、大刘、陈寨5个管理区，辖赵家、大刘、后明等41个自然村。

2002年，德平镇成立东关、大鲍、养马、夏屯、戚寨、碱李、茄子李、满家、大刘、陈寨、王赞恒11个管理区，辖东关、满家、茄子李、大刘、戚寨等133个行政村。2007年，大鲍管理区和夏屯管理区合并为夏屯管理区。

2008年10月，德平镇分为10个管理区，辖东关社区、西关社区等26个社区，133个行政村。2017年，自然村小于家从邓家村分离成为独立行政村。

村庄社区　2019年，德平镇辖26个社区、134个行政村，总人口62632人，总户数18842户。

2019年德平镇各社区、行政村一览表

表1

社区名	村名	人口（人）	户数（户）	女性（人）	男性（人）	耕地面积（公顷）	村名由来	备注
东关社区	东关	2815	1189	1166	1649	62.01	以位置命名。北宋熙宁三年（1070），建城池，设东、西、南三门。东关村在城墙东门以东的地段	2010年、2017年各拆迁一部分，村民迁入龙泉社区
	南关	529	171	277	252	24	以位置命名。北宋熙宁三年（1070），建城池，设东、西、南三门。南关村在城墙南门以南的地段	2010年拆迁一部分、2017年全部拆迁，村民迁入龙泉社区
	薛家	396	122	201	195	42.86	明永乐年间，薛姓先祖从青州府寿光县迁此立村，名“薛家”	2019年9月拆迁，村民迁入龙泉社区
	朱家亭子	475	137	241	234	50.42	明永乐年间，朱姓先祖由六股路村迁此立村。村内有1座亭子，亭子内有1眼水井，村故名“朱家亭子”	2017年拆迁，村民迁入龙泉社区
	花王家	434	132	219	215	26.54	元朝时，当地万姓为蒙古族兀鲁氏后裔。其始祖兀鲁，二世祖察汗，三世祖万缗。察汗之子识笃儿以武状元被招为驸马，封邑德平，曾捐资万缗供国用，因而被皇帝赐名“万缗”，自此，村民以万为姓。该村是当时的驸马府，万驸马生得魁梧英俊，得名“花王”，故驸马府又名“花王府”，后逐渐叫成“花王家”	2013年11月拆迁，村民迁入龙泉社区

续表 1

社区名	村名	人口（人）	户数（户）	女性（人）	男性（人）	耕地面积（公顷）	村名由来	备注
东关社区	纪张盛	353	94	173	180	63.35	明朝时，纪、张、盛三姓先祖迁此分别立村“纪铁匠家”“张铁匠家”“盛家庙子”；后来，三村合一，取各村首字作为村名	2013 年 11 月拆迁，村民迁入龙泉社区
西关社区	大西关	549	167	278	271	49.62	以位置命名。北宋熙宁三年（1070），建城池，设东、西、南三门。大西关村在城墙西门以西的地段	2010 年 5 月拆迁一部分，村民迁入龙泉社区
	小西关	289	89	141	148	15.33	以位置命名。北宋熙宁三年（1070），建城池，设东、西、南三门。明正德七年（1512），土筑外城，设东、西、南、北四门。小西关村在土筑外城以西的部分	2010 年 5 月拆迁，村民迁入龙泉社区
	北关	207	64	102	105	21.43	以位置命名。北宋熙宁三年（1070），建城池，设东、西、南三门。明正德七年（1512），土筑外城，设东、西、南、北四门。北关村在土筑外城以北的部分	2017 年 8 月拆迁，村民迁入龙泉社区
	陈家	203	59	104	99	37.16	明朝初年，陈姓先祖由青州府寿光县迁此立村，名“陈家”	2012 年 8 月拆迁，村民迁入龙泉社区
	胡王二庄	253	78	125	128	35.9	明永乐年间，胡、王二姓先祖由青州府寿光县迁此共同立村，名“胡王二庄”	—
	教场	463	140	229	234	71.23	明永乐年间立村，因村西南有军事教练场而得名“教场”	2012 年 8 月拆迁，村民迁入龙泉社区
	小蔺家	225	61	113	112	6.59	明永乐年间，蔺姓先祖由现理合务镇大蔺家迁此立村，名“小蔺家”	2012 年 8 月拆迁，村民迁入龙泉社区
阎家社区	阎家	1170	366	576	594	174.11	明朝初年，阎氏先祖由山西洪洞县大槐树迁至山东青州府寿光县。明正德年间，阎藩从寿光县迁此立村，名“阎家”。由于南邻德平城，亦名“城后阎家”	—
	郭家	573	175	305	268	73.87	明初，郭氏始祖郭仲和自寿光迁居郭家寺。永乐年间，郭洪由郭家寺迁居德平城东北，紧靠城郭立村，名“郭家”	—
	史家	566	173	295	271	110.66	该村系古老村庄，原名“许李王家”。据《史氏族谱》记载，明正德年间，史姓先祖史兑溪从蓟州玉田县迁入许李王村定居。其家有权势，遂改村名“史家庄”	—

续表 1

社区名	村名	人口（人）	户数（户）	女性（人）	男性（人）	耕地面积（公顷）	村名由来	备注
葛老庄社区	吴家	107	32	60	47	23.73	明永乐年间，吴姓先祖从青州府寿光县迁此立村，名“吴家”	—
	肖家	264	83	128	136	39.63	明初，肖姓先祖从青州府寿光县迁此立村，名“肖家”	—
	东新庄	383	118	186	197	140.29	明永乐年间，张姓先祖从青州府寿光县迁此立村。因建村晚于周边村庄立村时间，故名“新庄”。又德平城西南 4 千米（原碱李乡）有一个新庄，故该村亦称“东新庄”	—
	葛老庄	475	151	236	239	73.69	该村系古老村庄。明朝前，董、王二姓为村中大姓。据《葛氏族谱》记载，明洪武末年，葛士能从青州府寿光县迁入该村，经繁衍生息，人丁兴旺，渐成村中大姓。六世祖葛守礼，嘉靖八年（1529）进士，嘉靖、隆庆、万历三朝为官，官居户部尚书、刑部尚书、南京礼部尚书、都察院左都御史，与其父葛环，其子葛引生，其孙葛昕、葛曦四代为官。葛姓在德平居住的村庄有 16 处，加上外籍者共 35 处，都是从此庄派生而出，加之人们对葛守礼的敬重，村名遂称“葛老庄”	—
	于家河	442	145	216	226	86.67	明永乐年间，于姓先祖从青州府寿光县迁此立村，名“捕鱼家”。德平县解放后，村改名为“于家合”。后来，村前开挖了一条东西向小河，故将“合”改为“河”，成为今名“于家河”	—
王朝阳社区	斜家	439	125	217	222	79.47	明永乐年间，郭姓先祖从青州府寿光县迁此，沿古钩盘河建村。河道呈西南东北向，村落亦随河道斜向布局，故名“斜家”	—
	师家	184	55	88	96	33.47	明永乐年间，师姓先祖从青州府寿光县迁此立村，名“师家”	—
	王朝阳	697	202	336	361	102.98	明永乐年间，王姓先祖王朝阳从青州府寿光县迁此立村，名“王朝阳”	—
养马社区	刘文楷家	442	118	224	218	49.1	清朝时，刘姓先祖迁此立村，名“刘家”。后刘氏族人刘文楷颇有名望，村遂名“刘文楷家”	—
	邓家	311	97	155	156	48.9	明朝时，邓姓先祖从山东寿光迁此立村，名“邓家”	—
	小于家	109	32	56	53	16.42	明朝时，于姓先祖迁此立村，名“小于家”	—

续表 1

社区名	村名	人口（人）	户数（户）	女性（人）	男性（人）	耕地面积（公顷）	村名由来	备注
养马社区	梁家	222	66	105	117	30.13	明初，梁姓先祖迁此立村，名“梁家”	—
	养马	654	186	329	325	86.6	据传，明朝时，官府曾在此处设立养马场。周围有窑，周边村庄是由养马户或窑户繁衍而成，故称“养马庄”或“窑马庄”，由龙家、小鲍家、小张家、陈家冢、尚家、小周家 6 个小村组成。1951 年，小周家仅剩 1 户，移居陈家冢，小周家自此消失	—
	香李家	390	126	188	202	64.13	明朝初年，李姓先祖由青州府寿光县迁此立村，名“李家”。嘉靖年间，都察院左都御史葛守礼告老还乡，建宜疏园授徒。宜疏园与李家为邻，村中青年多从其就学。从此，村名前加“香”字，名“香李家”，以示葛老授徒、李家沾光之意。由香李、许店两个自然村组成	2019 年 9 月许店拆迁
	薛家园	249	77	130	119	35.86	明朝初年，薛姓先祖从青州府寿光县城东薛家园迁此立村。为怀念祖籍，仍沿用故乡村名	—
宫家社区	小杨家	178	51	95	83	29.13	清朝中期，数户杨姓从山东寿光迁此分别立村。该村居西，且规模较小，故名“小杨家”	—
	刚家	249	81	122	127	47.66	清朝中期，刚姓先祖从山东寿光迁此立村。因村庄规模较小，故名“小刚家”。后称“刚家”	—
	大杨家	481	137	233	248	69.63	清朝中期，数户杨姓从山东寿光迁此分别立村。该村居东，且人口较多，名“大杨家”	—
	小葛家	216	64	102	114	32.53	明朝时，葛姓从葛老庄迁此立村。因村庄规模较小，故名“小葛家”	—
	宫家	200	56	99	101	31.6	清朝时，宫姓迁此立村，名“宫家”	—
	北沈家	176	54	89	87	9.73	相传，明朝初年，郭、沈二姓从青州府寿光县迁此立村，名“郭家园”。至清朝时，沈姓发展为村中望族，改名为“沈家”。后以路为界，将村庄分为南、北两村，该村居路北，称“北沈家”。另传，明朝初年，沈姓从青州府寿光县迁此立村，名“沈家”。后以路为界，分为南北两村，该村居北，称“北沈家”	—
	南沈家	20	6	9	11	15	与北沈家同宗，该村居路南，称“南沈家”	—

续表 1

社区名	村名	人口（人）	户数（户）	女性（人）	男性（人）	耕地面积（公顷）	村名由来	备注
陈集社区	蒋家	241	79	116	125	37.73	明朝初年，蒋姓从青州府寿光县迁此立村，名“蒋家”。	—
	陈家集	627	200	294	333	87.64	据传，明朝初年，宗、陈二姓从山东寿光迁此立村，名“宗陈庄”。至清朝时，陈姓逐渐发展为村中望族，并为首立集，村遂名“陈家集”	—
	杨六家	699	202	328	371	101.33	明永乐二年（1404），杨纪从青州府寿光县西南门煦南杨迁此立村。为怀念故里，仍沿用祖籍村名“煦南杨”。后杨氏八世祖，排行老六，在当地颇有名望，村名渐改“杨六家”	—
	牛家坊	350	94	170	180	33.79	明朝初年，牛姓先祖由青州府寿光县迁此立村，名“牛家坊”	—
	六合镇	504	142	242	262	81.2	该村建于明朝，原包括尚家、梁家、鲁家、龙家、庞家集、小孟家 6 村，故名“六合镇”。今小孟家已无	—
	夏家屯	554	167	271	283	66.64	明永乐年间，夏姓先祖由青州府寿光县迁此立村，名“夏家屯”	—
	马家屯	338	110	155	183	47.78	明朝初年，马姓先祖由青州府寿光县迁此立村，名“马家屯”	—
	王家屯	243	69	111	132	34.43	明朝初年，王姓先祖由青州府寿光县迁此立村，名“王家屯”	—
大鲍社区	靳家	299	91	148	151	44.4	据《靳氏族谱》记载，明洪武二十五年（1392），靳氏先祖靳士元由青州府寿光县迁居德平东北 25 里处立村，名“靳家”。万历二十年（1592），四世祖靳胜迁此立庄。因居德平三里，故名“三里庄靳家”。明朝末年，部分村民西迁里许立村，名“西靳家”	—
	小盛家	211	58	108	103	23.77	明朝初年，盛姓先祖从青州府寿光县迁此，分别立村“大盛家”“小盛家”。该村居南，因规模较小，故名“小盛家”	—
	东四里塘	413	125	221	192	49.2	据《陈氏族谱》记载，陈氏先祖陈兴，原籍青州府寿光县。明弘治七年（1494），迁居德平东南四里一处苇塘东侧立村，名“四里塘”。约在明末，第五世祖迁出，于苇塘西侧另立村，取名“西四里塘”，该村遂改称“东四里塘”	—

续表 1

社区名	村名	人口（人）	户数（户）	女性（人）	男性（人）	耕地面积（公顷）	村名由来	备注
大鲍社区	西四里塘	240	72	122	118	26.47	约在明末，东四里塘陈氏第五世祖西迁里许立村，名“西四里塘”。清初，葛姓从葛老庄迁入	2019 年 9 月拆迁
	鲍葛家	261	79	132	129	37.8	相传，清朝初年，几户鲍姓从大鲍家村南迁 2 里立村，名“小鲍家”。解放后，葛姓从西四里塘村迁入，村遂改名为“鲍葛家”	—
	大鲍家	636	180	316	320	80.27	明朝初年，鲍氏先祖从青州府寿光县鲍家楼迁出，一支迁此立村，名“鲍家”。后来，部分村民又陆续迁出，分别立村“小鲍家”“东鲍家”“西鲍家”，该村遂名“大鲍家”	—
	六股路	825	253	421	404	79.34	明永乐年间，青州府寿光县移民迁此立村。因村西有相互交叉的六股大道，故名“六股路”	2019 年 9 月拆迁，村民迁入龙泉社区
	周家	332	102	172	160	41.84	明朝初年，盛姓先祖从青州府寿光县迁此，分别立村“大盛家”“小盛家”。该村居北，且规模较大，故名“大盛家”。至清雍正年间，该村贡生周某，在当地颇有名望，村名遂改为“周家”	—
十里堡社区	十里堡	727	219	354	373	73.53	明朝初年，张、于二姓先祖从青州府寿光县迁此立村。古为驿站，因西北距德平城十华里，故称“十里堡”	—
	信家阁	374	110	177	197	37.47	明朝初年，信姓先祖由青州府寿光县迁此立村。因村头有一座阁楼，故名“信家阁”（“阁”当地方言读 gāo）	—
	张棒棰	690	195	339	351	87.67	明朝初年，张姓先祖从青州府寿光县迁此立村。因村民精于制作棒棰手艺，故得村名“张棒棰”	—
	洼里王	150	40	76	74	29.2	明朝时，王姓先祖由青州府寿光县迁此立村。因村址地势低洼，故取名“洼里王家”	—
八里庄社区	东西鲍	408	127	188	220	47.2	明朝初年，鲍氏先祖从青州府寿光县鲍家楼迁此立村，仍名“鲍家楼”。后繁衍生息，人口增加，渐分为东、西鲍家	—
	前后窦	454	133	221	233	57.6	相传，清康熙年间，窦姓先祖兄弟二人从山东寿光迁此，南北相距 200 米分别立村，村名分别为“前窦”“后窦”。后来，两村合并为一村，统称为“前后窦”	—
	药王庙	294	96	144	150	35.79	清康熙年间立村。因村附近有一药王庙，村名遂为“药王庙”	—

续表 1

社区名	村名	人口（人）	户数（户）	女性（人）	男性（人）	耕地面积（公顷）	村名由来	备注
八里庄社区	东西张	280	83	129	151	35.83	相传，清康熙年间，张姓先祖携家人从山东寿光县迁此立村。以一条小河为界，分东、西两处居住，故名“东西张”	—
林寨社区	万家	534	162	249	285	70.27	明朝初年，刘姓先祖由青州府寿光县迁此立村，名“刘家胡同”。至清朝时，花王家万驸马之后裔万武成迁入该村。后万姓人丁兴旺，渐成村中望族，村改名“万家”	—
	林家寨	717	193	344	373	92.67	明朝初年，林姓先祖由青州府寿光县迁此立村。因村建于兵寨旧址，周围有 2 米深、5 米宽的壕沟，故名“林家寨”	—
	王赞恒	1286	381	613	673	156.83	明朝初年，王姓先祖由青州府寿光县迁此立村，名“王家”。后来，史姓从京东玉田县迁入，村遂改名“史王二庄”。清乾隆年间，该村出了个富翁王赞恒，在当地颇有名望，村逐渐更名“王赞恒”。自明至清，该村先后分为 8 个小村（前门口、后门口、箔心、盒子街、张家、前王家、前董家、后董家），对外统称“王赞恒”	—
活佛庙社区	杜家	300	84	147	153	40.13	明天顺年间，杜姓先祖杜惠由寿光县迁此立村，名“杜家”。崇祯年间，世称活佛的杜臻系该村杜氏后人	—
	活佛庙	454	128	223	231	74.26	明朝初年，杨姓先祖从青州府寿光县迁此立村，名“杨家”。崇祯年间，善应寺僧杜臻（杜家村人）自焚于该村西，时人称其为活佛，并建庙供之。庙名活佛庙，村遂以庙名	—
	静家	496	128	254	242	48.13	明朝初年，静姓先祖从青州府寿光县迁此立村，名“静家”	—
	张可达家	613	162	316	297	66.19	明朝初年，张姓先祖张可达从河南开封迁此立村，故名“张可达”	—
茄子李社区	前单家	259	76	126	133	37.4	明永乐年间，单姓先祖从单家庄南迁 500 米立村，取名“前单家”	—

续表 1

社区名	村名	人口（人）	户数（户）	女性（人）	男性（人）	耕地面积（公顷）	村名由来	备注
茄子李社区	大单家	763	225	377	386	117.3	据传，该村系古老村庄，原名“张家庙”。明永乐年间，单姓先祖由青州府寿光县迁至张家庙村北立村，名“单家庄”。后来，单家庄人丁兴旺，不断发展，与张家庙相接，两村合一，村名“单家庄”。后单姓一支迁村南另立“前单家”，该村遂名“后单家”。20 世纪 40 年代，村西端村民划出，立村“小庄”，该村更名为“大单家”	—
	茄子李家	1275	373	638	637	132.27	明朝时，李姓先祖迁此立村，名“李家”。据传，该村村民多种菜园，尤擅茄子种植，所种茄子个大、肉肥，远近闻名，村名逐渐叫成“茄子李家”	—
	河沟陈家	541	167	283	258	62.78	据《陈氏族谱》载：陈氏先祖原居山东寿光县，明洪武年间迁于德平县，择钩盘河畔定居，故名“河沟陈”	—
	王火炉家	390	112	195	195	45.87	据传，明朝时，王姓先祖从青州府寿光县迁此立村。村民多做小生意并携带火炉，村故名“王火炉”	—
闫庙社区	范家	615	174	300	315	67.06	明永乐年间，范姓先祖由寿光迁此立村，原名范家胡同，后改今名	—
	孙家庙	474	147	244	230	47.17	明朝初年，孙姓先祖从寿光迁此，在一处官庙西侧立村，名“孙家庙”。由东孙家庙和西孙家庙两个自然村组成	2019 年 9 月东孙家庙拆迁
	任家庙	487	127	247	240	50.59	明朝时，任姓先祖从青州府寿光县迁此，近庙立村，名“任家庙”	—
	阎家庙	310	92	156	154	26.67	明朝初年，阎姓先祖从青州府寿光县迁此，近庙立村，名“阎家庙”	—
	邵家	206	65	96	110	32.6	明朝初年，刚、邵二姓从青州府寿光县迁此傍庙建村。因刚姓人多，立名“刚家庙”。至清朝时，邵姓逐渐发展为村中望族，村遂改名“邵家”	2019 年 9 月拆迁，村民迁入龙泉社区
	崔家	188	57	85	103	21.75	明朝初年，崔姓先祖从山东寿光迁此立村，名“崔家”	—
	小刘家	217	64	115	102	31.47	明永乐年间，刘姓先祖从青州府寿光县迁此立村，名“小刘家”	—

续表 1

社区名	村名	人口（人）	户数（户）	女性（人）	男性（人）	耕地面积（公顷）	村名由来	备注
曹家社区	王河头家	380	124	192	188	51.99	据传，该村系古老村庄，原名“小赵家”。明初，王姓先祖由青州府寿光县迁入，且渐成村中望族，村遂改名“王家庄”。至清道光年间，该村王某见马颊河田家堰河段常决口成灾，便呈文官府：“开了田家堰，淹了德平县，捎着乐陵城，带着海丰县；东边不来堵，一直往东灌”。济南府准其状，并授权其为治理该河段的头目。经其治理，水患消失，人们感念其德，改村名为“王河头家”	—
	梁家桥	392	103	196	196	45.62	明朝时，梁姓先祖迁此立村。因村西马颊河上有座桥，村由此得名“梁家桥”	—
	曹家冢	624	180	303	321	84.44	村西 150 米处有 1 古墓，周长百米，高约 8 米。相传为西汉丞相曹参墓，村以此得名“曹家冢”，亦名“曹家冢子”。自汉至元即为曹姓村庄。经元末明初的战乱、瘟疫，此村仅剩曹氏 1 女。明永乐年间，赵姓先祖由山东寿光迁入此村，与曹氏女结为夫妻，重建家园，即今“曹家冢”。据碑载：异姓同宗之赵、曹合族，赵有才为其始祖，生 6 子，从父赵姓 4 人，从母曹姓 2 人。二姓支脉繁昌，除老庄外，曹姓散居梁庄、南新庄，赵姓散居鲍庄、吕庄、孔家镇、王家营	—
	张茂寨	326	91	163	163	43.25	明朝初年，张茂寨由青州府寿光县迁此立村，村以人名。分 2 村，该村位东，亦称“东张茂寨家”	—
	后张	316	82	147	169	53.8	明朝初年，张茂寨由青州府寿光县迁此立村，村以人名。今分东、西两村，该村位西，故称“西张茂寨家”。原属碱李乡，2000 年满家乡、碱李乡合并为德平镇后称“后张”	—
陈寨社区	郭家桥	1023	275	506	517	116.2	据《郭氏族谱》记载，明朝时，郭说从德平城后郭家迁此立村。因当时村西马颊河上有座桥，故名“郭家桥”。由郭桥、后刘、西小庄、小李家四部分组成	—
	陈家寨	1143	343	565	578	141.9	明朝时，陈姓从山东寿光迁此立村，名“陈家寨”	—
炉坊社区	张毛家	206	62	102	104	28.92	据《张氏族谱》记载：明永乐年间，张才兴、张才强兄弟二人，自青州府寿光县迁入，占籍德平西北，命名“张毛家”	—

续表 1

社区名	村名	人口（人）	户数（户）	女性（人）	男性（人）	耕地面积（公顷）	村名由来	备注
炉坊社区	王家坊	378	109	191	187	62.84	明朝初年，王姓先祖从青州府寿光县迁此立村，名“王家坊”	—
	高家	736	212	367	369	105.93	明朝初年，高姓先祖从山东寿光迁此立村，名“高家”	—
	炉坊	983	289	501	482	136.64	据传，该村系古老村庄，建村年代无考。明朝初年，李姓先祖从青州府寿光县迁入，村民多有炼铁技术。相传，该村有 12 座炼铁炉（一说 72 座），故得名“李家炉坊”，后称“炉坊村”	—
三里庄社区	徐家	492	143	249	243	83.17	明永乐年间，徐姓先祖由青州府寿光县迁此立庄，名“徐家”。原属满家乡，2000 年满家乡、碱李乡合并为德平镇，该村隶属德平镇管辖	—
	景家	329	104	166	163	59.4	该村系古老村庄，原名“马家”。据《景氏族谱》记载，元朝时景姓先祖因遭水灾，从登州府蓬莱县逃荒落居陵县管饭堂村。三世祖景阳娶该村马氏女为妻。后来，景阳携妻子儿女到岳父门上落户。后景兴马衰，景姓渐成村中望族，村遂易名“景家”	—
	东曹家	435	127	228	207	81.76	明永乐年间，曹姓先祖兄弟二人自寿光县西北曹家店迁此立村，初名“曹家庄”。至六世祖时，一支迁居庄西，另立“西曹家”，该村遂更名“东曹家”	—
	西曹家	228	71	120	108	35.56	明万历年间，曹氏六世祖一支由东曹家西迁里许立庄，名“西曹家”	—
	三里庄	312	111	146	166	48.22	明永乐年间，李姓先祖从青州府寿光县迁此立村。因南距德平三华里，故名“三里庄”	—
满家社区	满家	577	169	291	286	121.67	元末明初，村民多死于战乱、瘟疫。明初大移民时，宋姓由青州府寿光县石门亭最早迁入，后有郭姓从德平城北郭家迁来，村名称“满家”。明朝前，该村名“满家胡同”	—
	弭家	279	76	130	149	52.57	据传，弭姓原是东汉末年文学家祢衡后裔。祢衡居德平城东郭处小祢家庄。建安初年，发生击鼓骂曹之事后，家中闻讯，遂移此立村，并改“祢”姓“弭”，村名“弭家”	—
	李武家	390	115	190	200	75.47	明永乐年间，李姓先祖李连石迁此立村，名“李连石家”。后来，李氏后人出了一名颇有权势的大财主李武，人们习称为李武爷。后人即以李武之名命名“李武家”	—

续表 1

社区名	村名	人口（人）	户数（户）	女性（人）	男性（人）	耕地面积（公顷）	村名由来	备注
满家社区	郭家湾	591	163	298	293	94.11	明朝时，郭姓先祖从德平城东郭家迁此，傍湾建村，故名“郭家湾”	—
	赵家	283	87	139	144	34.53	据《赵氏族谱》记载，明朝初年，赵锁、赵钧兄弟由寿光迁至县城北约五华里定居。二人以打铁为业，繁衍生息，故称“铁匠赵家庄”，现称“赵家村”	—
	毛家	401	119	202	199	69.24	明永乐年间，毛姓先祖从青州府寿光县东毛头迁此立村，名“毛家”	—
明家社区	常家	289	91	139	150	30.81	明永乐年间，常姓先祖从山东寿光迁此立村，名“常家”。村中有 1 座庙，村人习称庙东为“东常家”，庙西为“西常家”。现统称“常家”	—
	傅家	389	125	189	200	45.93	明朝初年，傅姓先祖从山东寿光迁此立村，名“傅家”	—
	孟家集	549	153	266	283	57.11	明朝初年，孟姓先祖从青州府寿光县迁此立村。因村北有一道沟，村名遂取“孟家道口”。清朝末年，该村立集，改名为“孟家集”	—
	后明家	534	147	268	266	57.3	据《明氏族谱》记载，“明氏一族，自亘古汉世以来，故里原系重明一家。迨至后，丁户繁衍分居，随别前后两庄”。该村始建于汉朝，明氏立村，以姓氏得村名。因该村居北，故名“后明家”	—
	前明家	247	74	119	128	23.9	与后明家同宗。因该村居南，故名“前明家”	—
	王家	128	41	61	67	15.54	明朝初年，王姓先祖从青州府寿光县城南关迁此立村，名“王家”	—
房集社区	大吴家庙	669	212	322	347	73.25	据传，该村系古老村庄，原名“小王家”。明万历年间，吴大德由河北省南皮县吴家集到此打铁，入籍小王家；清康熙四十八年（1709），以吴姓为首在村中修建泰山娘娘庙，村改名“吴家庄”。光绪年间，重修娘娘庙，村又更名“吴家庙”。1956 年，以庙为界分为东、西两村，庙东称“小吴家庙”。该村居庙西，称“大吴家庙”	—
	小吴家庙	215	59	109	106	23.46	与大吴家庙同宗，该村居庙东，故称“小吴家庙”	—
	魏家	219	66	115	104	29.11	明永乐年间，魏姓先祖从青州府寿光县迁此立村，名“魏家”	—

续表 1

社区名	村名	人口（人）	户数（户）	女性（人）	男性（人）	耕地面积（公顷）	村名由来	备注
房集社区	北小刘家	442	128	220	222	47.67	相传，该村原名“鲁家头”。明永乐年间，刘姓先祖从山东寿光甜水井村迁入该村。后来，刘姓成为村中望族，村名改为“小刘家”。因境内还有一小刘村，为加以区别，以村方位居北，遂改称“北小刘家”	—
	房家集	671	201	331	340	98.13	明永乐年间，房姓先祖由山东寿光迁此立村，名“房家”。至万历年间立集，村名遂改为“房家集”	—
	大刘家	789	228	367	422	88.88	据《刘氏族谱》记载，明朝永乐十三年（1415），刘门庞氏率领三子由山东寿光迁此立村，名“刘家庄”。因村西有一大道沟，亦名“刘家道口”。后村东建村刘家庄，该村人口、规模均比村东刘家庄大，故村名改为“大刘家”	—
王连周社区	王连周家	296	94	155	141	52.67	明弘治年间，王姓先祖王连周由碱场王家迁此立村，村遂名“王连周家”	—
	杨官庙	309	84	159	150	45.87	据《刘氏族谱》记载:“刘氏，德邑之巨族也。前明永乐二年，迁由寿光，家于杨官庙，村名古称。左有三义庙（刘、关、张），殿宇巍峨，轮负洪廓而辉煌。相传杨某登显宦而建此庙，故因名以杨官焉。昔之庙借人著，今者人藉庙传焉。”由上述可知，该村系明朝以前的古老村庄	—
	丁家	490	139	249	241	61.35	明永乐年间，丁姓先祖由青州府寿光县迁此立村，名“丁家”	—
	郭平阳家	637	186	327	310	81.87	据《郭氏族谱》记载，明洪熙、宣德年间，郭姓先祖由青州府寿光县迁居德平西关。二世祖郭曦，明弘治己酉举人，初仕遵化知县，升太仆寺丞。三世祖郭文默，号“平阳”，进士及第，于明正德年间由德平西关迁此立村，村遂名“郭平阳家”	—
碱李社区	西新庄	437	129	225	212	53.07	明永乐年间立村，因建村晚于周边村庄立村时间，故名“新庄”，别名“齐家柳行”。因德平城东北5千米有一个新庄，因此，该村亦称“西新庄”	—
	赫家	397	124	202	195	69.07	据传，该村系古老村庄。元末明初，兵灾、瘟疫横行，致村内仅存赫姓。该村曾有观音庙，因而亦称“大庙上”。明永乐年间大移民时，孙、刘、范三姓迁至赫家近处分别立村，对外统称“赫家”（赫，当地读“hēi”）	—

续表 1

社区名	村名	人口（人）	户数（户）	女性（人）	男性（人）	耕地面积（公顷）	村名由来	备注
碱李社区	沈家	470	133	229	241	49.37	明朝初年立村。原为多姓村，因东北距德平城五里，故名“五里寨”。后沈姓逐渐发展为村中望族，村遂改名“沈家”	—
	毕家	539	144	273	266	43.64	相传，元朝末年，毕姓先祖由山东寿光县迁此立村，命名“毕家”	—
	胡家寨	375	112	183	192	45.76	明朝初年，胡姓先祖迁此立村，命名“胡家寨”	—
	碱场李	771	224	389	382	122.4	明朝初年。李姓先祖迁此立村。因周边多碱地，故名“碱场李”。后几户李姓村民西迁 200 米居住，久之，自立一村，称“西碱场李”，该村遂称“东碱场李”。现两村合一，统称“碱场李”	—
戚寨社区	蔡家	684	195	335	349	67.27	相传，明朝大移民时期，蔡姓先祖迁此立村，名“蔡家”	—
	杨家	274	83	135	139	26.8	明朝时，杨姓先祖从宁夏迁此立村，名“杨家”。	—
	孙家	355	101	176	179	38.53	明朝时，孙姓先祖迁此立村，名“孙家”	—
	永兴庄	251	77	128	123	29.8	明朝初年，村民从青州府寿光县迁此立村，名“永兴庄”。之后，倪姓逐渐发展为村中望族，村改名“倪家”。后在村内古庙山墙内，发现永兴庄村名碑，村随之恢复原名“永兴庄”	—
	戚家寨	1297	380	642	655	136.8	明朝时，戚姓先祖从青州府寿光县迁此立村，名“戚家寨”	—
宫屯社区	宫家屯	713	202	359	354	97.11	明朝初年建村，原名“五里长屯”，因距原德平县城五里而得名。至清朝中期，宫姓渐成村中望族，村名逐渐叫成“宫家屯”	—
	碱场马家	619	204	310	309	63.68	明永乐年间，马姓先祖迁此立村。因村周边多碱地，故名“碱场马家”	—
	东贾家	587	185	301	286	72.41	明朝初年，贾姓先祖迁此立两村。该村位东，故名东贾家。西贾家今属陵城区	—
	时家	503	144	254	249	52.53	明朝初年，时姓先祖由寿光迁此立村，命名“时家”（时，当地读“cí”）	—

德平风光（2013 年）

地理环境

地理区位 德平镇位于临邑县北部，北纬 37° 27′，东经 116° 57′，居临邑县、陵城区、宁津县、乐陵市、商河县 5 县（市、区）交界处，总面积 144.32 平方千米，耕地面积 8000 公顷，辖 134 个村，总人口 6.7 万人，是传统的农业大镇、商贸重镇，距周边县市均在 35 千米，商贸辐射半径 30 千米。省道 323 线贯穿全境，距济南遥墙国际机场 60 千米，离天津黄骅港口 100 千米，距德龙烟铁路林子站 20 千米，距济乐高速公路出入口 20 千米，距京台高速公路出入口 50 千米。境内公路成网，四通八达，是南到济南、北通京津、东进滨州、西达德州的重要交通枢纽。

地质地貌

地质 德平自中生代燕山运动以来，区内地壳运动总趋势是以下降运动为主，逐步形成沉降凹陷区，长期接受新生界沉积，构成复杂多变的新生界地层。境内第四纪地层主要是在氧化还原环境中形成的交替堆积沉积物为主的更新统地层和以冲击、风积及现代河床沉积为主的全新统地层，总厚超过 280 米，是巨厚沉积。

地貌 德平位于引黄干渠北四分干下游，地面起伏不大，地势相对平坦，地面坡度为南北方向，坡降 1/8000，属微地貌类型。境内均为高、坡、洼相间的黄河沉积平原，地势南高北低、西高东低，自西南向东北缓缓倾斜。南部最高海拔 15.7 米，北部最低海拔 12.3 米，南北最大高差 3.4 米。由于长期受黄河冲击的影响，形成了西南、东北走向，南北顺序排列，高、坡、洼相间的 8 种微地貌类型：河滩高地、高坡地、平坡地、洼坡地、河间浅平洼地、背河槽状洼地、决口扇形地、沙质河槽地。

河流　镇内河流主要有马颊河、德惠新河、北四分干、尹家干沟、向阳沟、付家干沟。马颊河水系全长 425 千米，流域面积 8330.4 平方千米；境内 8.07 千米，流域面积 147.8 平方千米。德惠新河水系全长 188 千米，流域面积 3248 平方千米；境内 4.8 千米，流域面积 18.83 平方千米。北四分干长 18.88 千米，流域面积 110 平方千米；境内 7.6 千米，流域面积 44.28 平方千米。尹家干沟全长 22.56 千米，流域面积 106.3 平方千米；境内 10 千米，流域面积 51.1 平方千米。向阳沟长 6.9 千米，流域面积 3.84 平方千米。付家干沟长 6.89 千米，流域面积 31.2 平方千米，排泄流量 14.4 立方米 / 秒。

气候物候

气候　德平属于暖温带半湿润季风气候区，四季界限分明，干湿交替明显。春季干燥多风，夏季炎热多雨，秋季凉爽，冬季严寒。光照充足，雨热同期。年平均降水 611 毫米，年平均气温 12.6℃，日平均气温≥ 0℃的农耕期 280 天、≥ 10℃的作物生长期 207 天，有效积温 4392℃。全年平均日照总时数 2661 小时，无霜期 196 天。作物生长季节，光照充足，热量丰富，利于各种农作物的生长。

物候　境内林木，以柳树发芽吐绿为最早，自古就被人们誉为“报春的使者”。枣树发芽较晚，凋落较早。惊蛰过后，开始植树造林，一般是头年先育、翌年后栽。境内春、夏、秋季均有应时开放的花卉。春分过后，桃、杏、梨、苹果等含苞待放，但百花争春桃为先，苹果开花较晚。立夏前后，兰桐、洋槐、马兰、芍药、车前子等群芳斗艳。盛夏严暑，石榴花、荷花、木槿花、牵牛花盛开。立秋过后，凤仙花、鸡冠花等照开不败。秋分一过，菊花竞放。秋末冬初，大雁由北往南飞，飞经镇域上空，次年春由南往北飞。燕子清明后始现，筑巢在房梁上，霜降前飞往南方。立夏前后，布谷鸟鸣，野鸽、喜鹊、乌鸦等产卵育雏。盛夏时，燕子低飞，为下雨前兆。随着重视环保，自然生态向好，域内有少量白鹭出现。蝉盛夏时鸣。暑天闷热，蝉鸣不休。立秋后，仍有秋蝉和鸣。秋分后，蝉鸣终。蛇惊蛰出洞“活动”，立冬进洞“冬眠”；夏秋季节，暴雨前，天气闷，蛇喜欢出洞活动，有“蛇过道，下雨前兆”的说法。

德平境内种植的向日葵（2018年）

昆虫、蚂蚁、蜻蜓、蛤蟆的活动规律与气候变化有关。民谚有“蚊子嗡嗡，有雨必凶”“蠓虫碰脸，下雨不远”“蚂蚁搬家，雨要下”“蛤蟆叫翻了天，明日下满湾”“蜻蜓集飞，大雨将至”等。

德平镇林木物候一览表

表 2

树别＼发芽育期	芽始膨大	展叶盛期	开花盛时	果实成熟	叶子变色	落叶末期
桃树	3 月 10 日	4 月 3 日	3 月 26 日	7—8 月	10 月 17 日	11 月 16 日
榆树	3 月 5 日	4 月 30 日	3 月 28 日	4 月 24 日	10 月 21 日	11 月 24 日
柳树	3 月 14 日	4 月 10 日	4 月 3 日	4 月 26 日	10 月 18 日	11 月 29 日
洋槐	4 月 10 日	4 月 20 日	5 月 3 日	7 月 21 日	10 月 18 日	11 月 15 日
杨树	3 月 15 日	4 月 15 日	4 月 5 日	—	10 月 30 日	11 月 30 日
兰桐	4 月 10 日	5 月 5 日	4 月 20 日	9 月 20 日	10 月 30 日	11 月 30 日
杏树	3 月 21 日	4 月 15 日	4 月 1 日	6 月 14 日	10 月 6 日	11 月 20 日
木槿	3 月 30 日	4 月 21 日	7 月 22 日	—	10 月 9 日	11 月 12 日
苹果	3 月 28 日	4 月 10 日	4 月 19 日	8 月 12 日	10 月 18 日	11 月 28 日
枣树	4 月 15 日	4 月 27 日	5 月 27 日	9 月 25 日	10 月 20 日	11 月 8 日
梨树	3 月 20 日	4 月 15 日	4 月 15 日	8—9 月	10 月 5 日	11 月 20 日

续表 2

树别＼发芽育期	芽始膨大	展叶盛期	开花盛时	果实成熟	叶子变色	落叶末期
葡萄	4月15日	4月17日	5月24日	8月上旬	—	11月18日
合欢	4月14日	4月30日	6月8日	8月20日	10月24日	11月12日
国槐	4月8日	4月13日	7月3日	—	—	11月21日
紫穗槐	4月9日	4月25日	5月9日	7月16日	10月17日	11月14日

说明：表中各出现日期为多年平均值

自然资源

水资源 德平位于临邑县北部，引黄灌渠纵穿南北，水资源丰富。多年平均地表水162万立方米，地下水456万立方米，引黄水360万立方米，水资源总量978万立方米。地表水以碳酸氢钠—镁型水质为主，地下水阳离子以钠离子为主。尹家干沟从德平镇域中间穿过，有利于农业生产灌溉。

土地资源 总面积144.32平方千米，其中耕地面积8000公顷。土地平坦广阔，宜于农业机械化、专业化和规模化。实行土地承包制、发展村集体经济后，撂荒地、闲散地、村内边角地得到开发，土地利用率达到98%以上。以土地资源为主，农、林、牧、渔业全面发展。小麦、玉米、地瓜等农作物和花生、棉花、蔬菜等经济作物尤为适宜生长。

森林资源 境内森林资源主要是人工林，林业面积每年呈增长趋势。

人口 民族

人口总量 据《临邑县国民经济统计资料（1949—1979）》记载，1960年全镇（含碱李乡、满家乡）户籍总人口44064人，11670户；1970年全镇（含碱李乡、满家乡）户籍总人口49843人，11248户。据《临邑县国民经济统计资料（1990）》记载，1990年全镇（含碱李乡、满家乡）户籍总人口60533人，14293户。据第五次全国人口普查数据公报，全镇户籍总人口 59077 人，16507 户。据第六次全国人口普查数据公报，2010 年全镇户籍总人口 62611 人，17204 户。据 2019 年年底镇政府户籍管理统计，全镇户籍总人口 62632 人，18842 户。

源流迁徙 2019 年，德平镇 174 个自然村中，汉朝建村 4 个，宋朝建村 4 个，元朝建村 3 个，明朝建村 150 个，清朝建村 12 个，民国后立村 1 个。这些村中，来自青州府寿光县的有 116 个，来自遵化州玉田县的有 3 个，来自登州府蓬莱县的有 1 个，来自河南开封的1个，来自宁夏的1个，来自河北省南皮县的2个，没有明确记载的有50个。

民族构成 2019 年，德平镇境内有汉族、回族、蒙古族、满族、苗族、土家族、锡伯族、彝族、壮族、白族、朝鲜族、哈尼族、景颇族 13 个民族，以汉族、回族为主。其中，回族 1106 人，占总人口的 1.74%；蒙古族 15 人，占总人口的 0.02%；满族 30 人，占总人口的 0.05%；苗族 3 人，占总人口的 0.004%；土家族 1 人，占总人口的 0.001%；锡伯族 1 人，占总人口的 0.001%；彝族 2 人，占总人口的 0.003%；壮族 2 人，占总人口的 0.003%；白族 1 人，占总人口的 0.001%；朝鲜族 1 人，占总人口的 0.001%；哈尼族 1 人，占总人口的 0.001%；景颇族 1 人，占总人口的 0.001%。

姓氏组成 据 2019 年年底镇政府户籍管理统计，德平共有姓氏 276 个。其中，500 ~ 1000 人的姓氏有鲍、宫、胡、马、孟、弭、明、孙、吴、徐、于；1000 ~ 2000 人的姓氏有曹、单、高、葛、史、闫、杨、赵、周、朱；2000 ~ 5000 人的姓氏有陈、郭、刘；5000 人以上的姓氏有李、王、张。

基础设施

镇区道路框架图

交通客运 德平镇境内公路成网，四通八达，省道 323 线贯穿全境。镇区形成“三横五纵”道路总体框架，总里程 9.1 千米，安装路灯 225 盏。“三横”

鲧堤大街（2018 年）

为正平大街、龙泉大街、鲧堤大街，“五纵”为平昌路、双泉路、鹦鹉路、般城路、富平路。2003 年，实施村村通油路工程。2005 年，完成村村通油路 120.7 千米。2017 年，实施农村公路村村通升级改造工程，由原来 3.5 米宽扩至 4 米宽。截至 2019 年，全镇累计硬化改造道路 239 千米。建有汽车站 1 处，德平至临邑县城班车每 10 分钟一趟，每天有直达北京、济南、青岛、淄博的班车，乘坐过境车可直达山东德州、济南以及北京、天津等地。

电力 德平镇有 35 千伏变电站 1 座，总容量 2000 兆伏安；有 35 千伏输电线路 2 条，长度达 9.8 千米；10 千伏输电线路 5 条，长度达 18.2 千米；变压器 294 台，容量 4.5 万千伏安；低压线路 4952.6 千米。2019 年，全镇总用电户 25171 户。其中，居民用电户 22328 户，非居民用户 2843 户。非居民用电户中，农业生产用电户 533 户，工业生产用户 37 户，大工业用电户 1 户，商业用电户 1149 户，农业排灌用电户 1123 户。

供水 2005 年开始，全镇开始实施村村通自来水工程。2006 年 12 月，镇区实现通自来水。2007 年实行打深井联村供水，安装 91 个村，8000 户。2008 年安装 37 个村，4000 户。2014 年年底，引入黄河水，实现村村户户通人饮地表水。至 2019 年年底，自来水通村率、到户率均达 100%。

居民小区内的供暖设备（2018年）

供暖　燃气　德平镇建成居民小区7个，居住面积70余万平方米。建成区内通过空气源、地源热泵等形式实现集中供热。建成区内有奥德燃气、中邑燃气2家企业入驻，实现集中供气普及率100%。积极实施“气代煤”改造工程，至2019年年底，完成“气代煤”改造50个村，5850户。

污水处理　镇区建有污水处理厂，占地1.26万平方米，设计建设规模为日处理污水1万吨，于2013年12月建成投入使用。采用“A2/O（厌氧—缺氧—好氧）+混凝沉淀+过滤法”处理工艺，出水水质达到国家一级A类排放标准。

公园

平昌公园　平昌公园因德平镇在东汉时设平昌县而得名，始建于2012年10月，2013年6月竣工。总占地面积5公顷，其中湖体面积1.5公顷、铺装面积1.1公顷、绿化面积2公顷。公园集景观、健身、休闲、娱乐于一体，在设计上充分挖掘德平2000多年的历史文化，体现“文化为魂、水脉为骨”的设计理念。公园根据整体连续性和景观休闲空间多样性的特点分为四大功能区：文化苑景区、亲水区、展示区和休闲广场区。公园内设有明代名臣葛守礼“一品荣封”牌坊、清代著名女词人刘春仪读书台、德平历史名人石刻等景观，营造浓厚的文化氛围。

祢衡公园　祢衡公园为纪念东汉名人祢衡而建设，于2006年10月建成，占地面积

平昌公园（2018年）

万余平方米。园内景点有祢衡纪念馆、祢衡井、祢衡像、盘浒湖。祢衡纪念馆位于园区中心，为5间仿明代建筑，气势宏伟，古朴典雅，墙壁四周悬挂有祢衡传世作品《鹦鹉赋》《鲁夫子碑》《颜子碑》《吊张衡文》4篇文章以及后人怀念凭吊祢衡的诗词歌赋。

祢衡纪念馆（2013年）

社会发展

社会事业

教育 2019年，德平境内有幼儿园15所、小学6所、公办中学1所、公办职业中专1所。

自20世纪80年代开始，德平镇幼教工作迅速发展起来。2019年，全镇符合幼教办园资质的幼儿园共有15所，其中公办幼儿园13所、民办幼儿园2所。2010年9月，德平镇中心幼儿园建成，建筑面积3000余平方米，有9个教学班，2019年在校生300余人，是德州市一类幼儿园。

在6所小学中，白麟小学的历史最为悠久。清光绪二十九年（1903），县知事柳堂奉命在白麟书院旧址建设官立高等小学堂，学生1班，教职员3人。1912年改称“县立

德平镇中心幼儿园（2018年）

白麟小学（2018 年）

高等小学校”。1923 年新学制颁布，改称县立高级小学。1928 年改名为县立第一小学，1931 年并入县立第三小学（即女子国民学校，1918 年创设于东门里之小书院内），是白麟小学的分校。1934 年，奉令改称“县立白麟小学”。1956 年撤县设镇，改称为“白麟完全小学”。1968 年改称为“德平红卫学校”。1973 年后更名为“白麟学校”。1983 年后改称为“白麟中学”。1996 年白麟中学成为德平镇教委所在地。2002 年德平镇教委改为德平镇教育办公室。2016 年成为德平教育联区办公室。2017 年，德平镇政府在德平鲧堤大街南建成新白麟小学。校园占地面积 2.79 万平方米，建筑总面积 1.13 万平方米。2019 年，有 24 个教学班，在校生 1000 余人，教职工 60 余名，学校配有实验室、阅览室、图书室、仪器室、微机室、多媒体室、音美室、舞蹈室、书法室、美术室等多功能室。图书室藏书达 2.92 万册，报刊订阅数达 60 余种。

临邑县第二中学，位于德平镇汽车站西 200 米，始建于 1954 年，是一所县属公办中学。原名“德平县中学”，1956 年，德平撤县后改为“临邑县第二中学”。1954—1967 年只招收初中生。1968—1977 年只招收高中生。1978—1993 年改为完全中学，同时招收初中生和高中生。1994—2019 年，按照普及九年制义务教育的要求，只招收初中生。2019 年，学校占地面积 6.05 万平方米，教职工 131 人，教学班 18 个，在校生 870 人，服务半径 20 千米，学历达标率 100%。学校硬件基础建设有很大提升，校舍建设、运动场地及室外设施、教育教学装备等方面大有改观，设物理实验室、化学实验

临邑县第二中学（2018年）

室、生物实验室、微机室、史地教室、音乐教室、器乐排练室、舞蹈室、美术教室、书法教室、技术教室，并设图书室、教师阅览室、学生阅览室、多功能教室、心理咨询室、卫生室等功能室。

临邑县职业中专学校是一所公办职业中专，位于临邑县第二人民医院南侧、邢德路以西。占地面积10公顷，建筑面积6.14万平方米。招生规模60个教学班，可容纳学生3000人。配有教学楼、办公楼、实训楼、宿舍楼、餐厅、运动场及看台。开设机电技术应用、计算机应用、化学工艺、护理、会计、物流服务与管理6个专业。

临邑县职业中专学校（2019年）

临邑县第二人民医院（2018 年）

医疗 2019 年，德平镇有县级医院 1 所，镇卫生院 1 所，防疫站 1 所，中心卫生室 36 所，村卫生室 6 所。镇政府先后完成临邑县第二人民医院、德平镇卫生院及社区卫生室的达标建设，深入推进新型农村合作医疗制度，居民医疗保健水平得到进一步改善。

临邑县第二人民医院始建于 1945 年，是一家综合性公立二级县级医院。1946 年年初，德平县人民政府招收社会医生 3 人组建卫生服务队，设在德平城内丁字街路西，是德平县历史上第一个由政府筹办的医疗卫生机构。1947 年更名为大众医院。1952 年年初，更名为德平县卫生院。1956 年 3 月德平县撤销，4 月，德平县卫生院改为临邑县第二卫生院。1957 年 9 月，改为临邑县第二人民医院。1976 年，临邑县第二人民医院迁至德平汽车站南侧（现院址），新建二层门诊楼。医院持续引进优秀医疗人才，添置先进医疗设备，拓展业务范围。1993 年，与山东省精神病院联合，成立临邑县唯一的精神病防治中心，填补临邑县精神卫生方面的空缺，成为集治疗、护理、生活、娱乐于一体的中等规模的精神疾病防治中心。2013 年，自筹资金建成精神卫生中心综合楼。2019 年，医院占地总面积 3.6 万平方米，建筑面积 1.20 万平方米，门诊楼面积 3969 平方米，病房面积 7000 平方米，行政管理科室 16 个，临床科室 15 个，医技科室 4 个，全院专业技术人员有 129 人。

精神文明 德平镇积极培育文明乡风、良好家风、淳朴民风，提升居民精神面貌。镇政府本着公平、公正、公开的原则，每年都进行文明新风活动的评选与表彰。2019 年，评选出 531 名“好媳妇”、524 名“好婆婆”、1384 户“文明家庭”，还评选出许多“四德榜人物”“最美志愿者”等，并涌现出一批全省乃至全国的先进典型。其中，魏家村魏德

德平镇新时代文明实践所（2019 年）

东于 2015 年被中共中央、国务院授予全国劳动模范荣誉称号；宫家村宫肇林家庭先后被评为山东省最美家庭、全国第十一届五好家庭；阳关庙村胡秀英家庭也被评为山东省最美家庭。2019 年，德平镇评选出 1904 户“美丽庭院”，建设达标文明村 116 个，其中省级文明村 2 个、市级文明村 30 个、县级文明村 84 个，县级以上文明村覆盖率达到 87%。村民素质得到提升，乡村面貌也得到极大改善，2011 年荣获省级文明村镇荣誉称号。

全国劳动模范魏德东，是临邑县德平镇富民家庭农场场长。2008 年开始承包土地，2013 年 3 月注册成立德州市首个家庭农场——富民家庭农场，又成立临邑县富民小麦种植专业合作社，合作社被评为全国农民专业合作社示范社。至 2019 年承包土地面积达到 134 公顷。他积极和涉农企业合作，全部实现订单种植，提高种植效益，同时积极和各农业科研院校合作。自 2013 年开始，他连续五年承担山东省农业科学院玉米—花生宽幅间作实验项目，并承接全国的现场观摩会。他致富不忘乡邻，帮助乡亲们走上共同致富之路，成为远近闻名的全国种粮大户和科技致富带头户。

宫肇林家庭被评为全国第十一届五好家庭。在家庭中，宫肇林夫妇带头照顾双方老人。父亲患有严重的心脏病，母亲患有小脑萎缩，时常精神失常。1985 年，岳父因病去世，宫肇林主动将年迈的岳母接到自己家里，这一住就是三十年。三十年来，他们将几位老人照顾得无微不至。担任宫家村支部书记伊始，他就组织村里德高望重的老人成立丧葬嫁娶委员会，倡导红白事简办。宫肇林的儿子、女儿结婚一律从简。岳母去世时享年 99 岁，他带头丧事简办，总计花费不到 2000 元。在他们的带动下，全村形成良好的村风。

居民生活

居民收入与支出 新中国成立后，人民生活水平随着生产发展、经济收入增加而逐步提高。居民的消费结构，从原来食物的支出占家庭收入的一半以上，下降为占总支出的一半以下。居民的副食品、服装、娱乐产品消费比重增加，手机、电脑、电子产品、电脑耗材等易损耗产品比重大幅增加。据《临邑统计年鉴（2008）》记载，2007 年德平镇农民人均纯收入 5152 元，2008 年德平镇农民人均纯收入 5864 元，增长 13.82%。2008 年，家庭经营现金收入 4787.97 元 / 人，比上年增长 10.63%；生活消费支出 2609.05 元 / 人，比上年增长 6.07%。其中，食品消费支出 1108.31 元 / 人，比上年增长 8.62%；家庭设备、用品消费支出 171.08 元 / 人，比上年增长 34.35%；文化教育、娱乐消费支出 214.35 元 / 人，比上年增长 33.22%。据临邑县统计局数据公报，2018 年城镇居民人均可支配收入 26823 元，农村居民人均可支配收入 14747 元；2019 年城镇居民人均可支配收入 28808 元，农村居民人均可支配收入 16266 元，分别较上年增长 7.4% 和 10.3%。

社会保障 德平镇以解决民生问题为重点，以完善农村社会救助体系为主要内容，着重从三个方面构筑农村社会保障网。一是构筑农村最低生活保障网。及时落实大病救助等低保优惠配套政策，保障低保对象的基本生活权益。2019 年年底，德平镇共有低保户 538 户、778 人，共发放保障金 15.4 万元；特困户 437 户、458 人，共发放保障金 18.7 万元；临时救助 46 人，发放救助金 12.3 万元；困境儿童 5 人，每人每月 520 元，发放救助金 3.12 万元。2019 年年底，德平镇共有重点优抚对象 132 人，发放补助金共计 157.8 万元；退役老兵 477 人，发放补助金共计 135.4 万元。二是构筑农村保险救助保障网。自 2010 年始，引导农民积极加入新型农村合作医疗、新型农村社会养老保险，实现全镇参合、参保率 100%。结合农民实际需要，积极做好个体养老保险扩面工作。2019 年年底，个体养老保险缴费人数达到 6000 余人。三是构筑农村老龄人群保障网。针对农村留守老人养老难问题，以老有所养为目标，先后建设日间照料中心 1 处、幸福院 3 处、社区养老活动场所 26 处。

镇村建设

德平镇紧紧围绕县域发展次中心的定位，结合社会主义新农村建设，坚持高起点规划、高标准建设，不断扩大城镇规模；加强道路交通、公园绿地、文化设施等配套建设，提高城镇综合承载能力；注重城镇景观建设，特别是标志性建筑、标志性景观建设，精心设计塑造富有德平特色的城镇景观，打造独特城镇“名片”；镇村面貌日新月异，城镇化水平不断提高，生态环境优美。2008 年 3 月被列为第二批全国发展改革试点小城镇，2014 年 3 月入选全国社会主义新农村建设示范镇，2014 年 7 月入选全国重点镇。

城镇建设

镇区规划 1956年撤县设镇后，德平镇区没有统一的规划。20世纪八九十年代，商店、企业、部门逐年增加，原布局逐渐转变。1999年，委托德州市规划设计研究院编制完成《德平镇总体规划（1999—2010）》，确立“六纵五横”的城镇建设发展规划。2000年5月，原满家乡、碱李乡并入德平镇，各方面优势叠加，德平镇城镇化步伐进一步加快。

为有效提升城镇综合形象，2009年，委托山东省城乡规划设计研究院编制《临邑县德平镇总体规划（2009—2030）》，2010年1月通过专家评审，对德平镇的城镇建设和发展进行科学定位和详细规划。新的城镇综合定位是：打造县域北部的门户城镇，建设以纺织、农副产品加工、物流、商贸服务业及旅游业为主的具有地方特色的历史文化古镇。规划总体结构是：“一心、两环、两轴、四片”。“一心”即规划老城片区建立公共服务活动中心，作为经济综合区的核心区，为整个综合区服务；“两环”即水环（各种变化的水系河湖形成的水环）和绿环（赋予各种文化主题的公园绿地形成的绿环）；“两轴”即生态景观轴（南北贯穿中心区的景观轴）和商业景观轴（东西贯穿老城区的商业轴线）；“四片”即在经济综合区外围建立四片居住区。

2013年年初，为进一步调整完善城镇发展布局，委托山东省城乡规划设计研究院编制完成《临邑县德平镇总体规划（2013—2030）》，获得山东省优秀村镇设计一等奖。在规划中，充分挖掘历史古城地貌和原县城驻地的历史风貌，重点凸显德平“水脉为骨”和“文化为魂”两大历史特色，全镇划六大社区，镇域产业结构打造“五大产业板块”战略格局：城镇综合板块、产业聚集板块、旅游观光农业板块、现代化养殖板块、现代农业板块。在镇区建设“一环、两轴、五组团”的空间结构，重点建设以龙泉大街为轴的龙泉社区，突出城镇建设、商贸物流、现代农业等亮点工作，重现老德平县崭新的繁

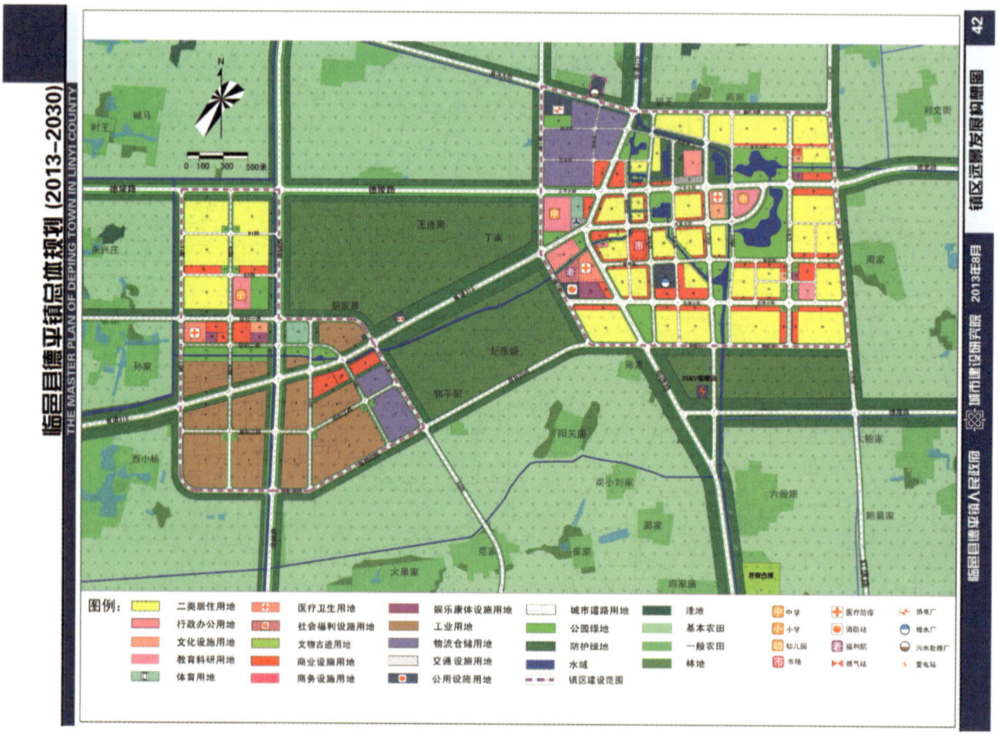

镇区详细规划图（2014 年）

荣景象，全力打造县域次中心，成为县域产业成长的新载体、创业发展的新平台、人才聚集的新高地、群众幸福的新乐园。同时，先后编制完成《德平镇镇区控制性详细规划（2013—2030）》《德平镇排水专项规划（2013—2030）》《德平镇燃气专项规划（2014—2030）》《德平镇风貌特色规划（2015—2030）》《德平镇生态保护与绿地系统规划》等。

2017 年 1 月，德平镇被确定为省级“孝德康养古镇”特色小镇后，委托山东同圆

龙泉社区效果图

设计集团依据《临邑县德平镇总体规划（2013—2030）》，于2018年6月编制完成《德平镇特色小镇城市设计和精细化规划》，确定建设“孝德”主题板块和“康养”产业板块的总体框架。“孝德”主题板块主要以德平历史文化名人孟郊“孝”文化为依据，发展德平镇孝德文化和文化产业。“康养”主题板块规划涉及、涵盖融合现代化康养产业发展前景和德平镇康养产业发展的基础，综合考虑规划而成。规划具体内容涵盖经济发展、城镇建设、文化旅游等多项内容。

镇区建设 德平镇作为千年县治驻地，自清末至民国年间，虽数次加固城门，修缮县署，但对居民住宅、民间商铺却无人过问，镇区居民住房多是简陋矮小、阴暗潮湿、泥草苫顶的土木平房。新中国成立后，经逐年改建，到20世纪60年代，旧式土木平房基本绝迹，全部改换成砖作基础、土坯为墙的新瓦房。进入20世纪七八十年代，基础设施建设步伐加快，大量砖石木混合结构、宽大明亮的新式瓦房平地而起，临邑县第二人民医院门诊楼、德平人民商场营业楼、农业银行办公楼相继建成，铁厂、农具修配厂、面粉厂修建新厂房，镇区面貌逐步改善。20世纪90年代，镇中东西主街改建成为商业大街，街宽22米、长2500米，傍街建满垂柱抱厦、古朴典雅的商业门市。开通长2500米的平昌街，建设平昌民营经济小区，沿街安装路灯，更新输电线路和通信设施。党政机关、镇直文教卫生、司法、金融等部门齐全，德平镇镇区建设初具规模。

进入21世纪，镇区建设步入快速发展轨道。2001年，开始实施正平大街拓宽改造和沿省道323线（富平路）两侧改造工程，两侧全部建成二层商住一体楼，以德平镇汽车站为中心建设车站街心花园和车站综合性服务大楼。

2008年3月，德平镇被列为第二批全国改革发展试点小城镇后，结合“两区同建”

20世纪90年代初德平镇商贸一条街

城镇建设鸟瞰图（2018年）

工作，全力加快城镇化进程。2010年5月始，根据《临邑县德平镇总体规划（2009—2030）》，先后新建龙泉御园、龙泉绿洲、龙泉1号、富丽花园等居民小区7处，社区集居住、商业、休闲、购物为一体，采取仿古、现代等不同建筑风格，居住面积70余万平方米，入住居民3万余人。高标准建设配套公园、绿地、学校、市场、污水处理厂、垃圾转运站、道路、水、电、暖、气等基础设施，形成“五分钟”便民生活圈。

2012年年底，实施旧城改貌提升工程，对原德平汽车站五岔路口进行取直硬化改造，安装交通信号灯、监控设施，建设公交停泊站点；沿省道323线、龙泉大街两侧安装路灯，修建排水沟，统一铺设花砖、路沿石，统一沿街商户牌匾，并将全部高低压、有线及宽带线路进行迁移和地下铺设，城镇面貌焕然一新，城镇规模、配套设施和服务功能实现全面突破，真正成为县域北部商贸繁荣的区域经济中心。至2019年，德平镇建成区面积2.6平方千米。

龙泉社区 龙泉社区安置大西关、小西关等15个村庄1800余户、3万余人，是生态宜居、配套设施齐全的新型城镇社区。

从2009年开始，社区建设、合村并居成为趋势，建筑设计的标准不低于城市居住小区。德平镇结合城镇建设，把以龙泉大街为主轴的龙泉社区建设作为突破口，委托山东鲁建城市规划设计研究院编制了《龙泉社区修建性详细规划》以及《龙泉社区城市规划》，规划面积89公顷，集居住、商业、公园、景观、休闲、购物、服务于一体。住宅和商贸楼式样选取仿古、现代等不同风格，特色突出，错落有致。按照规划，2010年6月，大西关、小西关、南关、东关（部分）、南关（部分）5个村586户完成拆迁，拆迁房屋6558间。2012年6月，12栋“5+1”式居民楼主体工程全部建成，586户居民顺利回迁。2012年，教场、蔺家、陈家3个村458户居民完成拆迁。2013年10月，10栋“5+1”式居民楼主体工程全部建成，458户居民顺利回迁入住。2015年2月，龙泉社区三期安置工程项目动工，建设楼房11栋。2017年10月，朱家亭、花王、北关、纪张盛、东关（部分）、南关（部分）6个村拆迁，同年实现顺利回迁。2017年10月，龙泉社区四期安置工程项目启动，建设楼房18栋。2019年9月，六股路、薛家、邵家3个村拆迁，同年12月实现顺利回迁。2016年5月，龙泉社区综合服务中心动工，总建筑面积1612.8平方米，2017年2月竣工投入使用，设有社区办公室、未成年人活动室、老年人日间照料室、图书室，集社区办公、图书阅览、体育健身、集体活动、养老服务于一体，配套建有文化广场，配备篮球场及各种健身器材。社区道路、水、电、暖、气、污水处理厂、垃圾转运站等配套设施齐全，周边建有公园、学校、医院、银行、市场等便民服务设施，形成“五分钟”便民生活圈。2014年1月，龙泉社区被评为山东省生态文明社区，2015年7月被评为山东省农村新型示范社区，2019年9月顺利通过省级服务化标准化试点验收。

建设中的龙泉社区一角（2018年）

村庄建设

民居 新中国成立前，由于长期的战火和灾患，德平境内农村建设极其缓慢，农民住宅简陋，村内街道房屋也无规划。除少数富家豪门房屋建造为高大坚固的砖瓦房外，多数房屋为土木结构，甚至是草房，非常矮小，只起到遮风避雨的作用。其建造方法大致分为 4 种类型：一是垛墙房，即用少量麦秸和成硬湿泥，平地垛起，层层加高而成；二是踩墙房，即一层潮湿土一层麦秸泥平地加高，层层用脚踩实而成；三是板墙房，即在平地先支好盒子板，然后添加湿土，用石杵捣实层层加高而成；四是土坯房，即先用

建于20世纪80年代初的土坯房（2015年）

麦秸和泥预制土坯，然后砖砌墙基，土坯垒墙而成。前三种在德平境内约占 30%，第四种约占 60%，纯砖木结构的房屋不足 10%。所建房屋多是坐北朝南，一明二暗 3 间房屋，围房用泥垛墙或用土坯垒墙建一座小院，院内搭盖偏房或敞棚，用以围栏牲畜、存放柴草。3 间正房均是起脊出檐，但房脊很低，一般在半米左右。新中国成立初期，群众忙于恢复生产，改善生活，很少有能力改善住房条件。直到 20 世纪 60 年代末，百姓的住房没有太多改变。

20 世纪 70 年代开始，随着生产的发展和收入的增加，境内农民普遍修建新房。新建房屋多为坐北朝南 1 排 5 间，墙体多数是用砖石做墙基，土坯垒墙、起脊。随着房屋的加宽，房脊也增高至 1.5 米以上，用木梁、檩架好后，用苇箔、高粱秸、麦秸铺顶、抹泥，然后挂瓦防雨。墙面内外用麦秸和泥抹墙后，再用石灰膏抹成白墙面，既耐雨水冲刷又美观。院内一般另建略低于正房的 3 间偏房以盛放杂物、农具，并搭建敞棚以喂养牲畜、存放柴草。院门多位于东西两侧偏南方位，独立成院。境内群众居住条件显著改善，人均住房面积由解放前的不足 4 平方米增加到 10 平方米以上。

中共十一届三中全会以后，随着农村生产责任制的落实，农民收入增加，农村住宅建设提速。新建住宅普遍采用砖、石、木、混凝土结构，房屋及门窗尺寸加大，多数仍是一座房 5 间，但每间的建筑面积均在 20 平方米左右，屋内打有水泥地面并加硬顶棚，给人以宽大明亮、清新舒畅的感觉。

20 世纪 90 年代初，按照县政府统一要求，陆续开始村庄规划建设。对户与户之间的建房面积、住房高度等要求严格，标准一致，所建房屋趋于高大宽敞，安装大方格玻璃门窗，前出厦增多。进入 21 世纪，经济条件好的村开始建设居民楼，德平镇区沿街两侧、满家、碱李、戚寨、林寨等村主街道两侧先后建起二层商住一体楼。

城乡环卫一体化 全力推进城乡环卫一体化进程。2013 年，建设生活垃圾转运站，占地 1540 平方米，设计日处理垃圾 100 吨，配备大型清扫车、翻斗车等垃圾清运设备。在全镇各村建设垃圾池 200 个，配备垃圾箱 990 个，选聘 10 名百姓督察员、152 名百姓保洁员。2017 年，借鉴县城环卫托管的模式，按照“保洁公司一杆到底，管理作业相互分离，垃圾清运全面覆盖”的标准，实现城乡环卫一体化工作市场化运作，由专业保洁公司对全镇所有村庄、路网和沟渠每天至少清扫一遍，并做到日产日清，实现镇区和各村庄环境的持续改善，形成城乡共建共享优美宜居家园的格局。

乡村连片治理 2015 年 1 月，实施乡村连片治理项目，涉及王连周村、曹家村等 8

个村，惠及人口 3200 余人。硬化各类道路 7.87 万平方米，铺设下水道 1.02 万米，安装路灯 195 盏，设置垃圾箱 129 个，种植绿化树木 2610 棵，粉刷墙面 3.5 万平方米，改造景观 5 处，建设文化大院 4 处。

乡村连片治理——村庄道路（2017年）

乡村连片治理——村居与麦田（2017年）

生态建设

建设规划 2010 年 2 月，德平镇委托德州市环境保护科研所编制《德平镇环境规划》，统筹安排各类用地，提高土地利用率，保护和改善环境。2010 年 4 月，制定《德平镇创建国家级生态乡镇实施方案》，明确创建工作指导思想、主要目标、创建任务和实施步骤，并将每一项目标落实责任分解细化，层层签订责任状。

水生态 2011 年开始，在镇区实施城镇污水管网处理工程，建设污水处理厂，完善污水管网建设，实现镇区污水达标排放。2016 年始，在各村实施厕所改造工程，全镇 116 个村（其他 17 个村因拆迁纳入镇污水管网），改厕 9304 户，厕所改造率 95%，居民

德平镇境内马颊河段（2018年）

生活污水经化粪池沉淀后，由专业人员、专业车辆集中抽取运送至镇污水处理厂处理。2017 年开始，对镇境内河流水资源、水环境、水生态状况进行全面调查，综合评价河道健康状况等问题。全镇所有河流全部落实河长、河段长、联络员、巡视员，建立河道档案，建立目标、问题、任务、责任四个清单，根据建立的问题清单制定相应的工作任务，并落实相应的责任单位和责任人。设立河长 52 名，形成“河长 + 警长 + 网格员”日常管护机制。开展“清河行动”，清淤河道 37 千米，修复桥梁 16 座，清理违法建设 2153.5 平方米，治理排污口 4 个，完成 2 条黑臭水体整治，2 条省控重点河流达到Ⅱ类标准、1 条市控重点河流达到Ⅲ类标准。封停各类地下水井 19 眼，压采水量 85 万立方米，地下水生态环境有效改善。

农业生态 按照《德平镇环境规划》，推行农业标准化生产，对化肥和高残留农药使用做出硬性规定，鼓励群众使用有机肥和生物制剂，减少化肥农药对农田造成的污染。推广测土配方施肥项目，对化学性肥料严格按照农作物的生长周期，计量施肥，提高肥料的利用率，减少残留。加强畜禽养殖涉污染治理，关停禁养区内 1 处规模养殖场、1 户养殖户，指导适养区、限养区养殖户改造，升级改造畜禽污染物处理设施，实现畜禽养殖设施建设合格、运行正常、达标排放。全面做好秸秆禁烧工作，加强 24 小时巡逻，对焚烧秸秆现象及时发现、及时制止、及时清理，各村设立禁烧领导小组，组建巡逻队，确保禁烧工作全覆盖、无缝隙。

工业生态 坚持可持续发展战略，绝不以牺牲环境为代价换取经济发展。严格执行国家产业政策，做到水需量大的不上，耗能高的不上，污染物超标排放的不上。所有到辖区内落户的企业必须经过环境影响评估，所有污染物排放必须达标，对不达标的企业，坚决不引进。2008 年始，联合县安监、环保、公安、食品卫生等执法部门，多次开展集中行动，治理“小散乱污”企业，19 家清理取缔类企业全部实现“两断三清”[①]，14 家整改提升类企业全部按有关标准要求进行整改，并进行现场认定。全面实施 10 蒸吨以下小锅炉清零工作，整治 10 蒸吨以下燃煤小锅炉 10 台。其中，按照有关标准要求拆除 7 台，其他 3 台全部改为清洁型能源锅炉。

绿化建设 20 世纪 80 年代始，大面积发展“绿色林带”，以种植速生杨为主。进入 21 世纪，全镇开展“绿色通道”建设，省道 323 线、邢德路等主要道路两侧，马颊河、

① “两断三清”：断水、断电，清原料、清设备、清场地。

绿色林带（2018 年）

德惠新河等主要河道沟渠两岸，普遍栽植毛白杨、速生柳等经济林。各村因村制宜，制定绿化规划方案，开展“绿色家园”建设，在村庄街道两旁栽植国槐、毛白杨、红叶

镇区道路绿化（2018 年）

生态宜居村庄——阳关庙村（2018年）

李、冬青等绿化苗木，发动群众充分利用庭院、房前屋后、坑塘周边等空闲地开展植树活动，绿化家园；实施围村林建设：沿“村村通”油路两侧栽植速生杨等经济树种，并按网格面积13.5公顷的标准，实施农田林网建设，农田林网控制率95%。实施镇区绿化工程，建成平昌公园、车站公园、祢衡公园、春晖苑4处绿地公园，建成区人均绿地面积14.6平方米，绿地率38%。

环境整治　2011年12月，制定《德平镇镇村环境综合整治实施方案》，以根治“脏、乱、差”现象为重点，全镇134个行政村村村行动、人人参与，对主干道两侧、建筑立面以内和村庄存在的杂物乱堆、垃圾乱倒、污水乱泼等现象进行全面综合整治。2013年，建设日处理垃圾100吨的垃圾转运站。2014年3月，全面实施城乡环卫一体化工程，定期开展环境整治攻坚行动，成立专业的垃圾清运、保洁队伍，配备垃圾收集车2辆、洒水车2辆、环卫三轮车100辆，各村安放垃圾箱900个，形成“户集、村收、镇运、县处理”垃圾处理机制。深入开展“优美庭院”暨“幸福家庭”创建活动，通过家家小庭院的美丽，带动村村大环境的改善。指导各村成立村庄环境整治理事会，对垃圾进行初步分类，实现减量化，坚决杜绝建筑垃圾及工矿废料进入中转站，全镇基本实现村庄环境自我治理，生活垃圾处理率98%以上，主干道清扫率100%。

全国发展改革试点小城镇

2008 年 3 月 25 日，经国家发展和改革委员会批准，德平镇被列为第二批全国发展改革试点小城镇。德平镇充分抓住这一战略机遇，按照城乡统筹的原则，切实转变政府管理职能，合理分配公共资源，推进各项制度创新，探索德平镇又好又快发展的新途径，为促进经济和社会协调发展、加快农村劳动力转移、推进适合我国国情的城镇化进程、促进小城镇健康发展提供示范。2013 年 12 月 14 日，被山东省人民政府确定为全省“百镇建设示范行动”第二批示范镇。2014 年 7 月 21 日，被住建部、国家发改委、财政部、国土资源部、农业部、民政部、科技部 7 部委联合确定为全国重点镇。2014 年 9 月 16 日，中共山东省委副书记王军民到德平镇检查指导工作时，肯定了德平镇在发展改革中取得的成绩。

职能转变 设立便民服务中心，计生、劳保、民政等职能部门全部进驻办公，本着“精简、统一、高效”的原则和“小政府、大服务”的要求，合理设置机构，合理确定事权和财权，深入推进机构改革，将工作重点转移到管理社会事务和提供公共服务上来。按照“权责一致、依法下放、能放即放”的原则，争取临邑县采取“直接放权”“委托授权”等方式下放德平镇行政许可、行政执法以及其他行政管理权 105 项。

土地流转 坚持把推进农村土地流转作为解决进城群众种地问题，促进农民向非农产业转移的突破口。2010 年 6 月，镇政府建设土地流转服务中心，设立土地流转交易大厅，配备有大屏幕电子显示屏、电脑、档案橱等办公设备和土地流转信息联络、收益评估、合同鉴证 3 个服务窗口，具体负责制定土地流转规划、收集土地流转信息并对外发布、规范土地流转程序、开展农村土地流转中介服务等工作。按照“民办、民管、民受益”和“离乡不丢地，不种也收获”的原则，推进党委领办创办合作社工作，分为三级组织，即党委创建的合作社总社、示范合作分社和村级服务队。发挥党委合作社总社的优势，按照合作社总章程，联合全国人大代表魏德东的富益民农业服务公司，因村制宜，不搞“一刀切”，结合134个村实际分别组建示范合作分社或服务队。以“党支部＋合作社＋农业社会化服务组织”的方式，对土地实行耕、种、防、收、售五个环节的农业社会化服务，实现土地全程托管，有效解决进城农民后顾之忧，促进土地区域化、规模化种植和集约化经营，实现土地效益的最大化。至2019年年底，发展优质专用小麦、水果玉米订单种植2000公顷，带动种粮大户流转土地1667公顷，群众每亩耕地增收400元左右，增加农民务工收入户均2.6万元以上。

户籍管理 根据公安部关于小城镇户籍管理制度改革的要求，实行按居住地区和就业原则确定身份的户籍登记制度，该镇农户、外地进镇经商办企业者和专业科技人才，只要在该镇有合法固定的住所、合法稳定的就业条件，就可申请办理城镇户口，其子女上学、服役、就业等方面视同城镇户口。

城镇管理 成立城镇管理工作领导小组，领导小组下设办公室，办公室与城管执法分局合署办公。全镇城镇管理实行镇领导班子包片、站所主要负责人包路段、各单位包责任区域的责任制，形成上下互动、左右联动、全方位齐抓共管的城镇管理格局。争取临邑县城管局在德平设立城管分局，坚持公开承诺、热情为民，主动接受社会监督，建立城管、公安、法庭、交通等部门联合执法机制和快速反应机制。投资购置垃圾清运车和洒水车，在镇区设置垃圾箱300余个，对城镇保洁人员统一配备服装和清运工具。全面落实城镇管理工作“一把手”责任，与各企事业单位、个体工商户、居民签订“门前五包”责任书，将包清洁卫生、包秩序良好、包公共设施无损、包无乱设摊点、包无违章建筑等“门前五包”责任落实到每一个责任单位、责任人。加强教育引导，增强居民规划意识、绿化意识、卫生意识，使居民养成适应小城镇要求的新生活方式和习惯，使居民在参与城镇管理中接受教育，提高素质，实现城镇长期有效管理，改善城镇面貌，提升城镇品位。

经济建设

新中国成立前，域内经济以农业生产为主，工商业极少。新中国成立后，尤其是改革开放后，由于乡镇企业、民营经济的兴起以及招商引资步伐的不断加快，先进的生产技术、经营模式及理念的引进和运用，德平的经济及各项社会事业发生翻天覆地的变化，经济总量快速增长，第一产业稳步发展，第二产业异军突起，第三产业强势崛起，经济效益不断提升，综合经济实力不断增强。

农业

特色种植

解放前，德平大部分土地被地主、富农霸占，广大农民少地或无地。1950年以后，从互助组、初级社、高级社和人民公社推广实施后，粮食产量有高有低，百姓生活有起有伏。

1982年，全面推行农民家庭联产承包责任制，农民以种植棉花、小麦、玉米为主，棉花种植面积占土地总亩数的一半。后又相继贯彻落实承包经营权、延长土地承包期，进一步完善和稳定家庭承包经营，充分调动集体和农民的生产积极性。1998年，实行第二轮土地承包，粮食连年大丰收。1999年，大力发展设施农业和品质农业，先后在林寨、张可达、阎家、郭家、马屯、夏屯等村发展蔬菜大棚。2000年，建占地14公顷的科技示范园。合同到期后，科技示范园复耕，土地归还群众。2006年，国家取消农业税，

小麦丰收图（2008年）

农村经济政策调整，实行对种粮农民直接补贴、加大土地使用权流转力度等一系列惠农政策，农民种粮积极性越来越高。2010 年以后，农业市场结构变化，农户以种植小麦、玉米为主。2012—2015 年，粮食产量单季亩产突破 500 千克大关。农民的人均收入由 1990 年的 487 元，增加到 2010 年的 7377 元。2015 年，德平镇设有农业办公室、经营管理站、畜牧兽医站、林业站、水利站和农机站等，引导农民实行多种经营。

德平镇主要粮食作物有小麦、玉米、地瓜、谷子、高粱、大豆等，辅以绿豆、红豆、杂豆、大麦等杂粮。经济作物主要有棉花、花生、芝麻等。蔬菜种植，多以露天蔬菜为主，有少量大棚蔬菜供应市场。当地产蔬菜，大致分为菜、瓜、食用菌 3 类，品种数十个，主要有大蒜、白菜、茴香、菠菜、黄瓜、芹菜、韭菜、甘蓝、茄子、葱等。

德平镇注重发挥区位优势，坚持走特色种植、品牌种植发展道路，不断调整和优化农业种植结构，已初步形成具有一定规模、具有地方特色的农业产业板块。大吴庙村的榛果种植，大西关村的黄花菜种植，郭平阳村的红花、三七等中草药种植，北小刘村、孙庙村的红薯种植，已初具规模，全镇“一村一业”产业格局基本形成。

德平榛果园　位于大吴庙村。规划建设 14 公顷种植示范园、3.5 公顷产品示范园、3.5 公顷育苗示范园，1 ~ 5 年幼苗下套种红薯、苗木、中药材等矮科作物，以短养长增加收入。成立“德平镇大德榛果专业种植合作社”，吸收社员 18 人，另聘请专业技术员 2 人，带动发展榛果种植基地面积 47 公顷。

德平榛果园（2018 年）

黄花菜种植基地（2018 年）

红花种植基地（2019 年）

黄花菜种植基地　位于镇区大西关村。黄花菜又称萱草、母亲花，黄花菜种植与德平镇孟郊故里的历史渊源及打造孝德康养特色小镇规划相契合。2019 年，大西关村集体流转 3.5 公顷土地发展黄花菜种植，当年第一批鲜花、干花上市销售，辐射带动 20 余个村庄，34 公顷种植黄花菜。为黄花菜注册“老家德平”商标，通过统一包装销售和市场化运作，进行品牌化打造。每年 5 月，黄花菜成熟季节，面向周边地区举办特色采摘观赏节，成为孝德康养特色古镇的一大亮点。

红薯种植项目　2019 年，北小刘村积极响应发展集体经济的要求，整理废弃宅基地 7 处、林地 4 处、废旧坑塘 1 处，共整理出土地 3 公顷，从商河县怀仁镇引进“龙九”品种试行发展红薯种植，当年亩产 2000 千克左右，亩增收 1000 多元。带动大刘、前明、常家、孙庙等 15 个村整理出闲散地 20 多公顷用于红薯种植。

红花种植园　位于郭平阳村，主打生态牌，以种植食用、药用红花为主。在德州市乡村振兴服务队的指导下，成立党支部领办创办合作社，种植中草药红花 13.5 公顷，通过“旅游 + 采摘”的方式推广扩大规模，带动起阳关庙、邵家等村发展红花种植产业，已初具规模。

特色养殖

德平镇农民养殖的大牲畜有牛、马、驴、骡，小牲畜有猪、羊、兔等；家禽有鸡、鸭、鹅、鸽等。2000 年后，随着农机的普及，加之养殖成本增加，机械化代替人工、畜力，境内以家庭养殖为主的畜牧养殖品种存栏量逐渐渐少，规模化养殖渐成趋势。至

2015年，镇内农民养殖马、骡很少，骡基本被淘汰；养殖牛、驴一般是专业户或屠宰户。家禽养殖以养殖经济效益高的蛋鸡、肉食鸡、合同鸭为主。至2019年年底，德平镇有养殖规模300头以上的标准化生态养猪场15处，养殖规模2万只以上的养鸡场16处，养殖规模5000只以上的养鸭场20余处。生猪年存栏量2.6万头，肉鸭存栏量15万只，肉鸡存栏量24万只，蛋鸡存栏量110万只，年产鸡蛋2亿枚，构筑起生猪、蛋鸡、肉鸭、肉鸡四大养殖产业链条。其中，引进的樱桃谷种鸭繁殖（樱桃谷种鸭全球市场占有率75%）是世界最大的曾祖代鸭研发和孵化繁育基地，德州天地壹号特色养殖是山东省单场存栏量最大的土鸡养殖基地，形成以大型养殖企业为龙头，以中小养殖户为辅助的特色养殖格局。

德州壹号食品有限公司　是上市公司广东壹号食品股份有限公司的全资子公司，总投资5亿元，占地50.3公顷，计划建设标准化鸡舍36栋、蛋库2栋，年存栏土鸡200万羽，是山东省单场存栏量最大的土鸡养殖基地，也是德州市第一家生产无抗土鸡蛋基地。车间的环控系统、集蛋系统、鸡蛋分选系统分别采购自美国蒙特、德国鲁冰、荷兰魔霸等公司，集世界先进设备于一体，可自动控温控湿、通风照明，自动投喂料、自动

德州壹号食品有限公司厂区图（2018年）

德州壹号食品有限公司内景（2018 年）

收集输送、分选打包鸡蛋，形成全自动智能环控系统。基地采用全球最先进的“无抗”养殖模式。使用中草药代替抗生素进行预防和治疗，保证土鸡健康生长，产出无药物残留、无重金属的绿色土鸡蛋。壹号土鸡为此公司畜禽专家胡刚安博士经多年选育、培养的蛋肉两用新品种，拥有自主知识产权，获得多项科技奖项，产蛋率高达 90% ~ 92%，生产的鸡蛋富含 DHA。此外，基地配备多名内检员，获 GAP 等多项质量管理标准体系认证。2017 年 10 月底，一期 18 栋鸡舍、1 栋蛋库、100 万羽土鸡全部投产，日均产蛋 90 万枚左右，单日最高产蛋 93 万余枚，并建设年产 11 万吨饲料加工项目。二期工程和青年鸡项目正在建设中，将延伸产业链条，合作发展现代化屠宰、熟食加工产业，着力打造区域特色养殖制高点，助力当地全国特色养殖小镇创建。同时，承接全县投资 1242 万元的扶贫车间项目，打造全县的扶贫样板。企业年销售收入 5 亿元，实现净利润达 0.5 亿元，提供 500 多个就业岗位。

樱桃谷农场（山东）有限公司 位于德平镇政府驻地北 5 千米处，是亚洲最大的曾

樱桃谷农场（山东）有限公司厂区图（2018 年）

祖代鸭孵化繁育基地。公司作为GGP的安全生产基地，为中国的鸭子企业提供祖代种鸭，为英国的科研和遗传选育工作提供基础的实验数据和补充试验，项目总投资8000万美元。至2019年，建成养殖场、孵化场、曾祖代选育场在内的4期工程，年孵化能力达到16万只，年产值实现人民币3亿元，税收人民币1500万元以上。第五期工程正在建设中。

临邑县德康养殖示范园 占地15公顷，始建于2011年3月。建成高标准猪舍10栋，预计总存栏1万余头。园区分为办公区、隔离区、养殖区、园林种植区和粪污处理区五部分。厂区实行全封闭式管理，有生产区、生活区、粪污处理区。猪舍全部采用全自动供水设备、自动上料机、自动刮粪机、干湿分离机，建设无害化处理设备、氧化塘、三级沉淀池、雨污分流、固液分流等设施。配套建设680立方米的大型沼气项目和8公顷的园林苗圃基地，全部实现粪污无害化处理。2014年获得农业部无公害认证。

临邑县德平镇德保隆养殖场 2013年1月建成投产，占地6.7公顷，年出栏生猪6000多头。场区设置净道污道、原种区、母猪区、保育区、育肥区、粪污处理区，并有绿化隔离，是省级标准化示范场。

临邑绿康奶业 位于德平农场，建于2012年，占地5.5公顷。2019年，有5栋牛舍，存栏奶牛500头，所用饲料均来自绿色基地，采用先进的饲喂方式。配备先进的挤奶设备，实行标准化、科学化管理。配建储粪场、沉淀池，实行雨污分流，保证生产环保。

新型农业经营主体

自2010年起，以合作社和家庭农场、种粮大户为主的新型农业经营主体凸显。通过经营权流转、股份合作、代耕代种、土地托管等多种方式，加快发展土地流转型、服务带动型等多种形式规模经营，推进土地集约化、规模化、标准化种植。全镇涌现3.5公顷以上种粮大户190家，家庭农场15家，各种功能合作社20个。

德平镇富民家庭农场 德平镇富民家庭农场于2013年3月注册成立，流转土地133.5公顷，是德州市首家正式注册的家庭农场、山东省首批省级示范农场。

为全面提高科学种植水平，农场积极和省内科研院校联合，先后争取山东省农业科学院、德州市农业科学院在农场设立科技示范基地；山东农业大学在农场设立教学科研就业实践基地。通过科学管理，农场种植的小麦、玉米单产和总产连创新高。

为向多元化发展，真正提高种植效益，在省农科院的指导下，农场建设玉米、花生

富民家庭农场（2014年）

宽幅间作高效栽培示范基地。在种植过程中，围绕提高产品质量，严格按照现代农业标准组织生产管理，进行科学种植，效益明显提高。2015 年 9 月，全国玉米、花生宽幅间作高效种植模式观摩会在该农场召开。建设占地 10 公顷的现代农业观光园，收集磨盘、碌碡、播种机、犁等各种老式农机具，种植大豆、棉花、果树等 20 多种农作物，成为展示农耕文化的小型“博物馆”，面向各个层段学生开展旅游和农业实践教育模式，面向农民推广现代农业新技术、新思路。

农场始终坚持用企业管理的思维经营发展，聘请德州市一树文化培训中心总经理王德军为顾问，定期进行企业文化培训，提高农场成员的合作和经营意识，促进农场不断发展壮大。

临邑县富民小麦种植专业合作社 临邑县富民小麦种植专业合作社位于德平镇政府驻地，东临省道 323 线。于 2008 年 3 月注册成立，注册资金 500 万元。合作社办公场所面积 600 平方米，培训场所面积 200 平方米，农机设备存放维修、农资仓储面积 1300 平方米，大型农机设备 30 台（套），小型设备 80 多台。

合作社坚持按照“入社自愿、退社自由、风险共担、利益均享”的原则，积极和涉农企业联合，先后和山东良星种业、山东鲁研农业良种有限公司、法国罗盖特公司等农业龙头企业建立长期合作关系，小麦、玉米全部实现订单种植，价格每 500 克均高出市场价 0.15 元，每亩可节本增收 400 元左右。注册“诚富民”和“鑫粮王”商标。2012 年，

富民小麦种植专业合作社统一机械播种图（2008年）

先后被评为山东省农民专业合作社示范社、全国农民专业合作社示范社。

每年“三夏”“三秋”生产期间，对合作社机械实行统一调度，挂牌服务，做到“四统一”：统一管理、统一调度、统一收费价格、统一作业标准，机械化作业率达到99%。在此基础上，积极参加省、市、县的农业技术和农业机械培训，成立新型农民培训班，一年培训20余次，培训社员4000余人次。带头推广应用新品种、新技术、新机具，并按照农时定期为社员提供农业技术培训、虫情测报、测土配方、农机维修等技术服务，实行“六统一”：统一供种、统一测土配方施肥、统一病虫害防治、统一技术培训、统一机械耕作、统一销售农产品，在合作社与社员之间形成风险共担、利益共享的新型合作关系。2017年9月，由合作社牵头，联合3家农资销售公司，成立德州富益民农业服务有限公司，把农资、农机、农技等有机结合在一起，为土地流转保驾护航。2019年，土地全托管及半托管面积达2666.6公顷，订单种植面积达800公顷。为当地的农业发展和农民增收起到实实在在的示范带动作用。

临邑县肇林小麦种植专业合作社 2013年6月，宫家村由党支部牵头率先领办创办小麦种植专业合作社，通过组织发动，全村群众实现整建制入社。与山东良星种业公司取得联系，合作建设制种基地。全村群众的土地全部托管给合作社，统一管理进行制种，逐步实现合作社“统一购买农资产品，统一种植模式，统一农业技术服务，统一病虫害防治，统一机械化作业，统一农产品销售”的“六个统一”服务，亩均节本增效200元左右。部分农民通过发展高效种植、绿色养殖等特色产业，居民收入有了质的变化。据统计，2013年村民人均纯收入1.3万元，位于德州市前列。

整建制入社，“村社合一”不但有效利用现有资源，调动群众的积极性，也壮大村集体经济。2013年，村“两委”将村外涝洼地进行改造，抬土造田1.8公顷，池塘0.7公顷，土地和池塘分别以每亩230元、300元价格对外招标承包，收承包费7.8万元；对村内的空闲宅基地依法回收，拆除废弃猪栏、残墙断壁，用小挖掘机逐块进行垃圾清理，共运出垃圾130余车，整理空闲地大小23块共计1公顷，收承包费4.7万元。集体商议对全村统一绿化设计，为承包户购龙柏苗1万株，紫叶碧桃2000株，法国梧桐、白蜡、金叶榆、国槐、冬青等8000余株，共栽植经济苗木2万余株。这些苗木一般3 ~ 4年即可出圃。仅龙柏一项，村民可实现经济收入40万元，其中村集体实现收入4万元。

工业

发展概况 德平境内自汉代开始出现酿酒业，明代出现铸铁、编织、纺织等行业的手工加工业。

清末，个体手工业有窑业、纺织、轧坊、榨油、酒醋酱油酿造、食品加工及铁石木瓦匠等行业。这些行业多是个体经营，设备简陋，手工操作，一般由师傅开业招徒学艺，或父子经营、兄弟合作，人数不多，亦工亦农，走乡串户，自产自销。个别的也有前铺后坊，边加工边销售。德平土布，用木机织，面窄，为妇女从事的主要手工业，清末颇盛。品种有斜纹、条子、白布，年产1.75万尺，产值1.05万元，商人设庄收买，销售于燕蓟等地。

民国年间，从辛亥革命到1936年，德平境内工业有较大发展。1932年，在德平（原德平城）大佛寺内建“平民工厂”1处，有工人23名，分染织和缝纫2个工种，年产布660匹，其中有平布、斜纹、花条、方格等，产值4140元。造酒作坊有19家，工人84名，年产白酒1131担，产值2.05万元。“裕兴顺”铁厂和三兴、永顺和、永聚成、章顺和、三合祥、大兴等染坊也颇具规模。至1937年，在舶来“洋货”冲击下，织布厂和民间手工纺织业遭受严重打击。1937年“七七事变”后，业主逃亡，工厂倒闭，工人失业。

1945年，日本侵略军投降，德平县民主政府大力组织群众恢复生产，重建家园，德平境内的个体手工业户开始慢慢复苏，艰难起步。直到20世纪50年代，各类手工业作坊遍及全境各村，呈现出初步兴盛。1950年，国民经济进入三年恢复时期。1953年，德平境内手工业按照自愿互利、有利于发展生产的原则，把各手工业作坊逐步组织起来，成立合作社、合作组，实行集中生产、统一核算、自负盈亏的管理方式，相继组建德平铁业社、木业社、皮革社等，从业人员3000多人。

1961年，在“调整、巩固、充实、提高”的方针指导下，德平镇集体工业实现较快发展。1962年，临邑县供销社在德平设棉花代加工站，1972年改为棉花加工厂（简称棉厂）并增设榨油设备，称德平棉油加工厂，拥有柴油机3台，120马力皮辊轧花机45台。1965年，茄李村烘炉加工厂建成投产（临邑县第一家），有职工40余人，主要产品为高架线杆横担抱箍，产品销往胜利油田。1967年，茄李玻璃仪器厂建成投产，职工60余人，主要生产各种玻璃实验仪器，产品销往各大城市研究所、大中专院校实验室，年利润50余万元。1968年，德平面粉厂建成投产，日产面粉1万千克，大大方便临邑北部居民的生活。同年，原碱李公社碱李工业成立，主要业务有标准件及化工产品生产、木制品加工、织布等。1974年，茄李化工厂建成投产，职工100余人，主要产品为松焦油、防锈漆，产品销往全国各大橡胶厂、军工厂，年利润100余万元，同时带动发展起面粉加工、运输、汽车农机具维修、电器维修等行业。1976年，原碱李公社建筑公司成立，当时主要业务为兴建大港油田，2010年因经营不善破产倒闭。

1978年中共十一届三中全会后，特别是20世纪80年代中期以后，随着经济体制改革的不断深入，企业经营自主权不断扩大，镇、村工业发展迅速，已在国民经济中占有相当重要的地位。1984年，县供销社增设三里庄（原满家乡）棉油加工厂，拥有柴油机3台、锯齿轧花机2台，年加工籽棉750万千克。1985年，德平面粉厂扩建仓房1座，容量100万千克，新增磨盘机5台、平筛1台、洗麦机1台、振动筛2台，日产面粉2万千克，境内居民基本摆脱以人、畜加工粮食的笨重劳动。同年，德平机绣集团公司建

20 世纪 80 年代末德平镇机绣集团公司

成投产，有工人 49 名，主要产品有被罩、床单、枕头套等 18 种，年产 10 万件。2002 年，改制为私营企业，改称临邑县炬烽工艺品有限公司。1986 年，碱李棉织厂（德州地区第一家）建成投产，有工人 136 人，购进浆纱生产线 2 条、织机 40 台，主要生产平纹布，年产值 1600 余万元，成为德州地区的标杆企业。1991 年，因国内环境影响，关闭破产。在其带动下，当时德平、满家、范家、毕家、河沟陈等地相继建成棉织厂。

20 世纪 90 年代，是工业企业的改革、转型阶段，乡镇企业实行改制，以集体所有制为主体的乡镇企业转变为以个体、私营所有制为主体的民营经济，原碱李乡旭光铸造、天源化工、晨东化工，原满家乡顺达面粉、精密铸造，原德平镇宏达面粉、德和面粉、教场化工等民营企业陆续建成投产。同时，德平镇加大招商引资力度。2001 年，镇成立招商办，组建专业招商队伍。按照“全党抓招商、重点抓工业、关键抓招商”的总体思路，“走出去、请进来”，积极开展招商活动，成效显著，激活工业经济发展的原动力，新上恒通纺织、瑞海油脂、双德纺织、鲁信制粉、文君农业科技公司等民营企业。

2005 年 2 月 24 日，国务院颁布《关于鼓励支持和引导个体私营等非公有制经济发展的若干意见》，即“非公 36 条”。这是新中国成立以来第一次以中央政府的名义发布鼓励支持和引导非公有制经济发展的纲领性文件，不仅为民营经济的发展起到清道开闸的作用，更为民营企业发展方向提出总体要求。经历一个阶段的蓬勃发展，全镇工业已具较大规模。但是，由于市场经济体制改革的深入和企业的无序竞争，有一些企业纷纷落马，也有一些企业在市场的冲击下适时而变，转变机制和经营方式，从而得以生存和蓬勃发展。同时，镇上加大环境保护力度，关闭高能耗、高污染的企业，经过发展，德平镇工业企业走上良性发展阶段。其间，旭光铸造、天源化工、晨东化工、双德纺织等民营企业规模不断扩大，德平建筑、樱桃谷农场（山东）有限公司、亚明照明、德州壹号食品有限公司等一批骨干企业相继建成投产。

经历改革和激烈的市场竞争后，德平镇企业以质量为生命，与时俱进，加快发展，完成四个转变：由生产经营型向资本增值型转变；由家庭粗放式管理向集约型现代企业管理转变；由初加工、传统产品向高科技含量、高附加值产品转变；由“用亲型”向靠人才发展、科技兴业、创新生存的“用贤型”转变。使企业成为高、精、尖的现代化企业，增强企业自身在国内、国际市场的竞争力，形成一批高科技含量、高附加值、高产出、高效益的骨干企业，逐步形成化工、铸造、面粉加工、建筑建材、服装加工为主的特色和优势产业，工业走上可持续发展道路，带动德平经济快速健康发展。

重点企业

山东旭光得瑞高新材料股份有限公司　其前身为临邑县旭光铸造材料厂，成立于1992年6月。1998年2月，改制为临邑县旭光铸造材料有限公司。2013年7月，进行股份制改造，更名为山东旭光得瑞高新材料股份有限公司。2002年通过ISO 9001质量管理体系认证。2008年通过ISO/TS 16949质量管理体系认证。现为工业和信息化部铸造准入企业、中国铸造协会理事单位、山东省铸造协会常务理事单位、齐鲁股权挂牌企业、山东省铸造清洁生产工程技术研究中心科研基地。公司下设铸造材料事业部、铸造机加工事业部、预应力锚具事业部三大部门。

铸造材料事业部年生产能力30万吨铸造材料。公司研发的新型湿型砂绿色环保铸造材料——“铸元素”获得国家发明专利，2017年被中国铸造协会授予“中国铸造行业‘四新’技术”称号，2018年通过国家级科学技术成果评价；铸元素产品在第十六届中国国际铸造博览会上荣获“全国铸造材料金鼎奖”荣誉称号。铸造机加工事业部年铸造生产能力5万吨，主要客户有中国重汽、福田重工，美国伊顿、埃比西斯，瑞典ABB，德国库卡，韩国LS，意大利阿迪尔、布雷维尼、康迈尔等国内外知名企业。其自主研发的“铁模覆砂缓凝型工艺技术”于2018年被中国铸造协会授予“中国铸造行业‘四新’技术”称号，利用该技术生产的“C190空压机壳体”在第十六届中国国际铸造博览会上荣获“优质铸件金奖”。预应力锚具事业部成功与中铁集团、中交集团、中建集团、韩国信诚株式会社等国内外企业合作。

公司连续多年被山东省铸造协会评为“山东省铸造行业综合实力五十强企业”“材

旭光得瑞高新材料股份有限公司厂区图（2018 年）

料设备排头兵企业”，2018 年被中国铸造协会授予“中国铸造协会优秀会员单位”和“中国铸造行业排头兵企业”称号。公司企业技术中心于 2018 年被山东省经济和信息化委员会认定为“省级企业技术中心”。

山东天源化工有限公司　始建于 1989 年，原名临邑建德化工厂。1998 年组建临邑天源有限公司，2007 年变更为山东天源化工有限公司，是华北、华东地区最大的橡胶

天源化工有限公司厂区图（2018 年）

用油生产基地。公司注册资金 5000 万元，厂区占地 2.7 公顷，拥有 50 多个大型储油罐，储油量在 1 万吨以上，年生产能力 10 万吨，主要生产环保芳烃油、环保烷烃油、环保环烷油、重质环烷油、芳烃油等多种产品。

公司产品畅销全国各地，并与米其林、普利司通、固特异、倍耐力轮胎、韩泰轮胎、锦湖轮胎、佳通轮胎、赛轮金宇、双星轮胎、玲珑轮胎、耐克森轮胎等多家内外资企业合作。公司于 2003 年通过 ISO 9001:2000 质量管理体系认证。2011 年新上环保芳烃油扩建项目成功投产，顺利运行。2012 年 1 月 11 日，获得“一种橡胶用环保级高芳烃油的生产方法”的发明专利（专利号：ZL201010604121.9）。2012 年年底，获得“山东省高新技术企业”称号。

山东亚明照明科技有限公司 公司原名山东申安照明科技有限公司，成立于 2010

亚明照明科技有限公司厂区图（2018 年）

年5月。注册资金6800万元，固定资产1.8亿元，占地13万余平方米，建筑面积5万余平方米，是集高亮度LED照明灯具研发、生产、销售与安装于一体的照明行业省级高新技术企业。2014年12月，作为北京申安投资集团的全资子公司，与总公司一起和上海飞乐音响股份有限公司重组上市成功，更名为山东亚明照明科技有限公司。

2019年，公司有员工180余人，其中研发工程师12人、工程技术人员56人。拥有4条灯具生产线、3条产品老化线以及研发等附属设施、设备，各类生产及检测设备180余台（套），年可生产各类LED照明灯具200万套。公司拥有市级重点实验室、省级企业技术中心和工程技术研究中心，先后与清华大学等国内知名院校和科研机构建立长期合作关系，并成立自己的技术研发中心；与山东大学联合成立共建教学实践基地。产品通过ISO 9000、ISO 14000、ISO 18000体系认证。先后荣获“山东省高新技术企业”“山东省守合同重信用企业”“山东省照明行业十佳工程公司”“山东省照明行业十佳产品研发生产单位”“山东省节能环保示范企业100强”“德州市百强企业”“德州市科技型创新企业”等称号。

临邑县晨东化工厂 该厂始建于1968年，原名为碱李人民公社碱李工业。1998年更名为临邑县碱李化工厂，2007年更名为临邑县晨东化工厂。2019年，企业有职工46人，其中技术人员6名。拥有再生胶生产线2条，软化剂生产线1条，再生胶化验设备8台，软化剂化验设备6台。公司主要生产再生胶和橡胶软化剂，年产再生胶1万吨，产橡胶软化剂6000吨。产品主要销往南通回力橡胶有限公司、时风巨星轮胎有限责任公司、成山集团有限公司、天宇（山东）橡塑制品有限公司、贵州安泰再生资源科技有限公司、迁安市富东工贸有限公司等橡胶行业，年产值3000万元以上。

临邑德平建筑安装工程有限公司 公司成立于2009年，2016年8月晋升为二级资质。注册资金2100万元，净资产4027万元。2019年，有职工320人，其中全国一级注册建造师10人、二级建造师32人、中级及以上职称16人。2017年12月，通过GB/T 19001—2016/ISO 9001：2015、GB/T 50430—2007、GB/T 28001—2011/OHSAS 18001：2007、GB/T 24001—2016/ISO 14001：2015的质量、安全和环境管理体系（方圆）认证。公司下设21个项目工程部。2019年，拥有大中型机械设备43台（件），动力装备率12千瓦/人，具有承揽楼房建筑安装、钢结构、公路建设、园林建设、水利水电建设、起重设备安装等工程的能力。先后参与承建德平龙泉御园、临邑县职业中专学校宿舍楼、北辰嘉园、名门府第等50余处开发工程。2016年，开始开拓县外市场，承建中铁十四局蒙华

德平建筑安装工程有限公司承建项目图（2018 年）

铁路 MHTJ—23 标段预制、泰安市宁阳县东方富居 5# ～ 8# 楼及地下车库、德州市陵城区徽王镇高级小学等建设工程。所建工程合格率达到 100%，优良率 60%。

公司先后获临邑慈善奖、临邑县第一批诚信企业、临邑县优秀施工企业、农民工工资发放先进单位和质量管理先进单位称号，承建的工程获评山东省建筑施工安全文明标准化优良工地、“德州市优质结构杯”奖、德州市安全文明示范工地等。

德州利康斋食品有限公司 公司原名发达食品厂，成立于 2002 年，主要从事桃酥、蛋糕、月饼等糕点的生产及销售。2003 年，更名为德州利康斋食品有限公司，生产产品由原来的普通糕点扩大到生产各类高档蛋糕、盐焗鸡蛋等农产品深加工产品。公司配有研究实验开发中心、独立化验室，拥有高级食品工程师、烘焙师、糕点师等 10 余人。内设有 5 条国内一流生产线，日产能 50 吨。主打的“科康圆”品牌产品以价格合理、不断创新、品味独到的特点赢得了广大消费者的青睐，产品远销北京、天津、河南、河北等 20 多个省市。

2018 年，公司成立德州诺鼎农业种植加工有限公司，正式进军现代农业产业。该公司是以种植、加工、销售为一体的专业化现代农业企业，建设新型种植示范园区，主要种植辣椒、水果玉米、糯玉米，并建设小麦套种冬瓜、玉米套种花生、玉米套种大蒜、玉米套种大豆、果木种植等基地。种植的产品除供应德州利康斋食品有限公司食品原料外，新建设的加工基地、冷库，还把种植的冬瓜加工成冬瓜脯、冬瓜蓉、冬瓜丝、冬瓜皮烘干、冬瓜仔烘干，种植的大豆加工成豆沙、豆蓉，种植的花生加工成优质的纯天然花生油等，产品销往全国各地。

商贸业

德平为历代县治驻地，自古商贾云集，境内商业经济自设县以来起伏发展。明清时期，随着商品经济的发展，商人通过自筹资金或者合伙投资开设店铺，商贸流通日趋繁荣。中华人民共和国成立后，组建供销社、合作社等，保障德平人民的商品供应。改革开放后，随着经济发展，人口增长，城镇规模扩大，市场日趋活跃，全镇商贸流通持续繁荣。

个体商业 德平自1922年成立商会，负责配合政府通报商情、维护公益，并联络境内独资或合伙经营的商铺，有组织地北上京津、东赴青岛、南下济南，开展长途贩运，获利颇多。店铺集中在德平城东街、西街、南街、北街，主要有旅馆、杂货铺、染坊、木匠铺、银匠铺、剃头铺、宰坊、车马店、钱庄、茶庄、包子铺、点心铺等百余家。

阎家村的钱庄——利源钱记

1945年7月，德平城解放，经商环境日趋改善。1949年，德平县建立工商联合会，各大商户逐渐开始走上合作经营的道路，饮食及百货行业建立合作商店，实行公有制（集体经济和国营经济），个体经济受到限制。1956年3月，区划调整，德平撤县设镇，划入临邑县，先后设立供销社、食品站、采购站、粮管所等。其中，供销社有职工50余人，主要经营日用百货等400余个品种。另有个体商业店铺百余家，商业从业人员500余人，集市贸易规模也不断扩大。

1978年中共十一届三中全会后，国家对社会商业结构进行调整和改革，实行国营、集体、个体一起上的方针。商业体制逐步改革，使计划经济向市场经济转变，改革市场机制，允许个体户开办私营商业，个体经济和集市贸易迅速发展，个体商业队伍日益壮大。1982年，德平镇第一座2层仿古式商贸楼——德平镇人民商场建成投入使用。

20 世纪 80 年代德平镇人民商场外貌

20 世纪 80 年代德平镇人民商场内一角

沿街包子铺（1995 年）

1986 年以后，辖区商业经历由计划经济向市场经济的转变。为适应形势的发展，商业系统不断转换经营机制，强化服务质量，商品销售量逐年增加。1992 年邓小平视察南方讲话发表后，个体、联合经营的商业形成新一轮发展高潮。此时，镇中东西主街改建成为商业大街，街宽 22 米，长 2500 米，商场、饭店、酒楼、旅店、理发店、时装店等遍布街道。同时，德平镇很多农民亦农亦商，甚至弃农经商，私营、股份经商者与日俱增，大小商店如雨后春笋，层出不穷。至 2002 年年底，有个体工商户 1000 余家，从业人员 3000 余人。

至 2019 年年底，全镇有个体工商户 2900 余家，从业人员 8000 余人。

集市贸易 旧时，由于商业店铺稀少，集市贸易成为商品交换的主要渠道，德平县城成为当时商贸交流中心。据康熙《德平县志》记载，德平城内集日：东街为农历每月初四、十二、十九、二十七；西街为农历每月初七、二十二；南街为农历每月初二、初九、十七、二十四；北街为农历每月十四、二十九。集市中有摊贩百余个，主要经营布匹、水产品、盐、酒、土特产及杂货等。

改革开放后，特别是2000年5月原满家乡、碱李乡、德平镇合并后，德平镇以正平大街、汽车站、碱李商贸街、满家商贸街为重点，大力实施商贸区开发建设，构筑起以德平经贸市场为龙头，以碱李、满家、林寨等村集贸市场为补充的“镇村一体、布局合理、辐射力强”的商贸流通体系。至2002年年底，德平镇有集市贸易场所11个，集镇建筑面积32万平方米，摊位3000余个，年交易额近10亿元。其中，德平经贸市场建筑面积8万平方米，摊位2500个，日成交额200万元，每逢农历二、四、七、九为德平大集，成为临邑县内为数不多的一旬四集的乡镇。

2009年，以打造县域商贸物流次中心为目标，积极拓宽投融资渠道，加大市场培育力度。至2019年年底，全镇有集市贸易场所13个，集镇建筑面积50余万平方米，摊位7000余个，年交易额数十亿元，商贸辐射半径30余千米，临邑县北部商贸交流中心

繁荣的德平大集（2002年）

德平集市贸易一角（2006年）

的位置日益突出。

商贸街 至2019年年底，德平镇建成正平大街、富平路、龙泉大街、富平大街4条商贸街。其中，龙泉大街依托大型超市，主要经营综合类商贸产品；正平大街作为传统的老城商贸街，主要经营服装、鞋类和食品类；富平路和富平大街以金融服务、饮食服务和车辆维修服务为主，充分满足群众日常生产生活需求。

超市 德平现有百乐佳、美娅姿、德平百货等7家大型连锁超市。其中，百乐佳购物广场位于德平镇中心商圈，总投资2000万元，经营面积4500多平方米，集名品服饰、生活超市、健康美食、儿童主题馆等休闲、娱乐、购物场所为一体，年销售额1200万元，带动就业200余人，覆盖临邑县北部与乐陵、商河、宁津、陵城交界的10余个乡镇，服务群众60多万人，是周边30千米范围内规模最大、现代化水平最高的大型休闲购物广场。

特色产品和旅游 2017年1月，德平被评为省级“孝德康养古镇”特色小镇后，成立德平美食协会，逐步扩大德平细米窝头、德平熏鸡、德平老豆腐、德平大饼、德平四喜丸子等特色名吃规模，通过电子商务、冷链物流等方式销售到全国各地，以绿色康养为核心的特色食品走向全国。依托德平镇深厚的历史文化底蕴，大力发展特色旅游产业，以龙泉寺、祢衡井、白麟书院、阎家古民居、曹家汉墓和平昌公园、春晖花园、萱草园、农业观光园等古代和现代相结合的特色旅游路线基本形成，让游客充分感受到德

假日骑行的游客（2018年）

平的古镇风韵和现代文明健康生态的特色，特色景观旅游名镇形象初步形成。

乡村赋能平台

成立背景　中共十九大提出乡村振兴战略，坚持农业农村优先发展，加快推进农业农村现代化。从社会主义新农村、美丽乡村到乡村振兴，国家为乡村发展勾画出一幅清晰可见、努力可达的美好蓝图。农村土地确权、置换流转和产权交易所等市场化趋势逐步深入；乡村空间与信息科技、健康医疗、文化旅游等深度融合；农村电商、田园养老、田园综合体、社区支持农业、观光农业等新业态不断出现；农民工回流、城市休闲阶层等"适居性移民"等特殊群体涌入乡村。乡村已处于大转型、大发展的关键时期。德平镇围绕促进农村变强、农业增效、农民增收这一核心目标，于2018年9月实施启动乡村赋能工程，整合政府、企业、在外人员等所有资源，依托网络、微信等新媒体搭建电子商务平台，推动产品上网络、上微信、上云端，为农村、农业、农民提供全方位服务，帮助农户改变生产生活方式，赋能内在生产能力、销售能力和持续发展能力，突破集体经济薄弱村和建档立卡贫困户增收难题。

运行模式

线上赋能 2018 年 10 月，与互联网公司合作，搭建乡村赋能网上销售平台。11 月，成立寸草心网络有限公司，实现公司独立运营。在全镇 134 个行政村都开设网上店铺，实现“一村一店”，运营获得利润全部用于村集体增收。

线下赋能 2019 年，德平乡村赋能线上销售平台运营公司寸草心网络有限公司与衡水老白干酒业公司签约，启动移风易俗酒；联合德平镇富民家庭农场，启动惠农品牌农资活动，推进全镇耕地农资产品直购；直接与河北大北农公司对接，较少中间环节，降低产品风险，在农民获得质优价廉农资的同时，推进村集体增收。

经营产品 通过平台整合，至 2019 年年底，赋能平台线上销售产品有德平细米窝头、德平熏鸡、壹号土鸡蛋、小米、鞅歌小鼓等德平特色产品 11 类 59 个。

德平镇宫家村的乡村赋能店

文物胜迹

德平为古鬲国中心，属龙山文化族群，古鬲城遗迹现今尚存（位于德平镇东南10千米的商河县怀仁镇古城村）。作为县治驻地2000余年，有般、鬲、平昌、重平等名称。治所几经迁徙，五代后唐时定于现址。宋熙宁三年（1070），始建城池，分内外两城，规模不大，建制颇全，保境安民，作用巨大。

自古以来，德平士民皆有建功立业之心，普通百姓耕读传家，文人墨客诗酒唱和，境内文物古迹众多。虽因地处平原，战乱频仍，多遭毁坏，仍保留下王侯墓1处，书院1处，寺院1处，古民居1处，宗祠1处，称衡古井历2000年依然甘洌，数株古木历经几百年风雨仍生机勃发。欣逢盛世，镇政府正对境内古迹有计划地保护修复。

古城

德平古城池有史可考，自宋熙宁三年（1070）开始，分内外两城，建设年代不一。

内城 此城建于宋熙宁三年（1070），土墙样子像幞头，四周占地3里，高1丈8尺，厚1丈多。设东、西、南3门。池深1丈，宽4丈。明弘治十一年（1498），知县李恕扩大规模，东门至南门642步，南门至西门557步2尺，西门至北楼329步，北楼至东门633步。正德十年（1515），知县申专修，给东门起名“长魁”，西门起名“宜丰”，南门起名“怀仁”。正德十一年（1516）知县王卿、嘉靖五年（1526）知县唐臣相继缮修，南门楼起名“文明”。嘉靖三十一年（1552），知县赵鏄改成“聚奎”。万历元年（1573），知县程沂复修，东门改名“应阳”，西门改成“体乾”，南门改成“仰泰”。万历四年（1576），知县何倬易以砖垛。万历二十三年（1595），知县成文选重浚濠池。万历四十四年（1616），知县王霖重修南门，改名“映奎”，门拱在文庙以东。后俱圮。清康熙四十五年（1706）知县朱谟、乾隆二十六年（1761）知县文治光多次修葺。同治七年（1868），知县周士瀚率民众增筑城墙，高2丈，宽1丈2尺，底厚2丈4尺，濠深1丈8尺。只竣工周垣，门楼未设置。

外城 是内城护堤。明正德七年（1512），因河北刘六、刘七农民起义，知县朱冕凭借原有基础增高加固为城墙。高1丈5尺，周6里。设4门：东门称“迎旭”，西门称“留晖”，南门称“来薰”，北门称“拱极”。池深1丈，宽2丈。嘉靖三十一年（1552），知县赵鏄修。万历二十三年（1595），知县成文选浚濠池。崇祯四年（1631），知县扈邦直又加以修浚。崇祯十年（1637），知县苏翘楚增置两敌楼，称东楼“多助”，称西楼“御侮”。经过多次兵乱，外城起到很重要的保护作用。清康熙十一年（1672），知县戴王缙营筑坚厚。康熙五十八年（1719），知县李累珠重葺4门，后稍圮。同治七年（1868），知县周士瀚补修完固。

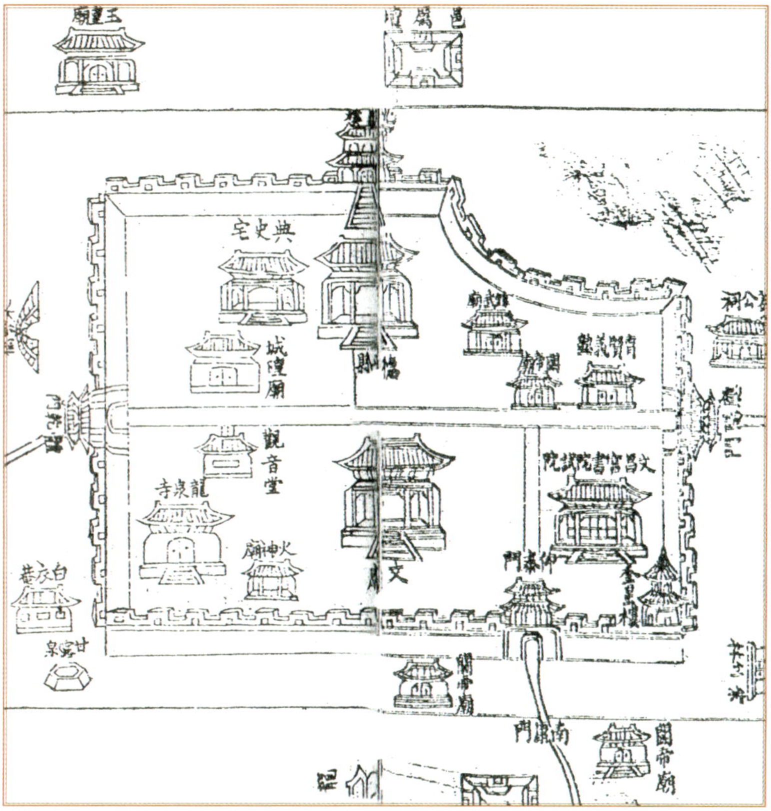

光绪《德平县志》城池图

光岳楼　在内城北墙上，明万历元年（1573），知县程沂建。万历年间知县王霖修，起名“海岱一览”。清康熙年间知县戴王缙重新修缮，改名“海岱文峰”。清光绪十五年（1889），知县凌锡祺复修。

魁星楼　旧名聚五，在城南墙上。明隆庆间知县袁宏德建。清道光十九年（1839），知县德稜额移建城东南隅，改此名。光绪十七年（1891），知县凌锡祺葺修。

附：城图说

谨按，德平古鬲国地，星分虚危，域属青齐。僻海滨而接畿甸，控钩般而带德隶。四面平衍，无高山大川之可据，东西南北皆受敌之处。所恃以御外侮、卫民社，独此内外两土城而已。然内辟三里之城，状取幞头；外环六里之郭，克肖艑艎。东门至南门六百四十二步，南门至西门五百五十七步二尺，西门至北门三百二十九步，北门至东门六百三十三步，周回共两千一百六十一步二尺。砖敌台二座，俱有突门。土敌台十座，上立战棚，且星直棋布，环列墙外，彼此顾望。台倚城而固，城以台而坚。况内有数墩堡，外有羊马垣，而城势不益壮哉。海濠环抱，宽阔四丈，深抵于泉，四门各设吊桥及鹰驾等木。有事车桥与羊马垣一直如屏障，门外恃海濠足当大险，亦可据以守矣。其守御之策，第一，要调和人心，蓄养精力；其次，侦探要预，火器要多，守械要备，糇粮要足，编派要明，演练要熟，事有专责，将无二令。城守之法，从来不外此数者。然数者之外，又在人。相时审势，以心上之经纶，运先哲之程法。师乎古而又不泥于古，虽万里长城不难守御，况区区数雉小邑哉。噫，抚今日之成功，思将来之永保。而今而后，无坠前功，无俾微瑕。庶几久远，免致噬脐。又拳拳属望之微意，而切切仰藉于方来者不已也。

摘自《德平县文献汇略》

书院　民居

白麟书院　白麟书院在德平镇政府驻地东南，平昌路以东，在德平文脉传承中发挥重要作用。清道光二十三年（1843），知县德稜额带头捐出俸银，学生及绅士亦纷纷捐款，于南门内购地 0.31 公顷，西接学宫，东联魁星楼，建讲堂 3 楹，东西书斋各 3 间，内厅 3 间，东西书室各 3 间，耳屋（位于正房两旁的小房间）、厨房各 2 间，敞棚、碑厦共 5 间，门房（大门口看房用的房子）1 间，大门 1 座，有照壁。书院占地 0.5 公顷，旧有田地 5.1 公顷，每年收租用以充当经费。据考，晋武帝时，有白麒麟现于此，故取名白麟书院。清同治三年（1864），再次捐款修缮书院，现存碑刻记述甚详。光绪三年（1877），知县周尔梅在白麟书院西建试院正厅 3 间，耳屋、厨房各 1 间。光绪七年

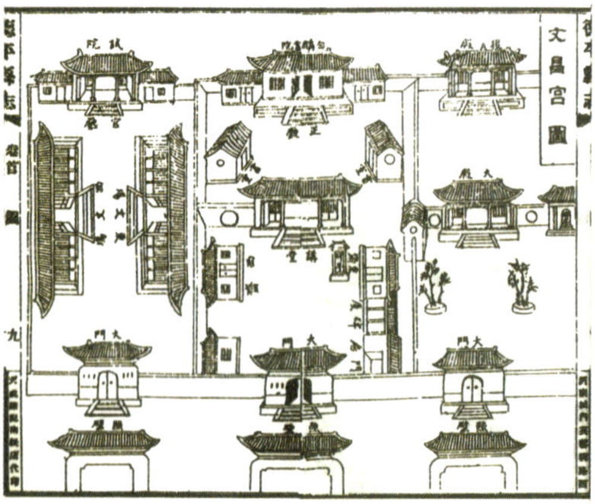

光绪《德平县志》白麟书院文昌宫图

白麟书院旧貌（2008 年）

（1881），知县蒋树屏增建东西号舍各 10 间。

现存白麟书院讲堂，坐北朝南，面阔 3 间、进深 3 间，前出廊。为硬山式屋顶，布瓦筒瓦屋面，正脊、垂脊为花瓦脊，有施望兽及垂兽；山墙及后檐墙均厚 800 毫米，青砖清水墙。讲堂内存有 4 块碑刻，以青石刻就，每块石碑长 1.28 米、宽 0.64 米、厚 0.12 米。其中，两块石碑题刻内容为道光二十三年（1843）知县德稜额购地及众人捐款情

修复后的白麟书院讲堂（2019 年）

况，另两块碑刻记载同治三年（1864）再次修缮书院捐款人姓名及捐款数额。2008年，白麟书院由临邑县人民政府公布为临邑县县级文物保护单位。因年久失修，构件残损严重，多处墙体坍塌，濒临塌毁风险。2019年8月，受德平镇政府委托，同圆设计集团有限公司历史遗产保护与再生研究所赴现场对白麟书院现存文物建筑进行勘察测绘，委托济南崇文文物保护有限公司按照修旧如旧的原则进行修复。

阎家古民居 德平镇阎家村学校内，存3座古老院落，被称为“阎家古民居”。古屋始建于清道光年间，由阎氏十六世孙阎汝常所建。到其孙阎家利源号富商阎世隆时，家族达到鼎盛，将房屋重新修缮并连接。每座古屋院落都自成一家，一正一耳，正房3间，耳房2间。前排院落有随墙门，后两个院落随过道建有月亮门。既自成天地又互相通联，设计之精令人惊叹。古屋为砖木结构，四梁八柱，青砖到顶，白灰压条，进深5米，卧厦1.2米。屋角墀头盘头戗檐，砖雕精美。随着岁月的侵蚀，房屋已有不同程度的破损，但古屋神韵依旧。解放战争时期，这座古屋曾被用作解放军的后勤基地，在这里生产袜子、鞋子等物品。

据《阎氏族谱》记载，明永乐年间，阎氏先祖由寿光迁至德平城后安家落户，建立阎家村。虽历经风雨沧桑，但阎家村至今依旧村容村貌整洁，并完整保留鲁西北平原民

阎家古民居（2006年）

居的典型特征。

2011年，阎家村被授予山东省省级历史文化名村称号，2014年被列入山东省第一批省级传统村落。2015年，阎家村被列入山东省第一批“乡村记忆”工程文化遗产名单，其中最具代表性的是阎家古民居。

2010年，德平镇组织编制《阎家古村保护规划》，是对阎家古村进行的第一次系统规划研究工作。该《规划》对阎家古民居进行价值评估，认为其建筑规模较大，装饰雕刻精美，主体建筑保存完好，具有一定的历史价值和艺术价值，应进行全面维修和局部复原。其中，维修的项目包括墙体、墙面、屋面、天花板、天窗、天井、雕刻等，复原的项目包括平面布局和门窗等。2015年1月，委托山东鲁建城市规划设计研究院制定《山东省临邑县德平镇阎家村保护发展规划》，对包括阎家古民居在内的年久失修的几处文物保护单位和历史建筑进行抢救性保护，防止文化遗产的进一步损毁。

寺庙　祠堂

丈八佛　又名龙泉古佛，为国家二级保护文物。民国《德平县续志》记载，丈八佛在县治西南隅龙泉寺内，明洪武十年（1377）建修。佛身系大理石材质，高一丈八尺，丹唇金身，栩栩如生。清乾隆十九年（1754），郭家村监生郭景曾重新修缮龙泉寺。1937年，日军试图用马拉倒丈八佛，但丈八佛岿然未动，气急败坏的日军纵火烧毁了龙泉寺，丈八佛幸存，但佛身颜色全脱。20世纪70年代，丈八佛倒地，佛身断为数截。1982年，为保护文物，丈八佛被县文化馆运至馆内保存。该佛是全国现存的5处丈八佛之一，很早以前，就流传着“沧州的狮子，景州的塔，东光有个铁菩萨，不如德平的大佛一丈八”的说法。

朝阳洞　在德平镇杜家村西头。村民为纪念杜臻活佛建一座院落，名为“朝阳洞”。院中有坐西朝东的2间房子，里面供奉着杜臻活佛塑像。杜臻生活在明朝末年，

朝阳洞（2018 年）

据光绪《德平县志》记载：怀仁寺僧觉圆，杜村人，名臻，人称“疯癫和尚”。崇祯七年（1634）二月，自言十九日子时当于庙西湾圆寂。到期，三昧火发。火化未完，恰巧有妇女取水，从旁边偷看，火迅速熄灭。杜臻于是做出椎心跌足的形状。乡里人推他也不僵硬，就把他遗体放入龛中祭祀。几年后，面容和身体如漆、如铁，如活人一样坐着。远近都称活佛，为他立庙。因杜臻当时面向东方，遂名其庙为“朝阳洞”。关于他的奇闻逸事在鲁西北、冀东南一带广为流传，且大都是积德行善的善事。

葛公祠 位于今德平镇东关街路北，是明代名臣葛守礼去世后由山东巡抚赵汝泉、直指使王次山等人奏请朝廷，明万历帝下诏，时任知县何倬为其建的专祠。专祠设祠堂 4 间，祠堂前东、西两侧各设 1 间偏房，另有门坊、库亭、宾馆、庖厨。祠堂四周有围墙，“柱国名臣”坊表立于专祠前，祠堂有临清州学正张镠书写的一副楹联“亮节著三朝海岱清风光射斗，精诚匡四相虚危正气寿如山”。清乾隆五十八年（1793），知县钟大受带领葛守礼后人对祠堂进行重修。光绪七年（1881），葛守礼后裔葛传鳌又对葛公祠进行复修。

葛公祠祭期同圣庙（分春、秋两祭），礼仪同社稷坛（用豕一、羊一、黍稷等馔十二，酒一、香一、烛二）。兵部尚书郑洛曾描绘祭祀时的盛况：“当岁时伏腊，修束帛之仪，举禋祀之典，祝史正辞，子孙宗党咸在。其祭则有司主之，齐明盛服，俨对神明矣。诸缝掖之徒，从而后之，恭敬趋跄，咸颂先师矣。彼黄童白叟，妇人女子，过而瞻拜焉，曰‘葛公，葛公’。”

葛公祠现状（2018年）

“一品荣封”碑阳（2015 年）

“一品荣封”碑阴拓片局部（2018 年）

平昌公园“一品荣封”牌坊（2014 年）

牌坊　匾额

“一品荣封”牌坊　2014 年 7 月，德平镇政府在平昌公园东南角复建“一品荣封”牌坊。牌坊横额石碑长 2.65 米，宽 0.65 米，厚 0.3 米。碑阳刻有“一品

碱场马家村清真寺内“教隆真一”牌匾（2018 年）

荣封”4 个方正楷书大字，碑阴雕刻江牙海水、丹凤朝阳、奇花异草等图案，系后人为葛守礼所建牌坊。明万历六年（1578），葛守礼病逝，万历帝赠太子太保（从一品）。此碑初次发现于刘文楷村。

“教隆真一”匾额　此匾额悬挂于碱场马家村清真寺正殿的大门上方。匾额长 180 厘米，高 80 厘米，厚 7 厘米，木质，黑底金字，原镶有铜版引首章和落款章，今已佚失。清雍正进士金溶题。

金溶，字广蕴，回族，北京顺天大兴人。清雍正八年（1730）三甲进士，历任刑部江苏司郎中、山东道监察御史、协理江南道巡济宁漕、福建台湾道、陕西盐驿道、署按察司、浙江督粮道。乾隆三十二年（1767）致仕，两遇国家大庆，恩晋二品阶通奉大夫，乾隆四十二年（1777）卒。其后人于清末迁至德平县立村小金家。1937 年日军侵华，因村小势孤，携匾并入碱场马家村。

碑刻

四体千字文碑　碑刻，郭谌作，现存于临邑县档案馆。

东桥郭公墓志铭石刻（2018 年）

明处士东桥郭公配孺人张氏合葬墓志铭 石刻，镇区建设时挖掘出土，现存于德平镇文化站。

坊表

德平的历史文化，以及前人的丰功伟绩，由诸多坊表遗迹体现。由于种种原因，多已圮废。现据历史典籍对坊表的记录，整理如下：

德平古迹坊表一览表

表 3

建设时间	名称	位置
明万历年间	般津毓秀坊	学宫泮池之南
清乾隆六年（1741）	旌善坊（一）	县治东
清乾隆六年（1741）	旌善坊（二）	内城西门外
清咸丰元年（1851）	腾蛟坊（兴贤坊）	学宫门左

续表 3

建设时间	名称	位置
清咸丰元年（1851）	起凤坊（育才坊）	学宫门右
—	儒林坊	儒学前
—	显佑伯坊	城隍庙前
—	玄天虹度坊	真武庙前桥头
—	威灵显赫坊	真武庙前
—	协天坊	西关关帝庙门左
—	贯日坊	西关关帝庙门右
—	行台坊	按察分司门左

德平历史人物坊表一览表

表 4

姓名	坊表名	建坊事由
吴达、吴润、吴溥	世科坊	为明永乐庚子举人吴达及其孙天顺壬午举人吴润、吴溥立
吴润、吴溥	双桂坊	为明天顺壬午举人吴润、吴溥兄弟立
吴润	进士坊	为明成化丙戌进士吴润立
吴溥	进士坊	为明成化壬辰进士吴溥立
宫理	拔萃坊	为明成化乙酉举人宫理立
吕韶	恩荣坊	为敕赠户部主事吕韶立
吕佑	步蟾宫坊	为明成化癸卯举人吕佑立
吕佑	赐进士坊	为明弘治癸丑进士吕佑立
靳睿	登天府坊	为明成化丙午举人靳睿立
郭中	恩荣坊	为敕赠太仆寺丞郭中立
郭义	折桂坊	为明弘治乙酉举人郭义立
董淳	腾蛟起凤坊	为明弘治乙卯举人董淳立
葛智、葛环	世德褒荣坊	为敕赠户部尚书、都察院左都御史葛智、葛环父子立
葛守礼	天官少宰坊	为吏部左侍郎葛守礼立
葛守礼	大宗伯坊	为南京礼部尚书葛守礼立
葛守礼	三朝元老坊	为都察院左都御史葛守礼立
葛守礼	总宪名臣坊	为都察院左都御史葛守礼立
葛守礼	华衮流芳坊	为敕赠太子太保、谥端肃葛守礼立
葛守礼	柱国名臣坊	为都察院左都御史、赠太子太保葛守礼立，位于葛公祠前
葛引生、葛昕	两曹大夫坊	为敕赠户部员外郎葛引生及子工部郎中葛昕立
郭翀、郭文成、唐希皋	三凤鸣阳坊	为明隆庆庚午举人郭翀、郭文成、唐希皋立
葛昕	清世明卿坊	为尚宝司卿葛昕立
葛曦	玉堂载笔坊	为翰林院检讨葛曦立
葛如麟	世进士坊	为明万历庚戌进士葛如麟立

续表 4

姓名	坊表名	建坊事由
窦氏	大节昭回坊	为鸿胪寺堂葛皓母窦氏立
刘氏	贞节坊	为乡民黄臣妻刘氏立
李氏	贞节坊	为乡民于邦勋妻李氏立

古井

祢衡井　祢衡井位于正平大街东段路北、东关街与郭家村中间，为东汉名士祢衡及其家乡小祢家庄村民的生活用水井，距今已有 1800 余年。小祢家庄在 100 多年前已成废墟。1931 年，德平县县长戴章民勒石立碑于祢衡井旁，碑高 2 米，刻有“祢衡故里”4

祢衡公园内祢衡井（2013年）

个大字，1933年版《山东古迹名胜大观》有照片。井水甘甜清冽，一直为周围群众所饮用。为纪念祢衡，2006年，镇政府建设以祢衡井为中心景点的祢衡公园，占地面积万余平方米。园内景点有祢衡纪念馆、祢衡井、祢衡像、盘浒湖。祢衡井上面建一亭子，靠井西边重立一石碑（原碑已无），记载重新淘挖恢复原井的过程。

古树

王赞恒古槐　王赞恒村古槐，高10多米，胸围2.5米，树龄长达500多年。古槐生长在一大空场内，树身短粗，枝叶密匝，生长茂盛，村民用木棍支撑起一些下垂的树枝加强保护。夏日，村民都爱聚在树下聊天；冬日，孩子们在树下嬉戏。古槐树成为王赞恒村的标志。

北关古槐　北关街（已拆迁）街北路西有棵老槐树，树龄已达600多年。村民在古树四周砌砖池保护。树干胸径0.7米，高2.8米。树干多处腐蚀成空，在其根部又滋生

王赞恒古槐（2018年）

北关古槐（2018年）

东贾家古槐（2018 年）

碱场马家古枣树（2018 年）

出第二代大槐树，枝叶茂盛，环抱着古老树干，犹如母子相拥。经过路人停车驻足观看拍照，成为当地一景。

东贾家古槐 东贾家村村中路南党建活动室旁有一古槐树，树龄 500 多年，村民在其四周砌有保护古树的砖池。古槐树干紧贴地面且已腐蚀中空，树干上部分两枝，一枝已断裂枯死，另一枝离地不高。为加强对古树的保护，村民用石柱顶着倾斜的树枝。

碱场马家古枣树 德平镇西北碱场马家村东枣林中生长着一棵古枣树，树龄已 400 多年。古树曾遭雷劈，树身发黑，只剩下 20 多厘米厚的“长条板”形树身。古树枝头不大但生长旺盛，脆甜的大枣缀满枝头。古枣树的罕见树形及树龄已成为当地一奇特景观，参观的游人络绎不绝。

古墓

曹家汉墓 位于德平镇曹家冢村西 100 多米处。1933 年收录于《山东古迹名胜大观》

曹冢汉墓（1933 年）

曹冢汉墓（2018 年）

一书。2013 年，曹冢汉墓被山东省人民政府公布为山东省第四批省级文物保护单位。

此墓相传为西汉相国曹参墓。曹参追随刘邦在沛县起事，建立汉朝。后继任萧何为相国，完全按照萧何的成规办事，有“萧规曹随”之称。据光绪《德平县志》记载：“曹家冢亦称帝王冢，在县西北八里，高二丈，周二百步。”现存墓台周长约有百米，高七八米。冢上满是高高低低的杂树，秋天酸枣缀满枝头，堪称古邑一景。早年间，每年正月二十，在该地举行盛大的香火会，附近村庄都会自发组织秧歌队、高跷队演出。自 2010 年始，香火会演变为该村曹氏宗族的祭祀活动。

葛公墓　地处德平城东 1500 米，是葛守礼的墓地。

明万历六年（1578），葛守礼去世。万历七年（1579），万历帝下诏修建葛守礼墓。墓地占地 2.7 公顷，原为葛守礼的花园宜疏园，是葛守礼的退休养老之所。墓地被官道隔断，分为南北两部分。墓地建于官道北侧。墓前有葛公墓碑和供桌，墓前甬道两侧依次为文官、鞍马、羊、虎、狮等石雕相对而立。近官道的甬道上有牌坊 1 座，上有“华衮流芳”4 个大字。官道南侧有武官、鞍马石雕相对而立，甬道中间有石雕穿堂马 1 匹，面向葛公墓而立。官道北侧有神道碑和墓道碑。整个墓地苍松翠柏，树木葱郁，肃穆庄严。

特色文化

德平旧属齐地，儒风颇盛。历任有为知县为激扬文风，修学宫、立义塾、建书院，表彰学有所成的士子。丰厚的历史文化积淀，孕育出繁多的民间艺术文化。其中，德平大鞅歌以其浓厚地域特色的鞅歌调、阵法，2019 年被山东省人民政府确定为省级非物质文化遗产。

自明嘉靖始，民间有志之士为明世次、叙辈行，以激励后辈、敦宗睦族，也纷纷著书立说，撰修族谱，制定乡约、家训，并逐渐形成德平独有的孝德文化。

书院文化

书院

四大书院　德平自明至清，先后建有4处书院。书院为德平人读书、讲学、弘道、研究场所，为德平文化的教育传承奠定坚实基础。

般阳书院。清光绪《德平县志》记载，德平最早的书院为般阳书院，在德平县西南，明嘉靖年间知县杨自效修建，久废。

甘露书院。在县城西门外白衣庵后，原为季侯祠。清雍正四年（1726），知县袁舜裔改为甘露书院，久废。

敬业书院。清康熙十六年（1677），德平知县沈志达捐俸银买城东闲房1座，建立社学，请师讲学，后因年久失修毁坏。清乾隆三十二年（1767），知县彭宗古改建为敬业书院，后废圮。

白麟书院。清道光二十三年（1843），知县德稜额带头捐出俸银，建白麟书院。清同治三年（1864），书院又进行捐款修缮。清光绪三年（1877），知县周尔梅在白麟书院西建试院。详见本志“文物胜迹·书院　民居·白麟书院”。

书院规约　敬业书院主讲席张学文编写《敬业书院规约》十则：一、端志向，二、敦伦纪，三、慎言动，四、变气质，五、勤课读，六、详讲论，七、正文体，八、习古学，九、端书法，十、裕经济。倡导学生端正志向、修身洁行、饱读诗书、笃学上进。

> 学之有规，非古也。古者教士于学，曰德、曰行、曰艺，其端各六，群而聚之，使之相观而善。又有缟收端哻綦逼之饰，以肃其荣；璜琮琚瑀、夏齐和鸾之节，以养其心；天官、地志、兵机、律历之详且备，以聚其精神，深其岁月，优之游之，使自得之，未尝有条教束缚之苦。自圣学废，而知者立异，愚者懵焉；强者争奇，弱者画焉。或睢眬诙诡以饰俗，或絺

章绘句以干名。一二主持名教，有心世道者，不得已而设之约立，以程庶洁清自好之士，有所范而不逾其闲，有所绳而不轶乎规。故子朱子“白鹿条约”及“沧洲精舍之谕”，一洗俗师之陋，亦犹行古之道也。夫时有升降，道无古今。不农不商，若何而为士；非老非释，若何而位儒。清夜自思，极当猛省。苦工不负，尚破釜以沉舟；有志竟成，宜卧薪而尝胆。古人之成训具在，先王之良法备存。有浅及深，循循有自然之规矩。择其尤要者十则，以自勖且共相勉云。

一、端志向。士人束发受书，便当自期远大，既为圣贤之徒，则盛德大业非异人任。识见不可弇鄙，志气不可萎薾。一言一事不如古人，引为己耻。昔范文正作秀才时，便以天下为己任；程明道自成童后，即以圣人为可师。王沂公志不在温饱，韩退之望重于斗山，遂皆卓然为一代伟人。其志端也，须于圣贤路做向上工夫，勿于读书时落魔障境界若搏弋声名，贪袭利禄，志斯下矣。

一、敦伦纪。仁莫大于爱亲，义莫切于敬长。子臣弟友，夫子谓为庸德，宗族孝，乡党弟，士子本也。大本一失，余无足观。生平所读何书，所学何事，伦常之地，岂可苟安！宜体父母远到之期，无忘昆季厚待之雅。以学问报德，千古为心；以显扬承欢，寸阴是惜。

一、慎言动。“非礼勿言，非礼勿动”“言寡尤，行寡悔”“言忠信，行笃敬”，童蒙已诵习之。《易》言“有物行有恒”，枢极之发，荣辱之主，可不慎诸！自晋人挥麈风烈，动以达者为高，清言毒流，不思礼为我设。箕踞而谈太极，跛踦而读《西铭》，诙诞为工，跅弛为异，其风流可胜道哉！甚且有诡诬乡曲，苞苴公门，笔墨而兵戎，衣冠而讼狱，以视《子衿》城阙之讥，殆有过焉。不可玉成，甘自瓦裂，亟当鸣鼓，勿玷宫墙。

一、变气质。昔明道使人如坐春风，豫章不言而饮人以和。与人共立而使人化，粹然道德之容，斯为上矣。而高明柔克，沉潜刚克，惟在矫其偏而归于正。果能此道，何患愚柔。至于朋友，尤所宜笃。业既于我，晨夕相聚，矢以车笠，盟之金石，其中学有浅深，才有高下，切磋琢磨，正有望于他山之助。即臭味偶有差池，不妨过从落落。彼寥寥余子之言，卿当第一之语，非属标榜，即系轻狂，不特大雅所讥，亦非令终之器。

一、勤课读。博学居择执之先，时习尤诵读之要。李守素姓氏精通，名为“人物志”。虞世南古今淹贯，号曰“行秘书”。万轴千箱，连云充栋，固博雅所不遗，惟勤读乃有益。然先后缓急，亦自有分。古人谓经史如布帛菽粟，诸子百家如别业园林，诚确论也。兹仿程子分年读书之法而变通之，寅而起读书若干，午后阅史若干，周秦以下则焚膏继之，乙夜乃止。夫不殖将落，君子所戒。诸生俱属成材，各知奋勉，不烦呵谴之及，共收淹贯之益。

一、详讲论。《易》曰：君子以朋友讲习。又曰：学以聚之，问以辩之。古人一义未释，往复辩论，不惮再三。盖读书原以明理，非徒循行数墨，占毕章句，凡有疑难，务相剖明。某讲习日浅，探索功疏。虽测海观天，未能应焉如响；而剥蕉抽茧，实而乐此不疲。夫青出于蓝而深于蓝，冰生于水而寒于水。发蒙博喻，实有愧于明经；赏奇析疑，愿共期于吾党。

一、正文体。词华本德行之绪余，帖括亦文章之一体。魏文帝云：文章，经国之大业，不朽之盛事。况制艺为献纳之羔雁，非同小伎雕虫。哲匠宗工，代有人任。惟在理法兼到，何处拘执偏裁。实处取义理，如海如潮；虚处著精神，绘声绘色。缀江花于笔底，赋谢草于阶前。要使排奡之下，皆近自然；亦惟绚烂之余，乃归平淡。贯穿经史，荟萃菁华，斯为得之。至于抄袭雷同，尤所切戒。子玄冒向秀之书，延清攘希夷之句，事同窃盗，非止卑污。有志之彦，岂宜如此！

一、习古学。六经无文字，至左国始渐以文著。屈宋马班，递兴接踵，各自斐然，或拔地倚天，或含今茹古。诗则柏梁七子，苏李五言，下逮六朝唐宋，无不探珠骊项，增价鸡林。今功令虽不专以此取士，而古学经解，俱有考期；馆选课程，悉绳此款。惟识高而学博，乃能储以待时。慷慨凌霄，有终南嵩华之气；渊涵渟滀，有洞庭彭蠡之风。斯为合式。

一、端书法。心通八法，字值千金。殚平生之精，成一家之体。古人若是，今亦宜然。柳公权曰：心正则笔正。郝临川云：心正则气定，气定则腕法、笔端、墨注无意而皆意，不法而皆法。士人诵习之余，明窗净几，笔精砚良，临摹古帖。凡钟情王态，柳骨颜筋，兼收诸家之长，务取最高之格。不特精于笔阵，亦可收摄身心、检束筋力。

一、裕经济。窃闻长者余论，谓：“我辈总以三排六比理没平生，古今事局盲如黑漆，他日草草出身，从何把捉印证？”又云：“今人读书是读书，做官是做官，何尝归摄一路。”此真针砭刺骨语也。幼学壮行，求志达道，原非两橛事，如礼制、乐律、刑名、钱谷以及筹边、防海诸事，宜俱由讲之有素，岂临时所能猝办？史迁云：素所自树立使然也。可不勉哉！

以上十则，取其近里着已，非同迂阔难行。率由旧章，庶免离道。即致身富贵，不愧为贤。精之可以入神，循之可以寡过。既专心而致志，当藉手以告成。

授课内容　德平书院授课内容有《易经》《书经》《诗经》《春秋》《礼记》《四书集注》《四书大全》《性理大全》《资治通鉴纲目》《宋元通鉴纲目》《大诰》《仪礼注疏》等。

书院管理　书院是聚徒讲授、研究学问的场所，由校董负责学生的授课、考核、生活等，同时学生也参与书院的日常管理。书院经费来源于学田，每年收租以充经费。

代表人物　据光绪《德平县志》记载，德平有重修庙学碑6块，记载历代知县修庙学及对习儒学、兴礼教的重视。书院培养人才很多，明清考取进士的有葛守礼、葛曦、葛如麟、王麟趾、季东鲁、刘允德、朱长泰、朱传、阎翥鹏、孔昭珩、刘长裕等多人。

学宫　光绪《德平县志》城池图和学宫图标注，学宫位于德平县治驻地南，今龙泉御园东区位置，包括文庙、明伦堂、教谕宅、训导宅等建筑。文庙、明伦堂成为德平祭夫子、兴礼教、修儒学、育贤才之重地。宋熙宁三年（1070），县令崔益建文庙，后废。元初知县盛谕营建草堂代替文庙作为祭祀的地方。至元中期，经济状况好转，阎士安建文庙正殿。明代知县姚文临、张士行、李恕、杨自效、赵鏄、彭时中、王霖，训导年富，清代知县党光前、戴王缙、解佑启、朱谟、袁舜裔、文治光，教谕杨漣相继缮修。清道光三十年（1850）知县德稜额、咸丰元年（1851）知县孙肯堂重修。定额入学12人，武生12人，廪生20名，增生20名。

至此，文庙建大成殿5间，东西庑殿各15间。戟门，正中3间，左右各1门。棂星门，在戟门前。泮池，在棂星门前，宽6尺，长1丈5尺，四周建围墙。泮池前有一牌坊，称“盘锦毓秀坊”。右侧两个小牌坊，左边称“腾蛟”，右边称“起凤”。泮池左右各建1门，左边门额写“德配天地”，右边门额写“道冠古今”。明伦堂在大殿后，5间，东有进德斋，西有修业斋，明代知县张士行建。学门2座，左边称“礼门”，

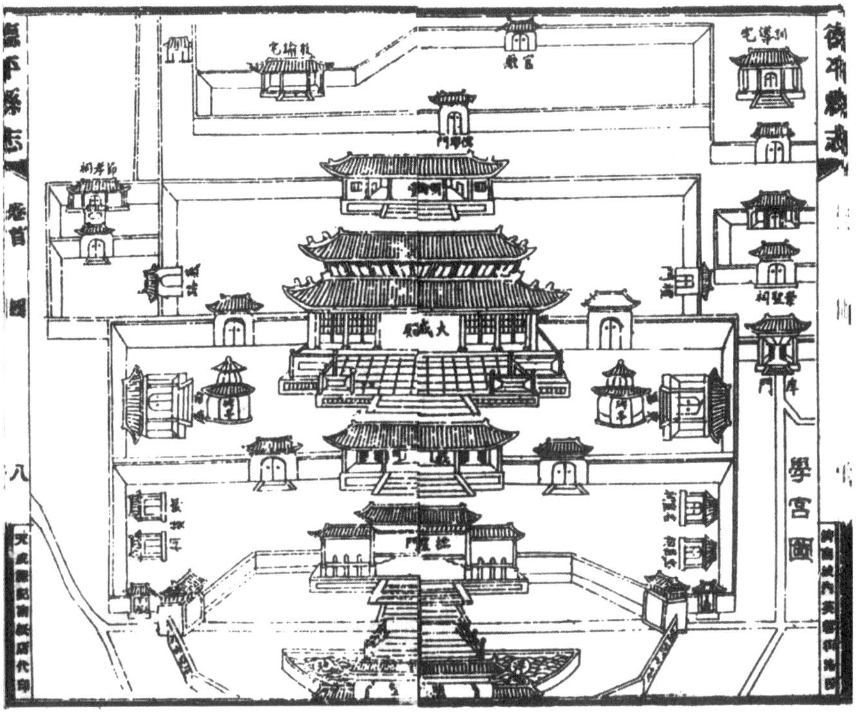

德平县学宫图（摘自光绪《德平县志》）

右边称“义路”。崇圣祠 3 间，在殿东北，明代知县罗世贤建，清代知县詹惟圣、李之蓉相继修缮。文昌祠 3 间，在棂星门外西边，明代训导年富建。嘉靖中期，知县罗世贤在圣殿西边重建。光绪元年（1875），知县陈佐平认为祠宇狭隘，改建于白麟书院东边，正殿 3 间，官厅 3 间，东、西厦棚各 1 间，大门 1 座，有照壁。名宦祠 3 间，在戟门东边。乡贤祠 3 间，在戟门西边。忠孝节义祠，在戟门外左边。节孝祠，在学宫外西边。雍正四年（1726），知县袁舜裔建，后移到圣殿西北。庠门，在崇圣祠前，咸丰元年（1851），知县孙肯堂建射圃，在学宫外西边，为学宫习射选士之处。教谕宅，在明伦堂后左边，明代知县姚文临建。训导宅，在教谕宅东边，也由姚文临建。学宫存有《圣谕广训》《御制周易折中》《朋党论》等书，并存有多种祭器和乐器。学田共计 3.68 公顷。

义塾

清代有义塾 5 处。义塾的兴起，在当时文化教育普及和伦理生活教化中起到重要作用。

育贤义塾 在县东街北，旧名培英书院。清道光二十七年（1847），知县德稜额建。正室 3 楹，东、西书室各 3 楹。旧有小学田 1 顷，每年收租充经费。清光绪十三年

（1887），知县胡启熯酌情扩大学田规模，作为义塾经费，并改名为育贤义塾。

养正义塾 在北郭外玉皇庙。清光绪十三年（1887），知县胡启熯建，经费同育贤义塾。

培元义塾 在理合务南街观音庙。

毓俊义塾 在糜镇西街路南。

储翰义塾 在孔家镇。

培元、毓俊、储翰3塾，为清光绪十八年（1892）知县凌锡祺建，规费同育贤、养正2塾。

师范讲习所 创始于1912年，初名为县立单级教育养成所。所址设于文庙，肄业期限为1年。1916年改称县立师范讲习所，很快于1920年因年景不好而停办。每年有毕业学生1班，其学生数目因卷宗散佚已不可考。1924年复行，年限改为2年。1930年因故停办。1931年重行恢复，至1933年扩充为2班，并改为3年毕业。后因战乱中断。1942年，满家村郭培瀛在德平城内建起简易师范学校，1943年年底迁至满家村。

曲艺文化

德平大鞅歌

德平丰厚的历史文化，孕育出众多的、独具特色的民间文化艺术，德平大鞅歌就是其中最具代表性的民俗活动。2009年，德平大鞅歌被山东省人民政府评为省级非物质文化遗产。

起源 元代，实行里正制。统治者在各村设里正1名，管理监督全村事务。若有宴会等场合，首领便强迫里正找年轻妇女陪其唱歌作乐。当时，一些崇尚气节的文化人，厌恶这种丑恶风气，便设法变通。他们编写出通俗俚词，用男扮女装去应付差事。这种带有伤感、离愁、抒怀的文艺形式，是迫不得已而为，里正们则各自张伞带领一伙演

2009年德平大鞅歌被评为“省级非物质文化遗产”

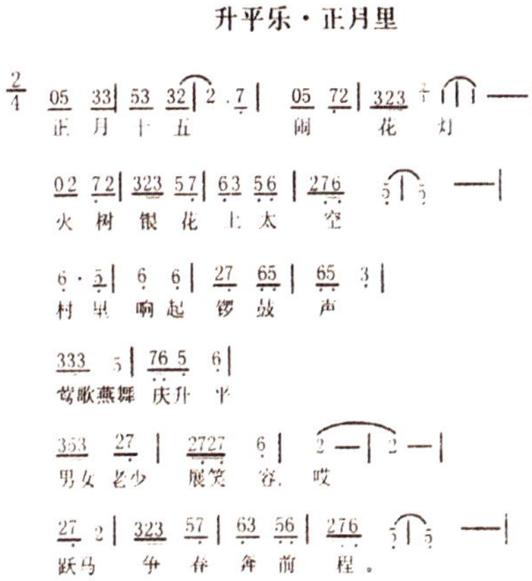

鞅歌调　　刘公明　提供

唱者在伞下等候传唤，这便是“鞅歌”的雏形。元朝灭亡后，百姓摆脱了残暴统治的桎梏，当地文化人将“鞅歌”内容、形式进一步拓展，逐步发展成全民性的大型文艺活动。经过明清两代发展，至民国时达到鼎盛。

特色　德平大鞅歌除代表浓厚地域特色的鞅歌调、跑场子的特有阵式外，独具特色的是女角色手端的莲花灯，这是其他鞅歌所没有的。莲花灯由木框钉成，四周糊上白毛边纸，饰以剪纸，内容包含书法、绘画作品，内放蜡烛。在晚上或夜间，每位女角色腰系彩绸，手端莲花灯，扭起鞅歌来只见烛光摇曳、人影翻动，远处看就像是条条火龙，鞅歌场面颇为壮观。

组织分工　德平大鞅歌是以自然村为单位组织活动。根据参演人数，鞅歌队可大可小，少则几十人，多则上百人。人员大都分为4个部分：一是行政，包括鞅歌头、领灯的；二是演员，包括打伞的、蹦鼓子的、扭鞅歌的、演唱的；三是后台，包括大鼓、钹、镲、铙、锣；四是后勤，包括布灯的、背蜡烛的以及其他勤杂人员。具体分为：鞅歌头，是鞅歌的组织者；领灯的，由村中德高望重、有丰富社会经验的人担任，负责鞅歌的外出事务；打伞的，一般由4人组成（其中一人为“伞头”），是鞅歌跑场子的核心；蹦鼓子（也称“旋风鼓子”）的，也是由4人组成；扭鞅歌的（又称“角色”），由村内妇女组成，人数可多可少，一般是手持莲花灯、腰系彩绸打扮。另外，还有丑角（又称为“老座”或“下三烂”），多是男性扮演，扮成“傻老婆”“二赖子”等等，扮相夸张，以丑为美；演唱的，可唱小段及整本的鞅歌调，根据不同角色，人数不固定；后台，大鼓、钹、镲、铙、锣等乐器各一，钹、镲、铙也有双套的。大鼓为指挥，击鼓者熟知场阵变化，配合“伞头”完成跑场阵式的变换；后勤，布灯的由 2 人组成，在鞅歌出庄时负责联络工作。背蜡烛的为 1 人，在鞅歌进庄、跑场前给持莲花灯的角色分蜡烛。另有 6 ~ 7 人负责照明、看管道具、衣物等工作。

演出活动　德平大鞅歌在鼎盛时期有武场、文场两部分。武场又称前场，是由村中习武之人表演拳脚及刀、枪、剑、戟等兵器，表演又分单人表演和双人及多人对打。表演者随前场小型鼓锣或紧或慢的节奏，抽招换式，闪展腾挪，煞是抢眼。随着时间的推移，武场逐渐消失，鞅歌队中只保留下文场。文场又由扭鞅歌的、演唱的两部分组成。扭鞅歌的是大鞅歌的重要组成部分，通常由 4 把伞带领 4 个蹦鼓子及众多角色组成。表演时，“伞头”带领鞅歌队跟随大鼓点，演练阵式，俗称“跑场子”。过去跑场的阵式有“拜金台”“编辫子”“剪子股”“四门斗”“迷魂阵”“四连环”等。如今的鞅歌只演练其中的一二个阵式，即有一个简单的阵式启动，再亮角色，最后演练一个较为复杂的阵式。跑场子时，须围成一个大圆圈，伞压阵脚，由缓而急，鼓声阵阵，烛光花影，呈现一派喜庆祥和的景象。在亮角色（俗称“勾心”）时，更是凸显角色的个性美。首先，是亮伞，4 把伞同时滚动而出，有大滚伞、小滚伞、金钩钓鱼、空中飞伞、旱地拔葱等，且样式不断翻新，舞动起来，只见伞转，不见人影。其次，是亮鼓子，4 名小伙短衣打扮，蹦起鼓子虎虎生威。随着时代发展，现在很多村发展了女鼓子手，英姿飒爽，巾帼

20 世纪 80 年代末，德平蒋家村鞅歌队研讨唱鞅歌调场景
蒋本军　提供

莲花灯（2017 年）

不让须眉，鲁北女性的泼辣性格得到淋漓尽致的体现。最有名的是旋风鼓子，蹲在地上旋即腾空而起，边踢旋风脚边敲鼓子，落地无声，蹲下又起，充分展示鲁北汉子的阳刚之气。再次，是亮女角色，每伞队依序各出 1 名女性，4 名为一组，每组角色手端莲花灯同时往场子中间扭，边扭边转圈，步态轻盈，婀娜多姿。最后，是亮丑角。丑角扮相夸张，动作、表情怪异，一亮相就逗得人们捧腹大笑。演唱的即“唱授”，由村中有表演才能的人来担任。各村演唱的曲调不尽相同，多达六七种。有的曲调抑扬顿挫，高亢有力；有的婉转动听，若莺歌燕语，具有浓厚的地方色彩。演唱又有单人和多人之分，单人演唱内容大多是恭喜、颂扬好风光、新形势、庆丰收等小段，具代表性的有《十二个月》《哭五更》；多人演唱的为分角色的整本鞅歌，其演唱内容大多寓教于乐，唱词通俗易懂，最具代表性的有《哑巴唱》《还阳之说》《新郎拜新年》等，演唱起来，有捧有逗，诙谐幽默，有讽有褒，发人深省。平常有来往，关系好的村庄相互“联灯”，“联灯”的村庄只要打个招呼，办起鞅歌的村即送鞅歌上门。村里有重大活动需要向外村请鞅歌的，必须经下请帖、探马探报等程序，而且鞅歌进庄场面相当隆重。随着时间的推移，德平大鞅歌有了新的发展变化。时间上，由每年元宵节定期活动向常年活动转变。

1982 年，阎昭纲写了《德平“鞅歌”考》一文，发表在《齐鲁乐苑》1983 年第 1 期上。该文对“德平大鞅歌”的产生与发展，做了较为翔实的论述。

德平大鞅歌表演现场（2006 年）

双龙戏梅阵

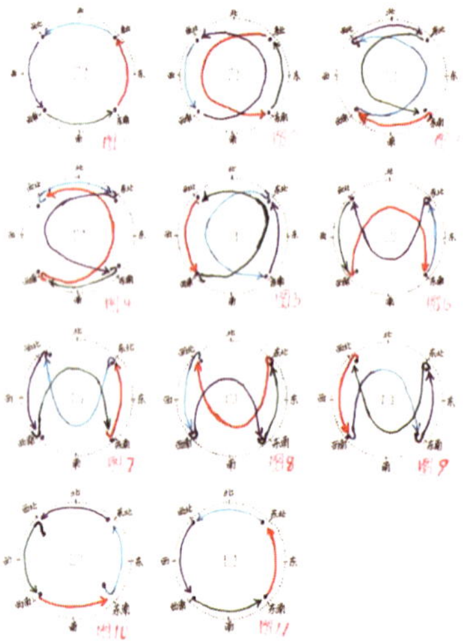

十二连环阵

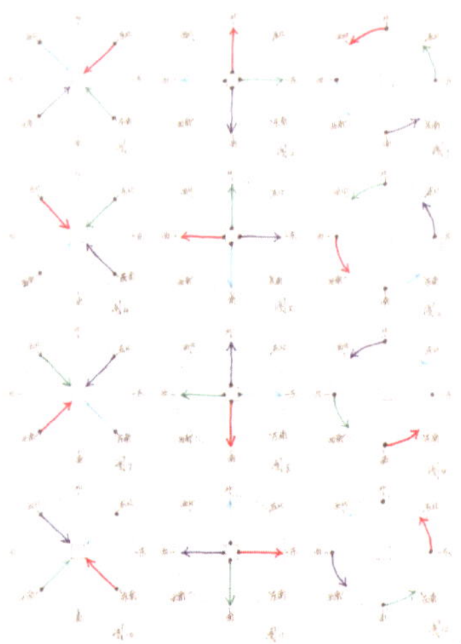

双龙戏梅阵图　　刘安全　绘制　　十二连环阵图　　刘安全　绘制

楚汉争

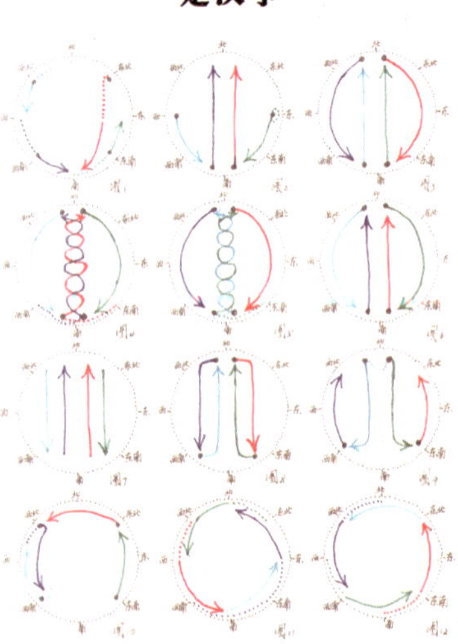

对花枪

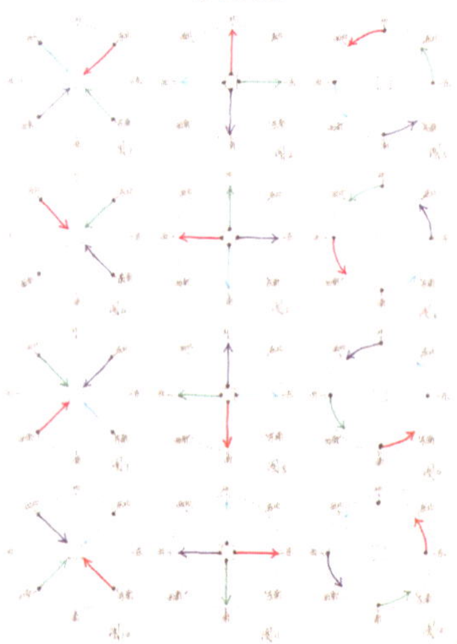

楚汉争阵图　　刘安全　绘制　　对花枪阵图　　刘安全　绘制

2002 年，中央电视台军事·农业频道《文化与生活》栏目播放《省级非物质文化遗产——德平大鞅歌》，时长 7 分钟，全方位介绍德平大鞅歌的起源、特色、历史传承、演出组织形式及活动规模等。

德平花棍　德平具有深厚文化底蕴，孕育出很多独具特色的优秀民间艺术，德平花棍就是其中之一。

德平花棍起源已久，它伴随着德平大鞅歌而生，是大鞅歌的一个组成部分。它与大

20 世纪 90 年代养马中心校学生参加花棍比赛
刘安全 提供

德平花棍（2018 年）

鞅歌可分可合，相映生辉，可谓孪生姊妹，也是老德平人民珍贵的非物质文化遗产。20世纪中叶，主要流传于德平县的东五区，其他区部分村庄也有，但极少。后来，因民间文化的转换、传承，德平大鞅歌受到冷落，德平花棍也销声匿迹。

20 个世纪 80 年代初，德平镇养马中心小学向老艺人请教，使德平花棍这一古老技艺重现，再次走向舞台。花棍的制作较为简单，取一段粗细适宜的竹子，截成与眉齐平的竹棍，两头包彩绸，中间缠绕上红黄相间的彩带，竹棍两头拴上小铃铛即可。新挖掘的花棍改变以前单一游走舞打的方式，新增添配乐和演唱，从形式到内容，都有很大改观，更为广大群众所喜闻乐见。

花棍基本套路原来有 5 节。德平镇养马中心校刘安全，根据实际上场需要，又设计增添开场过厅及结尾动作。整个表演，打着上台，舞着下场，中间是欢乐喜庆的表演，一气呵成，蔚为壮观。

其基本套路包括上八动、下八动、拉八动、走八动、扭八动、全八动。

谱牒文化

德平各姓氏家族大多都有续修家谱的习俗，明、清、民国，新中国成立初期、改革开放后以及进入新时代，各个时期都续修家谱，家风、祖训、族规等传统文化在一次次修谱中延续传承。

德平镇部分姓氏族谱统计表

表 5

编号	族谱名	修撰情况	主要居住村庄（德平镇辖）
1	李氏族谱	清嘉庆十六年（1811）创修，清同治十年（1871）汇修，清光绪十九年（1893）重修	茄子李
2	鲍张氏族谱	清咸丰九年（1859）修，1933 年重修，2017 年续修。注：德平鲍氏、张氏两姓一家合谱	东鲍家、西鲍家、大鲍家、鲍葛家、花王家、任家庙
3	齐氏族谱	明天启二年（1622）创修，清嘉庆七年（1802）续修，清同治十一年（1872）续修，1923 年续修，1996 年续修，2015 年续修	小西关、王赞恒、丁家、纪张盛家、毕家、西新庄、
4	徐氏族谱	创修无考，徐阴续修（年代无考），2017 年续修	徐家
5	阎氏族谱	创修于明弘治年间，成书于明万历年间，清光绪十七年（1891）续修，1923 年续修，1961 年续修，1997 年续修，2019 年续修	阎家村等
6	万氏族谱	清嘉庆二年（1797）首修，清道光二十八年（1848）重修，清同治三年（1864）重修，1922 年续修	花王家、南关、单家、徐家
7	李氏族谱	清道光二十九年（1849）首修，清光绪二年（1876）续修，1942 年重修	大杨家
8	张氏族谱	创修无考，1963 年续修	东新庄
9	尚氏族谱	创修无考，清末民初首次续修，2004 年续修	六合镇尚家、养马庄尚家、南关、东新庄
10	曹氏族谱	1933 年曹克泰、曹克刚监修	东曹家、西曹家、炉房
11	史氏族谱	清光绪二十七年（1901）修，2002 年续修	前史家、后史家、小史家、南史家（属王赞恒村）
12	赵氏族谱	清道光十二年（1832）创修，1937 年续修	赵家、魏家、三里庄
13	刘氏族谱	清道光二十年（1840）编修，1980 年续修	大刘家村
14	房氏宗谱	清咸丰三年（1853）编修，1950 年续修	房家集
15	陈氏族谱	清光绪九年（1883）首修，20 世纪 50 年代续修，20 世纪 90 年代续修（四里塘一支），2010 年续修（张棒棰一支）	东四里塘、西四里塘、张棒棰（陈二家）
16	王氏族谱	清道光二十九年（1849）首修，1931 年续修，2016 年续修	碱场王家、王连周
17	王氏族谱	清咸丰元年（1851）创修	北关街、碱场王家、北小刘家、胡王二庄（王家庄）
18	王世家乘	清乾隆二十一年（1756）编修，清嘉庆十三年（1808）增订，清道光十九年（1839）重修，清同治三年（1864）续修，1920 年重修，1987 年续修，2014 年续修	王家屯、马家屯、小于家（邓家）
19	王氏族谱	清光绪十四年（1888）创修，1927 年续修，2001 年续修	王家庄
20	蒋氏族谱	清光绪元年（1876）创修，1937 年续修	蔡家、宫家、蒋家

续表 5

编号	族谱名	修撰情况	主要居住村庄（德平镇辖）
21	信氏家族谱	清同治四年（1865）修，清宣统三年（1911）续修，2014年续修（信家阁一支）	信家阁、小信家
22	孟氏族谱	清同治七年（1868）首修，清光绪七年（1881）续修	孟家集
23	刘氏家乘	清同治十年（1871）修，1941 年续修	杨官庙
24	窦家族谱	首修无考，2009 年续修	前窦家、后窦家
25	郝氏族谱	1948 年修	魏家
26	邓氏家乘	1920 年创修	邓家
27	马氏族谱（回族）	不详	碱场马家
28	敬宗堂汾阳家乘（郭氏族谱）	清光绪十四年（1888）汇修，2002 年续修（郭家、东关一支）	郭家、东关、西关、郭家桥、郭家湾、满家村、斜家、王朝阳、梁家、宫家、沈家、郭平阳、薛家、大杨家、前董家（属王赞恒村）
29	德平葛氏族谱	明嘉靖三十五年（1556）葛守礼创修，明万历二十一年（1593）重修，明崇祯十年（1637）续修和重修，清康熙五十六年（1718）重修，清嘉庆六年（1801）续修，清光绪二十八年（1902）续修	葛老庄、小葛家、鲍葛家、四里塘、西关、梁家、靳家、刚家、于家河、肖家
30	朱氏族谱	清康熙二年（1663）首修，清康熙十五年（1676）续修，清雍正九年（1731）续修，清嘉庆四年（1799）续修，清道光二十六年（1846）续修	六股路、朱家亭子、三里庄、南关、小西关
31	明氏族谱	清雍正元年（1723）重修，清光绪二十四年（1899）续修，1959 年续修，1984 年续修，2015 年续修	前明家、后明家
32	盛氏族谱	清同治九年（1870）修，1948 年续修，2008 年续修	小盛家、周家、大鲍家、东四里塘、教场、香李家、纪张盛

孝德文化

孝德文化宣传　德平镇投资 700 万元设置标志性雕塑 3 处、彩绘孝德壁 55 面，悬挂孝德道旗 260 盏、孝德灯箱 60 个，宣传孝德文化传统格言、警句，宣传德平孝德先进人物事迹，形成浓厚的孝德文化宣传氛围。

孝德文化活动

德平在全镇开展以“孝德、孝心、孝行、孝忠”为主题的孝德文化“四进”活动。

孝德文化进学校　在校园文化中融入孝德教育，组织学校开展“我的孝德观”演讲比赛、孝德主题板报、孝德诗词大赛等活动，让孝德理念从娃娃身上生根发芽。

孝德文化进社区　德平西关社区委员会每年都会给社区内老年人发放老年金、生活用品。

孝德文化进农村　充分发掘德平镇非物质文化遗产德平大鞅歌，用载歌载舞的形

平昌公园内关于孝德文化的宣传板块（2017 年）

大西关村为高龄老人发放长寿金（2016年）

式宣传孝道。在各村开展"好媳妇""好婆婆""孝老好儿女"等评选活动。2019年，评选出531名"好媳妇"、524名"好婆婆"、1384户"文明家庭"，使孝德文化时时处处渗透。

孝德文化进企业 将孝德文化植入企业文化，开展孝德企业评选活动，让企业更多地反哺社会、关爱老人，在企业上下形成浓厚的孝德文化氛围。

2019年，德平镇90岁及以上老人110人，发放老年金33万元；100岁及以上老人5人，发放老年金3万元。

孝德文化项目 项目涵盖平昌公园孝德文化广场提升和春晖花园、春晖阁新建。投资4000万元提升平昌公园，建设孝德文化长廊、春晖阁、游子吟雕塑、母亲花雕塑，让每天游玩的大人孩子都能受到孝文化的熏陶。萱草被称为"中国的母亲花"，镇政府以萱草园为中心种植萱草1.06公顷，用于美化观赏和销售，已经辐射镇区周围13.5公顷，形成"母亲花"观光带，孝德之花在这里已经绽放。

孝德文化产业

黄花菜种植 唐代诗人孟郊诗中有云："萱草生堂阶，游子行天涯。慈亲倚堂门，不见萱草花。"萱草花俗称黄花菜。德平镇依托与孟郊的历史渊源及打造孝德康养特色小镇为契机，种植34公顷黄花菜，注册"老家德平"商标，通过统一包装销售和市场化运作，打造德平“母亲花”产业。

建设游子衣坊 德顺祥服饰有限公司整合镇域服装加工企业，投资300万元的游子衣坊生产车间已经建设完成，注册“游子衣”品牌，大力推广游子衣，让在外游子感受到德平孝行天下的文化气息。

耕读世家

德平古镇，文化底蕴深厚，历史源远流长。历代先贤，报国立业的同时，潜心撰修族谱，辨血缘，明世系，敬祖宗，立祀典，记功业，敦风俗，昭家规，既记录每一个家族历史的传承之路、兴衰历程，也折射德平乃至中国历史的发展变化。前明村、后明村明氏一族，自西晋惠帝至唐开元年间，功业成就历400余年长盛不衰；葛老庄葛氏一族自明嘉靖时至清嘉庆年间，200余年高官显宦史不绝书；其余郭氏、孟氏、朱氏等亦是能人辈出，异彩纷呈。现择其要者选录入志书。

明氏家族

家世源流　中华明姓一族，宗支繁盛，散居国内25个省331个县市，2000余个村庄；衍居海外者，涉及8个国家和地区，人口70余万人。明氏有识之士自2002年11月至2007年4月，历时5年，足迹遍及海内外，修成《中华明姓总谱》。

据《中华明姓总谱》，明氏一族源出姬姓，其来源有明由说、明保说、孟明视说。明由，燧人氏四佐之一；明保，周公旦之子，鲁国首任君主伯禽，上称明保，下称明公，失国后，子孙以明为姓；孟明视，据宋代邓名世撰《古今姓氏书辩证》记载："明，出自姬姓，虞仲之后。公族有百里奚，生孟明视。孟明，字也，古人先字后名，故曰孟明视。视为秦穆公将，霸西戎有功，其孙以王父字为氏，后居鬲县，望出平原。"鬲县，即今德平。"三说"来源经中国社会科学院历史研究所研究员、中国史学会副会长、《中华明姓总谱》顾问童超结论："为尊重历史，也为了尊重祖先，追述明姓得姓启宗始祖来源，以'三说'并存，不分主次，为最佳方案。"并于2006年3月20日在河南信阳台升的全国明姓族人代表大会上，一致通过了明姓起源的三祖之说。同时，以7项缘由列出17宗支。其中，因临邑县德平镇前、后明村，自西汉立村，迄今2000余年，从未迁徙，公认是明姓最早发源村，故确立为中华明姓第一宗支。

后明村现存清光绪二十四年（1898）族谱记载："明氏一族，自亘古汉世以来，故里原系重明一家。迨至后，丁户繁衍别居，遂别为前后两庄。"唐上元三年（676），唐高宗李治亲撰，书法家高正臣书写，现保存完好的"摄山栖霞寺明征君之碑"记载："南齐征君明僧绍者，平原人也。仲雍诞其绵允，井伯播其灵苗，芳源肇于孟明，因即以明为姓。曾祖忱，晋著作郎。祖玩，晋建威将军。风经流誉，雅韵隆于八儒；豹略申威，香名高于七校。父略，宋平原太守、中书侍郎……"系统完整地佐证了明氏一族的源流：明忱，就是有史料可考的明家村世系血缘始祖。明家村，就是中华明氏的祖源地。自西

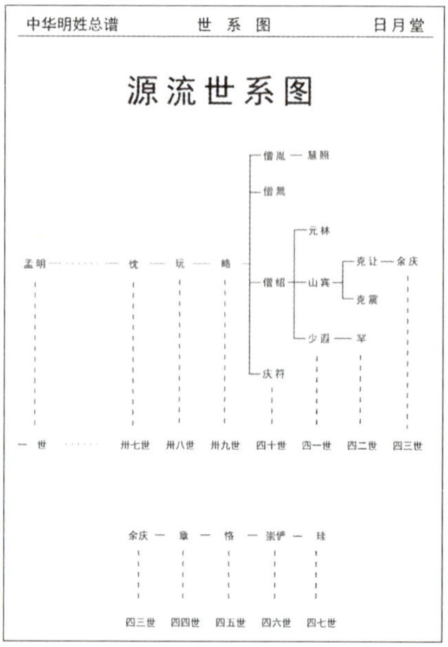

明家村明氏源流世系图

《中华明姓总谱》　明万豪　提供

晋惠帝至唐开元年间，明氏族人功业成就历400余年长盛不衰。其中，封侯1人，出仕司徒、尚书5人，参军、辅国将军14人，太守8人，刺史6人，给事中3人，国子博士6人，等等。

杰出人物

明氏一族如何成为平原郡望，史料无明确记载。明家村原有白绫谱牒失窃，其最初发轫历程也不可考。但可以肯定的是，经过明忱—明玩—明略子孙三代努力，到东晋时期，德平明氏已成平原郡望族，在朝在野都有一定的影响力、话语权。这从晋室衰微，南北朝更迭，历代当政者多重用明氏族人为朝廷重臣和一方诸侯可以体现出来。唐代文学家刘知幾《史通·内篇》卷五记载："今西域胡人，多有明姓及卑者，如加五等爵，或称平原公，或号东平子，为明氏出于平原，卑氏出于东平故也。"

后逢八王之乱，永嘉之祸，五胡乱华，晋室南渡，南朝宋、齐、梁、陈国祚更移，北方五胡十六国更迭频繁。明略的后世子孙审时度势，或活跃于政坛，或驰骋于疆场，或弘道于末俗，或扬名于盛世，名人辈出。

明僧暠（生卒年不详）南朝宋人。少时博览群书，兼通经史，高谈雄辩，对社会的治乱兴衰有自己的独到见解。尤其受到宋孝武帝刘骏的喜爱。《南齐书》卷五十四载："（僧绍）弟僧暠亦好学，宋孝武见之，迎颂其名，人以为荣。"

宋孝武帝时，宗室诸王争斗激烈，北魏也经常南下侵扰。为稳固朝局，孝武帝先后2次派他出使北魏交好，均很好地完成了使命。宋泰始二年（466）春，豫州刺史殷琰、青州刺史沈文秀、冀州刺史崔道固等人叛逆。他时任散骑侍郎，应诏起兵攻击沈文秀。四月，因功任青州刺史。宋升明三年（479），萧道成受禅让即位，建立南朝齐，他转任黄门侍郎。著有文集10卷，收录在唐代魏徵主编的《隋书·经籍志》中。

明庆符（生卒年不详） 字法乘，南朝宋齐年间人。宋泰始三年（467），伪东莱太守鞠延僧劫留高丽献使，他时任宁朔将军，奉命与王广之击降延僧，遣高丽使诣京师。后任安西参军。宋升明元年（477），任青、冀二州刺史。齐建元元年（479），返京师，和其兄明僧暠一起转任黄门侍郎。

明慧照（生卒年不详） 南朝宋齐年间人。宋元徽三年（475），任平南将军萧道成主簿，足智多谋，骁勇善战，以军功累至骠骑中兵参军、三巴校尉、辅国将军，深受萧道成信任，和荀伯玉一起统领值宿卫士。齐建元元年（479），萧道成受宋禅即皇帝位，任命他为巴州刺史。任职期间宽仁大度，笼络各族，与民休息，政绩卓著。齐高帝准备升迁他担任益州刺史，未上任去世。

明少遐（生卒年不详） 字处默，南朝梁人。梁大同七年（541），东魏派使臣来访，他受梁武帝诏令，以散骑侍郎的身份回访，为两国结好奠定基础。梁太清三年（549）五月，任职都官尚书，兼青、冀二州刺史，为政平和，与民休息。梁大宝二年（551），太清之乱。他因与乱臣侯景政见不合，离梁奔东魏，时值北齐代东魏，遂仕北齐。北齐皇建元年（560），拜为太子中庶子。在任内去世，诏赠中书令、扬州司马。因为官清廉，去世后家徒四壁，竟然没有发丧的费用，由同僚阳休之资助才得以下葬，时人叹服不已。

明崇俨（？—679） 唐高宗时人。其父任安喜（今河北定州市）令时，手下有一小吏精通法术，能够驱使鬼神。明崇俨拜他为师，学会相术、医术。唐乾封元年（666），应封泰山之举，任黄安（今四川剑阁县）县丞。任职期间，因为神异能力而闻名于当地。上司剑州刺史的女儿病入膏肓，经他用偏方治疗，竟然奇迹般康复。唐高宗李治听说后，召他来为自己治疗头疼病，也痊愈了。和他谈论时政得失，均有精辟见解。高宗很是高兴，提升他为冀王府文学。仪凤二年（677），升职为正谏大夫兼入阁供奉。每次谒见，都假托鬼神的言论来评论时政得失，唐高宗非常赞同。南京栖霞寺是明崇俨六代祖明僧绍的故宅，高宗亲撰“摄山栖霞寺明征君之碑”，命卫尉少卿、书法家高正臣书写，至今仍保存于栖霞寺中。仪凤四年（679），五月初三，在家中被盗贼刺杀。高宗惋惜不已，追赠他为侍中，谥号“庄”。拜其子明珪为秘书郎。

明家村明氏一族，起于平原（明忱、明玩、明略），盛于金陵（明僧胤、明僧绍、明僧暠、明庆符、明山宾、明少遐），北上长安（明克让、明余庆），归于洛阳（明章、明恪、明崇俨、明珪）。明姓三大郡望（平原郡望、吴兴郡望、河南郡望），平原郡望居首，属实至名归。后随着明氏族人在各地辗转为官，其子孙也开枝散叶，流播于各地。虽自唐安史之乱后，鲜有闻人，但前、后明村人2000年来，耕读传家，繁衍生息，传承未断。

明氏宗祠 海内外明氏历5年修成《中华明姓总谱》后，联系日益密切，普遍认为全国明姓需要一个世代交往的平台。经中华明姓历史文化研究会常务副会长明平灯提议，决定兴建一座供奉全族列祖列宗的中华明姓大宗祠。经公议，地址选在湖北省黄石市阳新县浮屠镇华道村港边明湾。2011年开建，2014年12月10日竣工，规划面积近1.3万平方米，由大冶市民间古建设计院设计，总进深7重，长96米，宽23.8米，计2700多平方米。画梁朱栋，高擎飞檐斗拱，庄重肃穆。祠内设有源祖百里奚、孟明视等11位祖上神像，明家村中世祖一世明星辰列第三位。在清明、中元、除夕定期祭祀，使天下明姓情有所依，名有所归。

撰修族谱 明家村明氏一族以孟明视为起源始祖，中间不可考者以25年为一世代数换算，至明忱为三十七世。自明忱至第四十七世明珪有明确谱系记录，明珪后世因白绫谱牒失窃，战乱频仍，谱系散乱。

清雍正元年（1723），以当时村中长者所明确记载祖先明星辰为中世祖一世，重修族谱，并追述先祖。今无存。

清光绪二十四年（1898），由明家村第十世明云从主持，撰修族谱。今存。

1959年，由明家村第十二世明长勤主持，续修族谱。

1984年，由明家村第十四世明玉池主持，明长金、明长彦、明万秀负责，续修族谱。

2002—2007年，全国明姓族人同修《中华明姓总谱》，明家村第十三世明万豪、十四世明玉

明氏族谱 后明村委会 提供

新参与其事。共同推定明家村为明姓最早发源村，明家村明氏为明姓第一宗支。

2015年，由明家村第十五世明宝柱主持，明长征、明万秀负责，续修族谱，并确定以“长万玉宝景、永广成廷法、泽宏继代久、心高传家远”作为统一族辈排行，传之后世。

孟氏家族

家世源流 据《孟氏族谱》记载，孟姓的郡望主要有平陵、平昌、武威。

据考，唐代德州平昌孟氏系望族。光绪《德平县志》卷六《选举志》载：制科“孟曜，明经”“孟诜，曜子，高宗朝进士”。卷七《人物志》记载：“孟诜，汝州梁人，寄籍平昌，孟子第三十一代孙。”《山东中医药志》载：“孟诜，唐汝州梁人，寄居平昌。”孟曜、孟诜父子寄居平昌，按唐代户籍制度，落户平昌即为平昌人。孟诜的子孙后人在平昌繁衍，有的因出仕自平昌迁出。据《德平县志》载：唐代平昌县先后出现过孟曜、孟诜、孟云卿、孟简、孟郊、孟迟等著名人物。

杰出人物

孟诜（约621—约713） 孟曜之子，唐汝州梁人，寄籍平昌。进士第，武则天时累迁凤阁舍人，出为台州司马。相王召为侍读。拜同州刺史、加银青光禄大夫，有治行。中宗神龙初致仕。归居伊阳山宅，以药饵为事。睿宗召，以老辞。撰有《食疗本草》《补养方》《必效方》诸书。

孟云卿（725—781） 字升之，唐代山东平昌（今山东临邑德平）人。天宝年间赴长安应试未第，30岁后始举进士。肃宗时为校书郎。存诗17首。其诗以朴实无华语言反映社会现实，为杜甫、元结所推重。孟云卿与杜甫友谊笃厚。乾元元年（758）夏，杜甫出任华州司功参军，行前夜饮话别，并以诗相赠，即《酬孟云卿》。同年冬，他们在洛阳相遇，同到刘颢家中畅饮。杜甫又写了《冬末以事之东郊，城湖东遇孟云卿，复

孟云卿与杜甫等好友饮酒赋诗塑像（2018 年摄于临邑明德文化苑）

归刘颢宅宿，饮宴散，因为醉歌》一诗，记叙此次相遇彼此喜悲交集的情景，表达了诗友间的诚挚感情。《全唐诗》编孟云卿诗 1 卷，计 17 首，外零句 4 句。事迹见《唐诗纪事》《唐才子传》。

孟简（？—823） 字几道，唐朝大臣，德州平昌（今山东德平）人。系孟诜之孙，孟郊的从叔，水利专家。祖籍汝州梁县，后寓居吴中，为吴中人所称颂（参见李观《贻先辈孟简书》）。考取进士后又中博学宏辞科。元和年间，官至太子宾客，分司东都。长庆三年（823）十二月，因病去世。

孟简精于佛典，元和六年（811 年）正月，奉敕与给事中刘伯刍、工部侍郎归登、右补阙萧俛等在丰泉寺翻译《大乘本生心地观经》。同时，诗文工整，擅长行书。元和十一年（816），书《梁庾肩吾经禹庙诗》。所作《咏欧阳行周事并序》，叙写欧阳詹与太原妓恋爱事迹。《全唐诗》录其诗 7 首,《全唐文》收其文 3 篇。

孟简到常州后，廉洁奉公，勤于政务，兴修水利，发展生产，政绩卓著。当时，长江自镇江以下江宽水深、风大浪高，经常发生运粮漕船沉入大江的恶性事故，为避风险，很多粮船都由南运河至润州（今江苏镇江）过江入北运河北上。但北运河个别河段地势高，一遇枯水，航船经常堵塞。孟简到任后，经过实地考察，摸清这一情况，同时了解到由于武进西北无通江大河，加上地势高昂，灌溉困难，农业生产受到极大影响，农民苦不堪言。元和八年（813），孟简征集常州郡内及附近民工15万人，对北自河庄（今孟河城）附近长江岸起，南至奔牛附近万缘桥京杭大运河岸一线中间41里的旧河道进行贯通拓浚。从此，滚滚江水注入大运河，不仅漕运畅通，而且灌溉良田四千余顷，促进了当地农业生产的发展。后人为纪念孟简的功绩，把新开通的河道称为“孟渎”。

孟简是诗人孟郊的从叔，孟简少年时与孟郊一起读书，二人年龄相仿，成了最好的朋友。二人又是同宗，论辈分，孟郊应该称呼孟简为叔叔。从孟郊的诗作《山中送从叔简赴举》《感别送从叔校书简再登科东归》《同从叔简酬卢殷少府》《山中送从叔简》《舟中喜遇从叔简别后寄上时从叔初擢第归江南郊不从行》等，可看出二人交往较密。孟郊后来做了溧阳县尉，数年后，又弃官回家，孟简写了一篇《送孟东野奉母归里序》，收录于《德平县志·艺文志》。孟郊晚年家庭十分贫穷，逝后无子，其妻生活极其困难，孟简毅然承担起扶养孟郊妻子的任务。当时有人评论孟简很有长辈风范。《旧唐书》、《新唐书》、乾隆《山东通志》、光绪《德平县志》均有传。

孟郊（751—814） 字东野，湖州武康（今浙江省德清县）人，祖籍平昌（今山东省临邑县德平镇）。唐代著名诗人。其代表作《游子吟》，凸显母爱无私和游子念恩、感恩、报恩的孝道文化。为纪念孟郊，德平将其简介刻于平昌公园内石碑上，列于历史名人廊，并修建游子吟雕塑和春晖亭等主题景观。

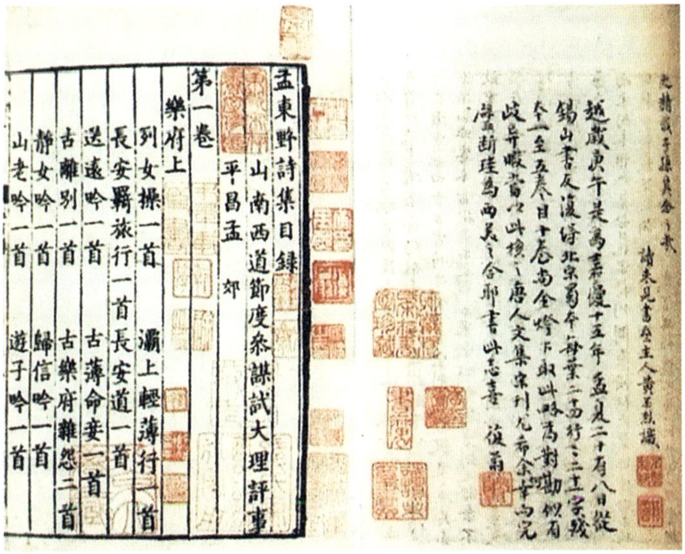

宋刻本《孟东野诗集》书影

孟迟（生卒年不详） 字迟之（《全唐诗》作升之;《文献通考》作孟達，字叔之），唐朝平昌（今临邑县德平镇）人。有诗名，尤工绝句。与顾非熊甚相得，于会昌五年（845）同举进士第。也与杜牧友善，孟迟至池州，杜牧作诗送之。

孟迟任过浙西掌书记，因驷马“难追”的谗言和无法“归”根的诽谤而罢官。后至淮南，由“崔相公”荐奏，又做了淮南掌书记。孟迟进士及第后的仕途任职，是从大同军节度幕府吏至浙西观察使掌书记，再至淮南节度使掌书记。时间是唐会昌五年至大中三年（845—849），共5年。著有诗集1卷，《新唐书·艺文志》有记。

葛氏家族

葛氏家族，德平名门望族。自明洪武末年，葛姓始祖从青州府寿光县迁入德平，迄今已有近700年历史。葛氏家族在德平经历代繁衍，渐成望族。以葛守礼为代表的葛氏家族，人才辈出。葛守礼有“三朝元老”“柱国名臣”之称。明朝兵部尚书王象乾曾赞：“平昌葛氏为齐鲁望族，端肃公（即葛守礼）勋猷彪炳，方烂焉，与日月争光。”

家世源流 据《德平葛氏族谱》记载：“一世祖讳士能，元末自江南稍迁东北。客寓寿光。我太祖既定北平，有诏听人占种燕赵以南至齐北鄙荒田，填实内地。始祖因来吾邑，居长魁乡，遂为德平人，业农。”明太祖朱元璋北伐中原，取北平，定天下，下诏移民至“中原地广人稀之地”，葛氏遂从寿光迁来，分籍德平、昌邑、商河三地。葛守礼家族占籍德平，其始祖为葛士能。《山东省自然村名录》记载：德平葛老庄，系古老村庄。明朝前，董、王二姓为村中大姓。明洪武末年，葛氏先祖讳士能从青州府寿光县迁入该村，经繁衍生息，人丁兴旺，渐成村中大姓。六世祖葛守礼与其父葛环，其子葛引生，其孙葛昕、葛曦四代为官。葛姓在德平居住的村庄有16处，加上外籍者共35处，都是从此庄派生而出，加之人们对葛守礼的敬重，村名遂称“葛老庄”。

杰出人物

葛智（1454—1523） 字公达，里谥“恂正先生”。德平葛老庄人，葛守礼的祖父。

德平葛氏自明初从寿光迁入，一直以农耕为业。到四世葛智这一代，家境好转，他除耕田种地以外，开始发奋读书。时任户部尚书的李廷相在葛智墓志铭中描述“公生而警敏，有大志”，“家世业农，公独奋力于学，凡经书子史，博闻强记，务究指归”。他有志读书，“每行路，必取一种书默诵一通”，“凡孔孟所传诸书，无不成诵”。“十三选入邑庠，十六补增广弟子员，弱冠食廪饩”。

明弘治十七年（1504）50岁时，被举荐到北京太学读书。明正德十三年（1518），被吏部选为凤阳右卫经历司经历。上任伊始，葛智目睹官场的风气，与他想象的大相径庭。经历司指挥宋洪，贪赃枉法，任人唯亲，镇守于此的邱太监更是飞扬跋扈，横征暴敛，整个官衙内的人都小心翼翼，低三下四，唯唯诺诺，大气不敢喘一口，唯恐引祸上身。而葛智一上任，邱太监就依仗势力，让他屈膝而从，俯首听命。身处如此环境，葛智毅然恳求致仕，辞官回家。归家后以教书为生，并多加教育自己的孙辈。

德平葛氏家族的兴起，葛智不仅是发端者，更是最重要的推动者。

葛守礼（1505—1578） 字与立，又字与川。葛智长孙。明嘉靖八年（1529）进士。历官兵部主事、户部尚书、刑部尚书、都察院左都御史等职。明嘉靖、隆庆、万历三朝元老，柱国名臣。详见本志“名人与名镇·人物传略·葛守礼”。

葛引生（1526—1567） 字长伯，号东山。葛守礼唯一的儿子。邑廪生。乡人称“文肃”，又称“贞悫”。赠户部陕西司员外郎。明隆庆元年（1567），葛守礼起任户部尚书，葛引生侍父入京，染疫而亡。葛引生无缘仕途，终身一廪生。他自感“吾既不能与时浮沉邀一第，以有为国，独不可行于家乎”。故而在父亲致仕家居的十多年中，他全力协助父亲进行家族建设。葛守礼在《祭亡儿引生文》中写道：“吾家爱敬敦于家庭，肃睦成于乡族，汝之力也。”葛引生对葛氏宗族的贡献不仅在于修家谱、立家法、设社学等，尤其重要的是撰写一部《家礼摘要》，为葛氏宗族提供冠、婚、丧、祭、交际诸礼仪，使敬宗睦族成为乡里效仿的榜样，影响甚广。

葛昕（1544—1606） 字幼明，号龙池。葛守礼长孙，葛引生长子。荫生。历官尚宝司卿晋四品服，奉赐三品服，赠湖广右参议兼佥事。祀乡贤祠，乡人称“庄毅”。

明嘉靖二十三年（1544），葛昕出生于河南督学府中（其祖父葛守礼时任河南提学副使）。葛昕5岁学《孝经》，8岁就《韩诗外传》，9岁能为制举文兼读《通鉴》诸书，

10 岁以祖父荫奉诏入太学读书。明隆庆四年（1570），被朝廷任命为中军都督府都事。明隆庆六年（1572），葛昕调任太仆寺丞，提督库藏，协理西堂事，受到太仆寺卿王世贞的赞扬。明万历五年（1577），调任户部陕西司员外郎。万历九年（1581），葛昕任工部都水司员外郎，奉旨培筑永陵。葛昕上书 6 条措施，受到工部尚书曾省吾的大力支持，万历帝下诏批准。万历十年（1582），培筑永陵的工程完工，节省费用一半多，葛昕晋升都水司郎中。万历十一年（1583），葛昕改任屯田司郎中，奉诏出使临清。万历十一年（1583）九月，万历帝亲自到大峪山替自己选中一块风水宝地建定陵，下诏葛昕晋升一级官职，负责督建定陵。葛昕上书 14 条，开工纳事 41 条，万历帝下诏批准。万历十二年（1584）十一月，定陵破土动工。葛昕风餐露宿、不辞辛苦，全权调度定陵的一切事务，并改革用唐梯运输，大大提高效率，节省巨资。万历十三年（1585），万历帝亲临现场阅工，赐葛昕花币、白金。万历十六年（1588）九月，万历帝再一次亲临阅工，赐葛昕花币、白金、大红织锦鸡官服和御酒。定陵修建历时五年，万历帝先后 15 次赐赏花币、白金等物。葛昕与修建定陵的大小官员、工匠民夫同甘共苦，将万历帝的赐赏分与众人共享。同年十月，葛昕晋升尚宝寺卿，仍负责建陵。万历十七年（1589），定陵完工，其规格和质量都不次于永陵，所花的费用仅是永陵的六分之四。

万历三十四年（1606）七月，葛昕患病去世，时年 63 岁。礼部尚书兼太子太保、东阁大学士于慎行为其题“海内钜公宗匠”碑铭。

葛曦（1545—1592）　字仲明，号凤池。葛引生次子，葛昕弟。明万历四年（1576）解元。万历十一年（1583）中进士，改庶吉士。万历十三年（1585），授官翰林院检讨。万历十四年（1586），奉诏出使秦藩（今西安），册封紫阳王。万历十七年（1589），葛曦在翰林院满 3 年，升授征仕郎（明朝文散官，为从七品）。万历十八年（1590），兼起居注。万历十九年（1591），陪推南京国子监司业（即以推官出任主考官的副手）。万历二十年（1592），葛曦因思念祖母，再加上妻子任氏久病，拟请假归里。还未来得及归乡，忽然病倒，且一病不起，九月在任上去世，年 48 岁。

葛曦画像

《德平葛氏族谱》书影（嘉庆六年版）

葛昕赞其弟“仲明生而颖异，竞爽不群。四岁，先姑卢孺人授以《诗经》章句，应口成诵”，“弟天性沉毅多虑，豁达耐事，举动言笑不苟，外虽恂恂镇默，中实泾渭了然”。葛曦不仅沉稳厚道，天性好学，而且对待乡里族人，慢声细语，和厚忍让，并好施舍，经常救人之急。

葛如麟（1577—1650） 字子仁，号朝池，葛昕次子。历官陕西按察使，乡人称“贞靖”。详见本志“名人与名镇·人物传略·葛如麟”。

家学家训 《德平县文献汇略》载“德平辟居济北，不通驿递”。嘉庆《德平县志》也载德平“道里不通商贾，男以耕耨为生，女以纺织为业，终岁不倦”，是典型的农业区。葛氏始祖在迁德平后便以农为业。其二世祖葛亮善理农业，“遂拓初祖产，为一乡之望”。在富而求贵、耕读传家的社会里，财富积累为读书入仕奠定经济基础。葛氏家族从三世祖葛友才开始，力农的同时注意延师课子，其长子葛智有志读书。“家世业农，公独奋力于学，凡经书子史，博闻强记，务求指归，尤专治《易》”。明弘治十七年（1504），以“易”学入太学读书。明正德十三年（1518），谒选吏部，授凤阳右卫经历，因与凤阳镇守中官不睦，不久，解印绶归里。短暂的入仕经历，为葛氏家族开辟了读书求发达的路径，从此实现由平民家族向士绅家族的转变。葛守礼作为葛智长孙，后来由进士入官，就得益于家学启蒙。葛守礼及其子孙葛昕、葛曦、葛如麟等人的为官经历，给葛氏家族带来荣耀和声望，使其家族不再是一般士绅家族，而是一个世代官宦望族，葛氏也因此成为德平的传奇。

葛氏家族的发展，不仅在于认识到读书的重要性，家族建设也起到重要作用。葛氏家族建设主要包括《德平葛氏族谱》的创修，葛守礼的《葛氏家训》和葛引生的《家礼摘要》。据《德平葛氏族谱》记载，该谱明嘉靖三十五年（1556）创始于葛守礼，第二次于明万历二十年（1592）由葛昕重修，第三次于明崇祯十年（1637）由葛如麟续修和重修，第四次于清乾隆四十三年（1778）由葛周玉历经10年重修完成。葛周玉在《续谱随笔》中写道：“端肃公五十二岁归田[①]后，创葛氏族谱，五十七岁付梓。符卿公四十九岁予告[②]后重修族谱，五十四岁付梓。宪使公六十一岁赐环[③]后重修族谱，六十六岁成书。三公值之时易，皆日久始成，自是未可卤莽。予修族谱自戊戌（1778）经始，迄丁未（1787）十载方竣。已觉太迟，尚不知何年付梓。”由此可见，葛氏家族对族谱的重视程度和续修族谱所付出的心血。《葛氏家训》是葛守礼出仕30余年的亲身经历和对做官、生活的深切感悟。他告诫子孙：“为吾子孙者，今当知吾不广田产，恐为汝累意矣。异日有福出仕，随方问俗，求小民安。勿炫聪明，轻议变法，快一时机心，贻无穷隐祸，此谓殃民负国。慎之戒之，慎之戒之。”要求子孙“做官先要做人，事事念念为义为公，成败利钝皆无足计”，“勤俭所以治家，敬慎所以保家，诗书所以起家，忠孝所以传家”。葛守礼还在《葛氏家训》中写道：“《易》曰，家人利女贞，女正位乎内，男正位乎外。男女正，天地之大义也，家人有严君焉，父母之谓也，父父子子，兄兄弟弟，而家道正，正家而天下定矣。”

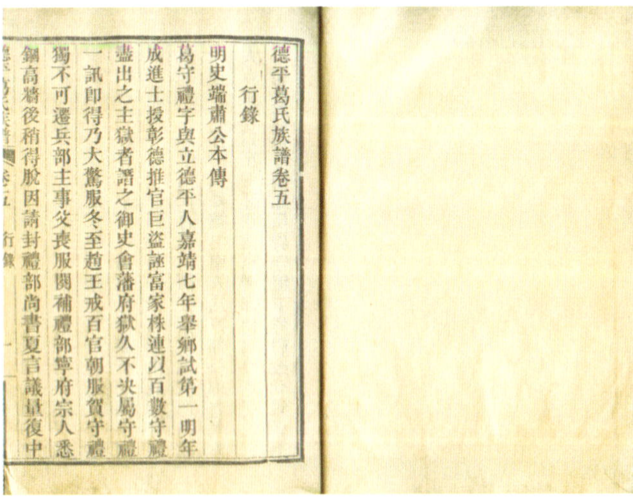
德平葛氏族譜卷五
行錄
明史端肅公本傳
葛守禮字與立德平人嘉靖七年舉鄉試第一明年
成進士授彰德推官巨盜誣富家株連以百數守禮
盡出之主獄者譖之御史會藩府獄久不决屬守禮
一訊即得乃大驚服冬至趙王戒百官朝服賀守禮
獨不可遷兵部主事父喪服闋補禮部寧府宗人悉
鋤高牆後稍得脫因請封禮部尚書夏言議量復中

《德平葛氏族谱》中的行录

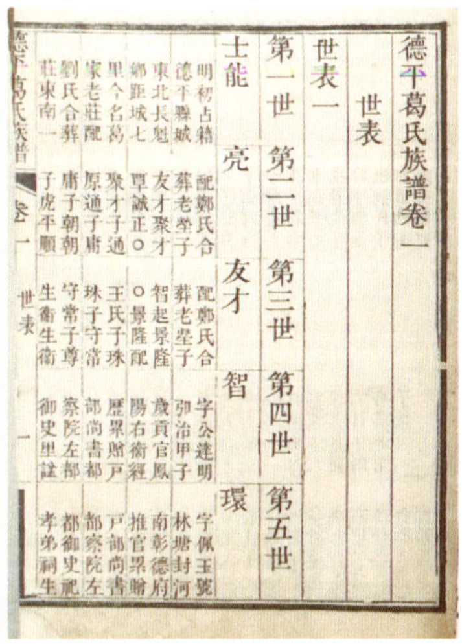
德平葛氏族譜卷一
世表
世表一
第一世 第二世 第三世 第四世 第五世
士能 亮 友才 智 環

《德平葛氏族谱》中的世表

---

① 归田：指辞官回乡务农。

② 予告：指大臣因病、老准予休假或退休。

③ 赐环：指放逐之臣，遇赦召还。

《家礼摘要》是葛引生融家法于家礼的标志，是葛氏家族文化建设的组成部分。《家礼摘要》共 5 卷，分为通礼、冠礼、婚礼、丧礼、祭礼 5 个部分。通过举行家礼，有效地进行家族互动，使家族成员生相亲爱、死相哀痛，对敬亲睦族、维护整个家族的稳定和发展有着重要意义。

族谱、家训、家礼，凝聚葛氏族人人心，保证葛氏家族雍肃和睦，维持家族持续发展，使葛氏家族作为山东望族存在 100 多年。

郭氏家族

家世源流 明朝之初，战乱不断，加之水、旱、蝗等自然灾害，德平当地人口稀少。郭氏始祖郭仲和奉诏自寿光县迁徙至德平城东北 20 里延寿寺（一称观音寺），安家居住、开垦荒田、耕植经营。因紧邻延寿寺，遂得村名“郭家寺”（现属乐陵市华楼镇）。郭家寺村，成为德平郭氏繁衍迁居的源头。

自一世至三世，是郭氏家族的积累期。据《郭氏族谱》记载：始祖郭仲和生子 3 人，第二世共生子 6 人，第三世共生子 22 人。郭氏人丁兴旺，劳动力充足，主要以务农为主，勤劳耕作，积累家业，家境渐为富裕，为日后兴起奠定物质基础。

自四世起，家境富庶后，或购置宅田，或经营店铺，或读书升迁，家族渐旺，逐渐兴起。郭氏枝繁叶茂，陆续分支迁居多处安家落户，繁衍生息，逐渐发展为德平大族。家族财富积累，生活富裕后，注重子弟教育，建立私塾，聘请先生，供子孙读书，考取功名，“其间举监生员、教授儒学、知府、知县以及父子同朝中书、叔侄同榜，诗书簪缨，彪炳人寰”。从此，德平郭氏开始兴起。

杰出人物

明清两朝，德平郭氏家族科名显著。其中，明朝征辟 2 人，明清两朝总计出举人 5

人、监生2人、贡生18人、庠生48人、太学生5人、增生8人、武生9人。据光绪《德平县志》记载，郭氏家族有2人入忠孝节义祠，1人入乡贤祠，1人入名宦祠。

郭谌（1476—1534） 字信夫，号盘浒居士。博涉五经，精六书，善绘画，书法、诗文、绘画成就非凡，世人称之为书、诗、画“三绝”，名扬天下。详见本志“名人与名镇·人物传略·郭谌”。光绪《德平县志》有传。

郭义（生卒年不详） 德平镇西关村人。明弘治二年（1489）举人，直隶遵化知县。有守有为，不阿权贵。擢太仆寺丞，祀乡贤祠。光绪《德平县志》有传。

郭谆 字逊言，德平镇郭家村人，郭氏第五世。以农立业，勤俭持家，轻财乐施，德高望重。人们都很信赖他，族中事及民间百姓不易解决的事多找他咨询。明初，元兵逼近，朝廷督促修缮城墙。修城不便取土，他当即捐城内宅后8亩地给官府，资助修筑城墙，城才能完好。县令认为他很忠义，推荐他为乡饮宾。逝后祀忠义祠。光绪《德平县志》有传。

郭文显（1502—1558） 字德纯，又字古川，德平镇郭家村人。明嘉靖十五年（1536），府县奉诏选拔诸生贡入太学，郭文显以第一名的成绩荣膺选贡，以乡举任商城县丞，擢虞城县令。当时寇盗出没，他立约束，修缮城墙，节约开支，惩奸悍，号称大治。调任松江通判，以母老归。在任期间，他积攒俸禄够生活之用后，便将祖上遗产田宅全部让给弟弟郭文献。又念弟弟居郊外不能常聚，因此在城里另外购置一套住宅供其居住，兄弟之间愉快相处、相互往来40年，无间寒暑。后辞官归故里，逝后入虞城县名宦祠。《山东通志》《德平县志》《虞城县志》有传。

郭鐩（生卒年不详） 号续川先生。德平郭氏第七世，自德平镇郭家村迁居梁家村，为梁家村郭姓之始。《德平县文献汇略》记载：“以选贡任山阳县令，未二年，拒道府征索，左迁归里，年才四旬余耳，乃复主金兰文社，合一邑孝廉文学及小学后生，躬督课业，毫不假借粉饰，巍然乡先达之望。德平三十年科贡无非金兰社人士也。”《山阳县志》有传。

人口分布 自明初郭氏始祖迁居德平至2019年，600多年，繁衍迁居60余处。其中，德平镇境内分布村庄有：郭家村、郭桥村、满家村、邓家村、丁字街、斜家村、王朝阳村、梁家村、吴家村、尚家村、宫家村、沈家村、郭家湾村、西关村、郭平阳村、大杨家村、东关村、薛家村、前董家村（属王赞恒）、纪张盛村等。德平镇境外分布有40余村。

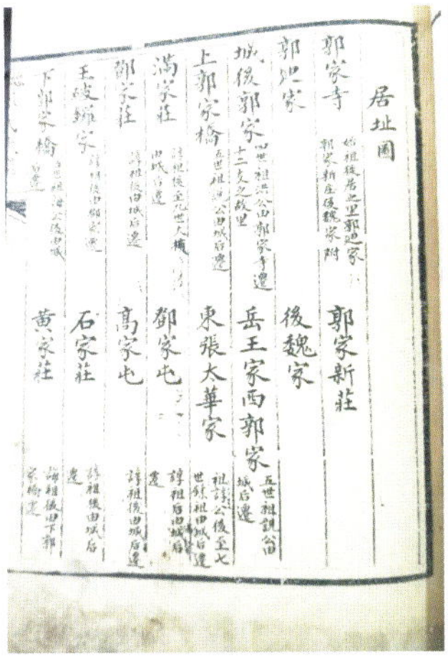
居址圖
郭家寺 郭家新莊
後魏家
岳王家 西郭家
東張太華家
滿家莊
郗家屯
高家屯
石家莊
黃家莊

《郭氏族谱》郭氏居址图

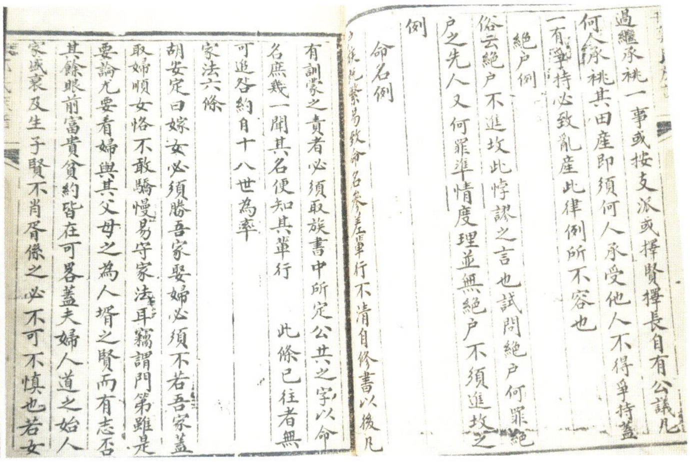
過繼承祧一事或按支派或擇賢擇長自有公議凡
何人承祧其田產即須何人承受他人不得爭持蓋
一有爭持必致亂產此律例所不容也
絕戶例
俗云絕戶不進坟此悖謬之言也試問絕戶何罪絕
戶之先人又何罪準情度理並無絕戶不須進坟之
例
命名例
有訓蒙之責者必須取族書中所定公共之字以命
名庶幾一閱其名便知其輩行 此條已往者無
可追咎約自十八世為率
家法六條
胡安定曰嫁女必須勝吾家娶婦必須不若吾家蓋
娶婦順女恪不敢驕慢易守家法耳竊謂門第雖是
要論尤要看婦與其父母之為人婿之賢而有志否
其餘眼前富貴貧約皆在可略蓋夫婦人道之始人
家盛衰及生子賢不肖胥係之必不可不慎也若女

《郭氏族谱》家法条例

家学家训 郭氏家族的家学家训代代传承。《郭氏族谱》中《家训六则》是对前人治家、教子、做人等方面的经验汇总，同时也对后人提出要求。择婚方面，要求后人选择配偶，要不慕富贵，重看妇、婿及其父母的为人、本性、行为及家教。教子方面，借鉴《颜氏家训》“父子之严不可以狎，骨肉之爱不可以简”，提倡“教子婴孩”，严慈相济，注重童蒙教育，侧重良好习惯、生活细节的养成。兄弟相处方面，提倡“兄弟相处须各尽其道”，严格要求兄弟和睦相处、相容相生，勿“重妻室而违家训”。治家方面，告诫后人“勤俭所以治家，敬慎所以保家，诗书所以起家，忠孝所以传家”。行为准则方面，提示后人“内外限则不混，师巫远则不惑，尊卑肃则不渎，公正行则不议”。

撰修族谱 郭氏为德平大族，至清光绪年间繁衍迁徙50余处，各处、各分支自行修谱，字辈不统一。首次创修族谱是由第十七世郭炳荣、郭灿文倡导，依据迁居各处的谱书，各庄首事誊写，把分散在50余处郭氏各支世系信息汇编整理，统一修成一部完整的《郭氏族谱》。

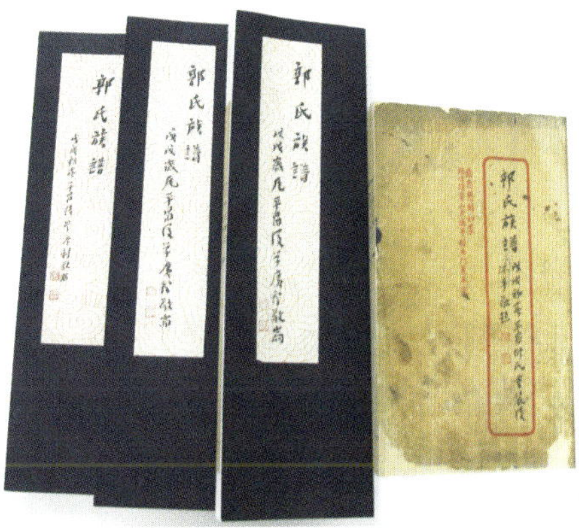

《郭氏族谱》 修广利 提供

《郭氏族谱》共计23册，由第十七世郭炳荣、郭灿文、郭景魁、郭景瑞、郭品三及第十八世郭重熙组织创修并作序，王静轩、张丙南、王炳辉赠序，附《条例五则》《家法六条》，葛守礼作《郭盘浒暨配周孺人合葬墓志铭》《郭逊言暨配合葬墓志铭》，以及《松江府通判郭君墓志铭》、《郭室黄氏墓志铭》、《先人遗迹志》、居址图、各庄首事、排行吉字、各分支第一至二十世世系表等。自第十八世起统一排行吉字：笃、培、宗、人、本、修、书、庆、克、成、相、衍、传、万、载、来、世、永、昭、明。

和亲睦族　在德平民间，有“德平无二郭”的俗语。德平郭氏自明朝初迁居德平至今已经繁衍迁居60余处，是当地繁衍迁居处所最多的姓氏家族。至第十七世郭炳荣、郭灿文等人汇修家谱，规定从第十八世起统一字辈。自此，只要是在德平居住或者从德平迁出的郭姓人，虽多处居住、分支繁多，但辈分不乱。居住在西关街、东关街、怀仁街、刘家集、解家等有集市的地方，郭氏的长辈都会嘱咐后人：凡是本族郭姓赶集上店，都要给碗水、管顿饭，并给予力所能及的便利。同宗亲睦、互助友好，这成为郭氏家族的优良传统，传承至今。

朱氏家族

家世源流　朱氏家族在明清以来是德平显族之一。始祖朱九，自明洪武年间由安丘迁徙德平六股路村。三世朱铎及其长子移居城郭南立村。因村内有一口甜水井，为保护井水，在井上立一亭子，故村名为朱家亭子村。后又有朱姓迁往德平南关村、三里庄村、小西关村及周边乡镇10余处，还有零星迁往北京、天津、德州、武城、湖南、东北等地。

杰出人物

朱氏家族在德平历时600余年，族人以“知木本水源之意，笃敬宗睦族之心”“耕读积养，业书传家”为宗旨，利用先人的典型事迹、格言、警句及传说故事，对子孙晓谕劝勉。通过族谱、书籍、文章等载体，在朱氏家族中代代相传，潜移默化，书香绵延，贤达代生。自二世至清末二十一世，科宦代不乏人。其中，有进士2人，举人6人，贡生39人，秀才67人，武秀才13人，乡饮耆宾6人，九品以上的官员28人。

朱长泰（1614—1677） 字大来，又字谦茹，号般水。清顺治元年（1644）举人，顺治四年（1647）进士，任江南含山县知县。任职5年，实行薄赋、缓刑、通商、励俗，有便于民，声闻四野，号称“清官第一”。礼部尚书龚鼎孳为其德政碑撰文。因政绩卓异，被推举为户部云南清吏司主事，掌管河西务钞关。上任后严立榷法，扫除弊窦，济国惠商。顺治十一年（1654），因过兵和水灾，欠收税款万余金。朝廷命补齐，他取先世遗产及个人资财奉命，却只有200两银子。后虽然朝廷免除了追缴，但他决意辞官。回乡后，他研读史籍律历、天文医筮，尤究心于《周易》，修辑《朱氏族谱》，撰写《帝王年编》《修真节要》《奇方集史》等著述。祀乡贤祠。

朱世官（1690—1757） 字德似，又字思诚。清康熙五十九年（1720）贡生，雍正元年（1723）中举，雍正五年（1727）中通明榜。任沂水县教谕，后转任曹县教谕。因政绩卓异，乾隆三年（1738）升四川富顺县知县。到任后，破除陋习，实行惠政，赏罚严明，辖区内老百姓互敬互爱，诉讼案件大幅减少。经过他手的案件，公开公正，深得人心。因江南饥荒，接朝廷命，他协调数万担稻米送达金陵，救民无数。其临政敏达，乡民纪念，立碑相颂。

朱履庆（生卒年不详） 字其旋，廪生。博览群书，恐邑之文献久而无征，辑《德平县文献汇略》藏于家。其诗赋妙绝一时。卒年54岁。里人称为“元上先生”。

朱其夏（1685—1754） 字淑阳，号云庵，又号怡心。邑廪膳生，清乾隆六年（1741）岁贡，曾任海宁县训导。工丹青，花卉人物，无不入妙。有诗赠曰“不是笔端窥造化，敢将淡墨写青山”。

朱传（1706—1762） 字惟一，又字圣绍。清乾隆十五年（1750）举人，乾隆十七年（1752）进士。好学能文，取其叔祖朱履庆遗稿，续编《德平县文献汇略》12集行世。未授官卒。

朱广辉（1912—1997） 字明宣。详见本志“名人与名镇·人物传略·朱广辉”。

朱明瑛 生于1950年。东方歌舞团原演员，中国著名歌唱家、歌舞表演艺术家。1966年毕业于北京舞蹈学院。专攻亚洲、非洲、拉丁美洲歌舞艺术，兼学中国古典舞、芭蕾舞、民间舞和钢琴，深受国内外观众的赞赏。

朱明瑛曾出访过27个国家和地区，国内外演出达数万场次，能用26种语言表演不同国家和地区的歌曲，足迹遍及全国各省市和世界五大洲。1983年，在全国比赛中荣获

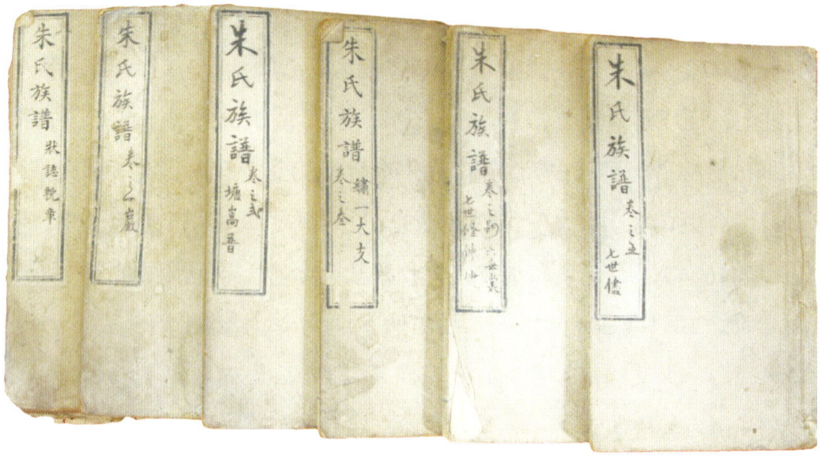

《朱氏族谱》书影　　朱广杰　提供

文化部优秀演员奖。同年，获首届全国十大金曲评选最佳歌星第一名。1984 年和 1986 年，两次荣获太平洋影音公司“云雀奖”。1986 年，获广电部中国唱片总公司颁发的首届“金唱片奖”，磁带发行量半年内高达 500 多万盒，至今保持着中国无人超越的领先地位。1989—1990 年，率美国艺术团在全国 18 个城市举办“朱明瑛艺术家之梦”个人演唱会，为第十一届亚运会募集资金 177 万元。1990 年，与文化部合作，率美国青年艺术团在全国巡演，受文化部嘉奖。1992 年，荣获联合国非政府组织颁发的为世界文化艺术做出贡献的“杰出人士”奖。1996 年，获得“中国音乐十年成就”奖。

2000 年四五月间，朱明瑛随父亲与二叔夫妇回到阔别已久的德平老家探亲。2005 年 4 月 28 日，再次到临邑县，参加第四届“中国·临邑槐花节”的开幕式演出。

撰修族谱　第一次修谱，清康熙二年（1663），第八世朱时显撰修族谱。以“宗法敦古，谊家老成”为家训，训饬子弟。

第二次修谱，清康熙十五年（1676），第九世朱长泰续修。制定统一类目、凡例。为有德业、文章、品行者单独立传，夹杂行状、墓志铭。

第三次修谱，清雍正九年（1731），第十一世朱其达重修。

第四次修谱，清嘉庆四年（1799），第十三世朱景商重修。

第五次修谱，清道光二十六年（1846），第十三世朱景奇重修。定“泽广余庆昌，传家贯宪培”十字为世谱，按字排世，刻于家庙石遵行。

风土民情

基于悠久的文化底蕴，德平形成颇具地方特色的风土民情。以细米窝头、熏鸡为主的传统美食，成为地方品牌；纯天然香料配制的十香面，是餐厅饭店的必备调料；源远流长的生活习俗、岁时节俗，以及场面热烈的庙场集会，彰显民风淳朴；浓重的德平方言，成为承载乡愁、联接在外德平游子的纽带；充满乡土气息的民间工艺，在一代代民间艺人的努力下，薪火相传。

美味小吃

德平细米窝头 德平细米窝头作为地方名吃，距今已有300余年历史。早在清朝就誉满京津，被评为“德州市地方名小吃”，其工艺被确定为德州市级非物质文化遗产。

德平细米窝头（2018年）

德平细米窝头主要原料为小米和黄豆，从选料、加工到蒸制均保留着特有的手法与技巧。制作出的细米窝头色鲜味美，散爽不腻，香甜适口。

其制作工序为：将小米与去壳后的黄豆放至热炕上烤干去湿，按7∶3比例混合，用石磨反复细碾，去表皮，过绢箩，磨成极细的油面，将油面掺兑适量的新鲜井水反复调和均匀后，做成3两一个的圆球形或半圆球形面剂。左手握面剂，将右手的食、中两指插入其中，自上而下细心挑、压，制成厚薄一致的桃形窝窝。入锅后，以干火头（碎木头）为燃料，旺火烧30分钟，撤火焖5分钟即可出锅。德平细米窝头形成两大品种，即以小米、黄豆为原料加工而成的黄窝窝头和以小米、黑豆为原料加工而成的黑窝窝头。

德平细米窝头历史悠久，远近闻名。现如今当地人仍然保留着传统的手工制作工艺，仍以一家一户的家庭作坊式加工经营为主。改革开放后，德平细米窝头加工业获得长足发展。北京、天津、上海、济南、青岛等大中城市，均有德平细米窝头售卖。

2013年1月27日，山东广播电视台农科频道《家乡好味道》栏目播放《德平米窝头》，时长近6分钟。从德平米窝头传承人吉云英的视角，对德平米窝头的历史、制作工艺、营养价值以及受欢迎程度进行详细介绍。

德平熏鸡 德平熏鸡已有上百年的历史，它以制作独特、香味浓郁、肉烂脱骨、营养丰富等特点，成为地方传统名吃。

德平熏鸡取材于当地土鸡，制作工艺独特，要经过选料、宰杀、洗、晾、炸、煮、熏等工序，加入十几种调味品。

德平熏鸡（2015年）

经过一代代熏鸡加工者的不断探索，德平熏鸡的制作工艺更加完善，味道越来越好。成品呈伏卧衔羽状，造型优美，栩栩如生；色泽艳丽，金黄透红；口味适众，咸淡适中，香而不腻；正品不失原形，趁热抖动，骨肉分离。

德平熏鸡加工考究，配料齐全，色、香、味、形俱佳，是探亲访友、招待客人的必备佳肴。

德平老豆腐（2018年）

德平老豆腐 德平老豆腐制作考究，选用上等黄豆作为原料。将黄豆去掉包皮碾碎，放入经阳光照晒的水中浸泡。待碾碎的黄豆胀足后，用石磨磨成浆，经煞沫、过包后，入锅熬成豆汁，装入桶或缸内，点入卤水，封口一段时间，即成老豆腐。

德平老豆腐的精妙之处，在于卤汁的制法。其卤汁用酱油、精盐加水，放入葱、花椒、八角、茴香、丁香、桂皮、姜等十几种作料熬制、勾芡。另外，备用优质辣椒烹制的辣椒油、香菜、韭菜花等作为辅料。如今，在很多大都市都能吃到德平老豆腐。

小尖馍馍（2018年）

小尖馍馍 小尖馍馍，历史悠久，直到现在，每到过年很多人还在蒸食。其制作需选用优等小麦面粉当基本原料，将

“糟头”（酵面）加入适量碱面后，和“嫩面”。待发酵后，将面团放在案板上掺入适量干面粉揉匀，反复挤压。柔韧度差不多了，便可分割成大小均匀的面团，揉搓成形，顶端揉成尖状，排放到带竹屉的蒸笼中，上锅蒸熟，即可出笼食用。其色白润如玉，油光微亮。味道香甜，嗅之芳香扑鼻，可谓形、色、味俱佳。

土特名产

德平十香面　豫德堂系德平老中医世家，其传人赵信奎研制的“豫德”牌十香面，于 2004 年获得国家商标专利。该调料选取大料、丁香、陈皮、白芷、三奈、花椒、茴香、砂仁、肉蔻、桂皮 10 种天然香料，采用祖传秘方，按一定比例加工炮制而成，适合国内不同区域、不同民族的口味，用途广泛，堪称调味佳品。为适应时代发展，在取得“山东省食品小作坊小餐饮登记证”的基础上，进一步改进包装，并开发出了“十香炖鱼王”“十香炖牛羊肉王”“十香炖鸡王”等系列产品。该十香面不仅是当地厨房的必备品，还远销德州、青岛、天津等地。

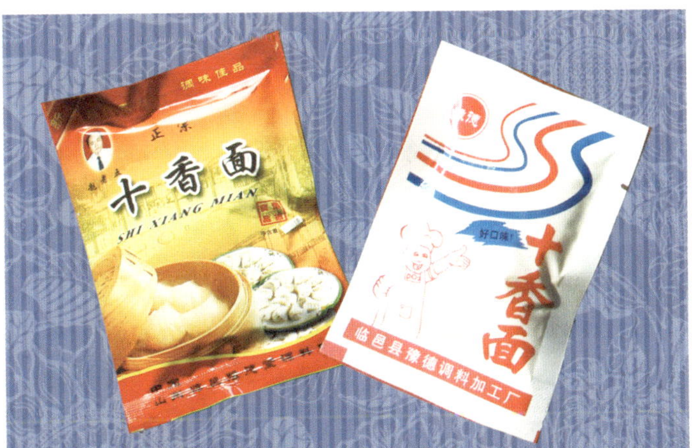

豫德堂传人赵信奎研制的“豫德”牌十香面

生活习俗

农事民俗 长久以来，德平以粮棉种植为主，一年两熟，分麦收与秋收。粮食作物主要有小麦、玉米、谷子、高粱、豆类等作物，部分种植棉花、花生等经济作物。过去收获用工具主要有杈耙、推耙、木锨、簸箕、铡刀、扇车（风车）、脱粒机、收割机等，

扇车

手摇水车

辘轳

桶

耧

木犁

滑车

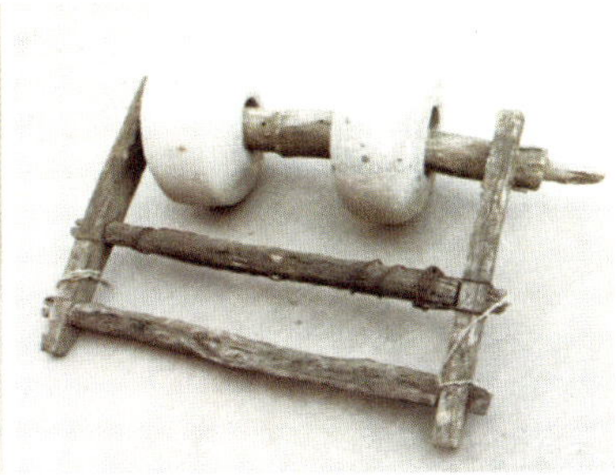

磙子（磙轱娄子）

铡刀

耕种类农具主要有犁、耧、耙、耢等，现已实行现代化耕种，这些农具基本不用了。

岁时节俗

春节 春节是中华民族传统节日中最重要的一个节日，旧称元旦，俗称“过年”。除夕傍晚，阖家欢聚门前，燃放烟花爆竹，叫“着庭”。是夜，家人备酒谈心，曰“守岁”。初一凌晨，不论男女老幼皆衣冠清洁，先敬祖先、拜长辈，然后吃饺子，过团圆年。继而，庄乡邻里互相拜贺，遇到长辈行叩拜礼，平辈之间则互相问候、互为祝福。

元宵节 农历正月十五为元宵节。节前，各村均自发地准备鞅歌、花灯。十五晚上，鞅歌出庄，名谓“散灯”。邻村互相祝贺联欢。

填仓日 农历正月二十五清晨，农户在家门前或自家院子里，用草木灰画圆，内放谷物，俗称“打囤”；还有的在囤内放几枚硬币，谓之“钱囤”。总之，打囤习俗有祈望风调雨顺、五谷丰登之意。

二月二 “二月二，龙抬头”。古时以龙能治水，在此以龙喻水，象征地气开始上升、春雨即降，因而过节以示庆贺。主要习俗有打囤、理发（也称“剃龙头”，有望子成龙之意）等。

清明节 旧俗，清明节前一两天禁火吃冷饭，故称寒食。清明这天，家家户户去祖先墓前扫墓。提前或清明祭扫时将祖先坟墓游圆（培圆）。主要习俗有上坟祭祖、扫墓、迁坟立碑、踏青、放风筝等。

端午节 农历五月初五，是战国时期楚国爱国诗人屈原投汨罗江殉难日。这天，人们吃粽子，纪念屈原。五月夏至，民谚有“有钱难买五月旱，六月连阴吃饱饭”之说。

中元节 农历七月十五，相传这天是“阴曹地府赦罪”之时，故家家于此日或七月初十、十二、十四上坟燎草，祭奠祖先。亦有“七月过十四,八月过十五”之说。

中秋节 民间有七月初秋、八月中秋、九月末秋之说，故称八月十五为中秋节。节日之夜，皓月当空，阖家团聚，吃月饼、瓜果，赏月。民间有“八月十五月儿圆，西瓜月饼敬老天”的民谣。

重阳节 农历九月初九，是重阳节，俗称“重九”。古人认为“九”是阳数，所以这天是重阳。此日有吃花糕、饮菊酒御寒的习俗。

十月一 农历十月十五为下元，天气转寒。人们为表孝心，便在十月初一家家户户用五色纸剪衣裤、冠履、被褥上坟祭扫，给逝者送寒衣。出嫁的闺女在十月初一，或前几日，都要回娘家祭扫。因特殊原因不能回娘家的，也捎去纸钱，委托娘家亲人代为祭扫。

腊八节 农历腊月初八，俗称腊八节。有吃腊八粥的习俗。初七，把黄米、糯米、大米、小米、红小豆、绿豆、黄豆、山药豆、菱角、红枣、花生仁等准备好。五更过后，起床煮粥。全家人早起喝腊八粥。

辞灶日 又称过小年，依旧俗，凡在外地的所有家人必须在腊月二十三之前回到家中“辞灶”。辞灶，即送灶王“升天”，并寄意于灶王“上天言好事，回宫降吉祥”。有吃粘糕、粘糖的习俗。把灶王爷送走后，家家户户开始忙碌起来，打扫房屋庭院，张贴年画。蒸干粮，炸年货，杀鸡宰鱼，准备过年的物品。

礼仪习俗

婚嫁习俗 德平婚嫁礼俗包括提亲、相亲（小见面、大见面）、过礼（履行订婚手续、换帖、聘礼）、择吉（定日子）、迎亲、回门等。女方出嫁头一天，亲朋好友要来贺喜，谓之催妆或点察。第二天接闺女，第三天送闺女，俗称“爹叫娘送”。现在，随着新式婚礼的普及，大都由原来的3天改为1天。

贺娩习俗 妇女分娩称“添喜”。庄乡邻里闻讯要送些鸡蛋、红糖、挂面等适宜产妇食用的礼品，如今则送奶粉、婴儿装、营养品、红包，民间称为“送月子”。至第三天、第六天、第九天，产妇娘家族人中的女性长辈及姊妹也要携礼前来探望；第十二天，亲戚朋友均来贺喜，俗称“过十二”。“过十二”仪式较为隆重，主家喜宴恭候，客人为之道喜。有的家庭在新生儿出生满一百天要进行祝贺并举行宴会，称“百日”，一般由新生儿的父母或祖父母主持。

酒宴习俗 受儒家文化的影响，德平民风淳朴，崇尚礼节。来什么客上什么菜、坐什么位、喝什么酒，都有一定的讲究。

家庭宴会一般8人一席，坐于“八仙桌”旁，每边坐2人。入席要分座次，对着门的左侧为上座，是主宾位置，右侧为副主宾位置，左侧靠近上座的为三宾，右侧靠近副主宾的为四宾；靠近三宾的为五宾，靠近四宾的为六宾；门口左侧为上，一般是主陪，右侧为副主陪，负责服务。如果一室两桌并列，则左为上，右为次；若前后排列，里为上，外为次；三桌并列一室，中为尊，左为次，右为下。如果是圆桌，则按当下通用座次安排。

酒宴上敬酒是少不了的礼俗，也称“让酒”。一般情况下敬酒顺序应视年龄辈分大小、职位高低、宾主身份而定。敬酒前一定要充分考虑好敬酒的顺序，分清主次，并致祝酒词，表达祝福祝愿之意。其中，“门前盅”是德平人特有的敬酒习俗。“门前盅”又称“门槛盅”（“槛”在德平方言中读“qiǎn”），意为只要迈进了门槛，就是一家人，再敬酒就没有推辞拒绝的理由了，能喝尽喝，体现德平人的热情好客。

贺寿习俗 在德平当地，人到 60 岁时，晚辈便为其祝寿。从此 5 年一小庆、10 年一大庆。一般为父母祝寿，只请家族亲戚参加。寿宴要提前通知并做好准备，祝寿时场面热烈喜庆。

德平有一习俗，即父母到 66 岁寿辰时，已出嫁的女儿要给老人献上一块肉作为寿礼，取乌鸦反哺之意，以表孝心，取“六六大顺”之意。

丧葬习俗 德平木棺土葬的丧葬习俗有着悠久的历史。清末、民国期间，按照传统的殡葬礼俗，人去世后首先要更衣净面，谓之“小殓”，然后上“倒头庙”。翌日入棺，谓之“大殓”。讣告众亲友后，子侄晚辈便身穿孝服，手持哀杖，男左女右，守灵待吊。出殡之日，亲友挥泪再祭。礼毕，起灵。长子摔瓦，长媳兜“仙食罐”，诸孝眷一路悲切，护柩至茔，下葬成坟。安葬后要按时上坟祭奠。从逝日算起，每七天为一祭，称“上七”。第一个七日也称“头七”，直至“五七”。再后有百日祭、周年祭。

其他习俗

老德平史家七月初六过节的习俗 农历七月初六，本地史姓人家有过节的习俗。这天，出嫁的闺女要回娘家，亲戚要到史家做客。据《史氏家谱》记载：明朝永乐初年，京东遵化玉田县史姓不知遭何灾难，迁往外地。老德平史姓这一支在七月初六吃了团圆饭后，开始外迁。为纪念分家日，不忘祖先，每逢七月初六，老德平境内所有史姓都拜墓过节，形成了史姓独有的习俗。

曹家祭祀 德平镇曹冢村为汉墓所在地，早年间，每年正月二十在该地举行盛大的香火会，附近村庄都会自发组织鞅歌队、高跷队进行演出。近 10 年来，杳火会演变为该村曹氏宗族的祭祀活动。祭祀完毕，进行鞅歌等文艺演出。

庙会集场

活佛庙会 德平杜臻活佛庙会，原是为纪念乐善好施的觉圆和尚杜臻而设立的祭祀活动，距今已有300多年的历史，仍在举办。

觉元（圆）寺农议会印章

杜臻生活在明朝末年。据《德平县前志》记载，杜臻少年时曾在怀仁镇善应寺出家，法号觉圆。他平时尽做些扶危济贫、乐于助人的事，受到乡邻百姓的尊崇。崇祯七年（1634）二月十九日，他在杨家村（现活佛庙村，与杜家村为南北邻村）西火炼金身时，因“有妇人汲水，从旁窥之，火遽息”，金身没能全部炼成。为了纪念他，后人在其圆寂的地方，建起了觉圆寺，当地人称为活佛庙，一时香火旺盛，朝拜者日众，并在每年农历二月十九日都要举办庙会。

庙会由五虎庄（即现在的杜家村、活佛庙村、静家村、小王家村、小蔺家村）的头面人物组成“觉圆寺农议会”，负责协调、组织、办理庙会相关事宜。历史上有时会期长达5～7天，其间举行各类祭祀活动，每天赶庙会的逾万人，除周围十里八庄的信众外，还有济南、泰安、滨州的省内信众及河北、天津等外省市信众赶来参加庙会，朝拜活佛。因之五虎庄一带形成了粮食、牲口、木材、芦苇等商品的大型集市，来自各地的商贩有数百家。

东贾香火会 农历六月初六，东贾家村有过香火会的习俗。据知情人介绍，该村六月初六香火会已有六七百年的历史。香火会的习俗是：初六这天，全村男女老少到村西庙中烧香、拜佛，祈求平安幸福、风调雨顺。六月初五至初七 3 天，天天都有艺人说唱西河大鼓。初六中午，所有的亲戚、朋友都到该村做客。

方言土语

语音特点 声母特点：声母大体与普通话相同，只有以下几点差别：普通话舌尖后音或卷舌音声母在当地方言里用舌尖前音代替了，如：z=zh，c=ch，s=sh。方言中的清擦舌面前音“x”有时代替了清擦舌尖前音“s”，例如：xù（俗）= sú，xǔn（损）=sǔn 等等。舌尖前浊边音“l”有时代替舌尖前浊颤音“r”，例如：lǔ（乳）= rǔ。舌面前清塞擦音“q”代替了舌面后清塞音“k”，例如：qǔn（捆）= kǔn。另外，将“zh、ch、sh”变为“z、c、s”，如：是（shì）= sì，志（zhì）=zì，翅（chì）= cì，在当地特别突出。其他，普通话里零声母“an、ai”在方言里还可分别加上“n、y”自成音节，如：nǎn（俺）= ǎn，yǎi（矮）= ǎi。尤其是“俺”，德平方言读为“nǎn”，这是德平方言的独有特色。

韵母特点：当地方言的韵母与普通话韵母基本相同，有以下差别：一是韵母有不同于儿化韵的儿化现象。如：“zhuāng（庄）”儿化后发音语感为“zhuār”，“wáng（王）”儿化后发音语感为“wár”，“zhāng（张）”儿化后发音语感为“zhār”，“fēng（风）”儿化后发音语感为“fér”，“kòng（空）”儿化后发音语感为“kuòr”。二是德平方言把普通话里的某些单韵母音节变为复韵母音节。如：“bǐ（笔）”发音为“běi”，“cè（策）”发音为“cǎi”。还可将普通话里的复韵母音节变为单韵母音节。如：“méi（没）”发音为“mú”，“móu（谋）”变音为“mú”。另外，可将普通话里的呼韵母“u”变为韵母“ǖ”，如：“sú（俗）”发音为“xú”。还有一种变化音位的语音现象，是把普通话中复韵母里主元音加以改变，从而使某一音节发生异化。如：nòng（弄）中主元音“o”变成“e”，发音就成为“nèng”。

词汇特点　德平方言的词汇，有许多与北方方言相同，也有一些为德平所特有。举例如下：

方言　　　　　普通话语义

德（déi）平——德（de）平

俺（nǎn）——我

奶呀（yǎn yǎ）——母亲

公母（men）俩——夫妻俩

营生子——长辈对孩子的昵称

即们儿——今天

明儿——明天

过明儿——后天

夜来——昨天

前日儿——前天

烘杭（hòng hàng）——晚上

黑下——夜间

饭布拉子——冻雨

稍阴天——天空雾蒙蒙

瓤（rǎng）子——棉絮

铺衬（chēn）——破旧碎片

褯（jiè）子——婴儿尿布

米羊——蚂蚁

啸啸——蝉

爬爬——蝉蛹

家雀（qiao）儿——麻雀

蝎虎溜子——壁虎

麻稜——红蜻蜓

垒涝苪——蘑菇

转悠葵——向日葵

长果——花生

座壶——水壶

炊炊——刷锅洗碗的炊具

水筲——水桶

笤帚疙（ga）瘩——扫炕的笤帚把

墩鼓碌子——轧地的工具

鼓涌——蠕动

扑啦扑啦——用手拍打尘土

余磨——反应迟钝、动作缓慢

迷佯——昏昏欲睡状，有时指浅睡

木介——没有

呲毛——不好

掉猴儿——不听话、爱哭闹

丝挠——食物变质

行（xìng）——墙的一层砖或一层坯称一行

摩量——猜想

抽头——抽屉

妙相——敏捷、灵活

屋达场子——室内地面

抄抄——扫扫

民间工艺

民间制鼓 鼓，是德平大鞅歌必备伴奏乐器。德平民间艺人有制鼓的传统，并传承

手艺人在检查小鼓的成品质量（2018年）

手艺人在调试大鼓（2018年）

至今。圈鼓桶与做木桶大同小异，做鼓皮的工序烦琐且十分讲究，力求鼓皮厚薄均匀，从而达到音色一致。蒙上鼓皮后，还要进行试音。最后，钉钉定型和上油漆。艺人制作的各类鼓，不仅满足本地各类文艺活动的需要，还远销各地。

铣锭杆　锭杆儿，是手摇纺线车的一个重要组成部分，是一根两头尖的木棍，相当于今天纺纱厂的纱锭。20世纪六七十年代，铣锭杆是当时最火的行业之一。每年春天，家家户户纺线织布。作为纺车的主要工具——锭杆，总会供不应求。随着科技发展，土

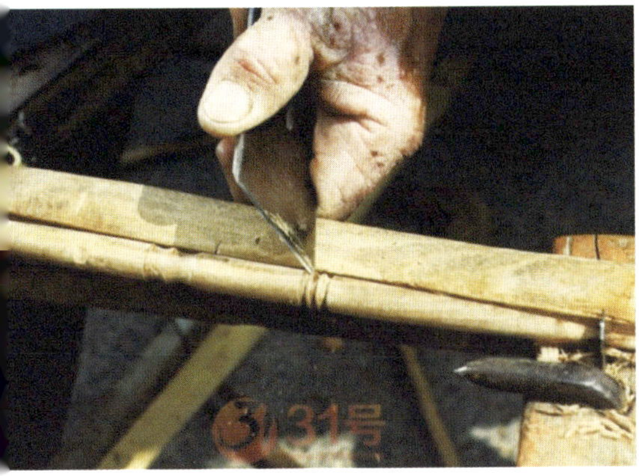

纺线用锭杆制作工艺

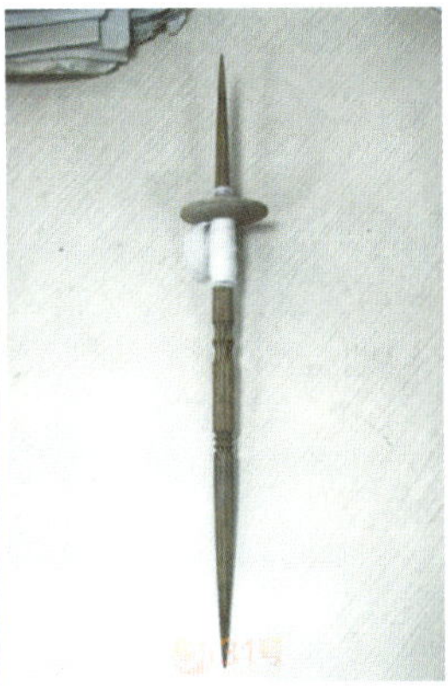

锭杆

妇女纺线

布衣服已经远离人们的日常生活，纺车、织布机几乎销声匿迹，过去那些人们赖以生存的老手艺也渐渐失传，仅剩少数人艰难支撑。

纺线　纺线，又称纺棉花，用弹棉花机或弹棉花弓把棉花“弹熟”，这时就可以纺棉花了。纺棉花前，要先把“弹熟”的棉花搓成一根根类似火腿的小棉花卷。纺棉花时，用右手摇动纺车，左手拿棉条在不停旋转的“锭子”上抽出棉线，然后轻轻地向后拉，使棉线不断地变长，然后一圈圈缠绕在锭杆上。

草编工艺　草编，德平民间流行的一种手工艺，从业者多为赋闲在家的农妇。大多利用玉米皮或土坡所产的茅草，就地取材，晾干后编成各种生活用品，如提篮、帽子、枕席、囤子等。讲究点的，利用事先染有各种彩色的茅草，编织各种图案，有的则编好后加印装饰纹样。既经济实用，又美观大方。

草编工艺品（一）

草编工艺品（二）

剪纸

剪纸 剪纸是一种用剪刀或刻刀在纸上剪刻花纹，用于装点生活或配合其他民俗活动的民间艺术。其传承赓续的视觉形象和造型格式，蕴涵丰富的历史文化信息，表达广大民众的社会认知、道德观念、实践经验、生活理想和审美情趣，具有认知、教化、表意、抒情、娱乐、交往等多重社会价值。为推动这一技艺的发展与传承，德平每年都会举行剪纸作品展演。

织布 20世纪70年代初，德平各村大量使用木质织布机，纺线织布非常普遍，被子、衣服、洗脸巾等都是自己动手织造，自给自足。老式织布机为木质，外形有点像老式木床。

织布机

根雕 德平根雕，以树根（包括树身、树瘤、竹根等）的原生形态及畸变形态为艺术创作对象，通过构思立意、艺术加工及工艺处理，创作出人物、动物、器物等艺术形象作品。

线塑、塑雕 线塑是指用废旧电线编

塑雕

根雕

大象

奔馬

线塑

吹糖人

接而成的作品。塑雕是用塑料泡棉雕塑的简称。

吹糖人 吹糖人是旧时的一个行业，民间手工艺品之一。小贩们肩挑挑子走街串巷，挑子一头是一个带架的长方柜，柜子下面有一个半圆形开口木圆笼，里面有一个小炭炉，炉上的一个大勺里放满了糖稀，根据孩子的爱好现场用嘴吹气制作，形象逼真，活灵活现。

民间艺人

刘公明 号白头翁，德平镇陈寨村人。生于 1948 年 6 月。1966 年 8 月入伍，毕

刘公明

业于空军航校，先后在民航高级航校、民航总局、民航山东省局工作。1982 年 10 月转业到商河县电业局工作，2000 年退休。是山东省民间文艺家协会会员、济南市书画美术研究会理事。文学作品有《白头翁谈笑录》《古寨长河》《雕虫斋砚边拾零》《杜臻活佛》《雕虫斋杂艺类聚》等。部分诗词、散文、杂文、民间文学作品曾在《世纪放歌》《济南诗词》《山东文学》《新聊斋》等书刊上发表。主编《商河县电业志》和《商河县供电志》。合编《风骚商河》诗集。2008 年获中华名人系列丛书编辑部颁发的“杰出成就奖”，并授予“民族之光”称号。艺术作品有书画、篆刻、刻纸、根雕、木雕、木刻、竹刻、线塑、泥塑、塑雕、葫芦雕、盆景、奇石等。2014 年被山东省电力公司授予“工艺之星”称号，其传略被收入《中

刻画

竹刻

石刻

泥塑

塑雕

葫芦雕

木雕

国民间名人录》《中国当代艺术界名人录》《中华名人铭鉴》。作品主要发表在其个人公众号“雕虫斋”。

张仁立 生于1966年7月，德平镇梁家桥村人。临邑县面塑代表性传承人。他初中毕业后，在济南打工期间偶遇面塑手工艺品，被惟妙惟肖的面塑产品、精雕细琢的面塑技艺所吸引，热爱之情油然而生，遂产生拜师学艺的想法。

张仁立

为寻求面塑老师，他几近走遍济南大街小巷，历时一个多月，风雨无阻，终得刘连阳青睐，得以拜师。学艺期间，经过老师悉心指导，加之刻苦钻研，掌握了传统面塑工艺的完整制作流程与工艺精髓。

主要代表作有《铡美案》《坐宫》《沙家浜》《寿星佬》《西游记》等面塑。

寿星佬

铡美案

报喜鸟

祖孙

山东天源化工有限公司一角

艺文杂记

德平先贤们亲历国家治乱兴衰，心有所感，寄情抒怀，多所咏叹，流传下来辞章颇多。

御制文　诰书

德平古镇有不少的御制文章和诰书，展现了历史的厚重。现摘录4篇，即《御制〈摄山栖霞寺明征君之碑〉》《御制郭中翰〈草韵辨体〉序》《御制郭中翰〈草韵辨体〉跋》《葛环赠左都御史诰书》，分别录之。

御制《摄山栖霞寺明征君之碑》[①]　……南齐征君明僧绍者，平原人也。……征君早植净因，宿苞种智。悟真空于绮岁，体法性于青襟。照与神通，心将道合。遗荣轩冕，少无尘杂之情；托志林岩，自叶幽贞之趣。亭亭秀气，掩璧月而架丹霄；皎皎清衿，漱琼湍而凌碧濑。即相非相，指万象为虚空；无我无人，等四流于寂灭。加以学穷儒肆，该综典坟，论极玄津，精通《老》《易》……及玄历告终，青光启祚。齐高祖希风伫德，侧席傍求，屡下征书，确乎不拔。其后又移居郁洲掩榆山栖云精舍，情亲鱼鸟，志狎烟霞，蜕影樊笼，萧然独往。

齐建元元年，又下诏征为散骑侍郎，又不就。既而济岱沦胥，公私荡覆。稽天之浸，将湮蹈海之居；燎原之火，欲烬藏山之璞。乃鸿骞凤举，腾万仞以高翔；择木选君，相九土而遥集。凌江迴憩，遂届南京。负杖泉邱，游睨林壑，历观胜境，行次摄山，神谷仙岩，特符心赏。于是披榛薙草，定迹深栖，树槿疏池，有终焉之志。此山其状如繖，故亦号曰繖山。丹穴红泉，共星河而竞泻；珠林镜巘，与月桂而交辉……

永明元年，又征为国子博士。征君隐居求志，义越于由光；不降凝心，迹高于园

---

① 在江苏南京市栖霞寺山门外，为纪念明僧绍而立。因明僧绍曾被征为国子博士，故称“征君”。碑高2.74米，宽1.31米，厚0.36米。碑首为六龙拱额，碑身两侧为狮首绶带西番莲纹饰，通篇2376字，为四六韵文，后用10首铭词结束。碑文为唐高宗李治所撰，唐书法家高正臣书，王知敬篆书碑额。碑阴刻有“栖霞”两字，为李治御书。该碑是研究唐初宗教文化和书法艺术的珍贵名碑。

明征君碑

全国重点文物保护单位明征君碑（2018 年）

绮……永明二年，奄迁丹壑。第二子临沂公仲璋，顾慕曾峦，既崩心于岵望；徘徊曩构，更泣血于楹书。遂琢彼翠屏，爰开叶座，舍兹碧题，式建花宫……

乃作铭云：

悠悠法界，总总含生。轮回欲海，起灭身城。俱安大夜，共习无明。爱尘岳聚，毒树云平。

邈矣遍知，超然独悟。遽乘五演，高被六度。大空善说，中天巧谕。引彼迷途，归之觉路。

猗欤净行，育彩昆田。家承珪组，代著忠贤。戒支宿习，种智斯圆。栋梁三宝，薰修四禅。

爰始筮宾，薜萝攸整。蹈海沉迹，栖岩灭影。天地构屯，干戈互警。北林罔庇，南辕载骋。

翻飞泽国，历考山图。言瞻碧磴，自韫

元珠。凭峰架室，枕壑通衢。鳣庭广跨，马帐宏敷。

同气相求，善邻遥托。道符久敬，心均常乐。对辟金园，并疏银阁。谷停帝马，峦归梵鹤。

空分瑞塔，地积香台。珂月霄暎，珠云旦来。千光雾起，七净霞开。谷边飞锡，涧下乘杯。

桂巘参差，松亭隐霭。石坛照锦，瑶泉泻籁。岫接香炉，峰承宝盖。翔凫演法，毒龙销害。

梵宫既启，福海长深。噬虺忘穴，飞鸮革音。群生普戴，奕祀同钦。不有高节，宁符宿心。

御扆多闲，闻风遐想。茂轨遐劭，清晖遽往。伫契业于圆明，冀崇缘于方广。镂飞篆于曾岳，齐胜基于穹壤。

御制郭中翰《草韵辨体》序[①] 朕惟绳契既远，篆隶斯兴，中古变通，趋于简易，由是草书出矣。溯其体式，昉自史游，章草之名，擅长汉代。䖍是张芝草书，卫瓘稿草，羲、献今草、小草，蔡襄散草，咸禀规哲匠，复铸新模。而旭、素者流，直入神品。代有作者，炳烺至今。斯并文藻之鸿英，觚翰之绝艺也。

朕夙怀好古，雅慕攻书，每于万微之暇，翻阅法书，心慕手追，以自娱悦。间得先朝中书官郭谌所辑《草韵辨体》，自汉迄元，诸体略备，韵以字系，字以类从，旁笺主名，用便披览。爰命善书者重加摹写，付之镌刻。朕观其霞舒云卷，璧合珠联，贯六辔于翰涂，汇万派于笔海。俾岁历绵暖而手迹如新，条流纷糅而体制则一。

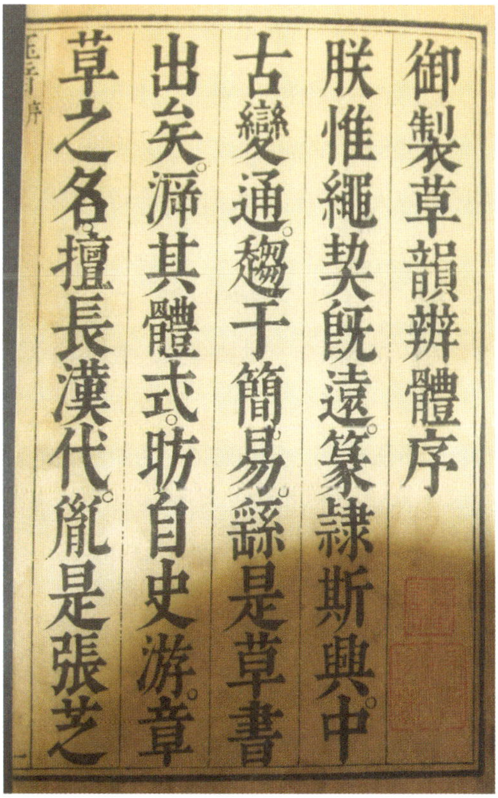
御製草韻辨體序
朕惟繩契既遠篆隸斯興中
古變通趨于簡易繇是草書
出矣溯其體式昉自史游章
草之名擅長漢代䖍是張芝

御制《草韵辨体》序

① 明万历十二年（1584）十二月，明神宗朱翊钧为郭谌《草韵辨体》一书亲自写序和跋。

自有草书已来，此其总萃矣。夫字称心画，学由心悟。故唐文皇心正气和之言，柳公权心正笔正之谏，超厥形象，独窥玄微，玩之有余味焉。若欲如翰卿墨客，搦管濡毫，临池染练，据往迹而求肖，工小技以役神，则非朕志也。是为序。

万历十二年二月

御制郭中翰《草韵辨体》跋 《草韵辨体》一书，朕既命摹刻禁中，时加披览。大都字以韵分，体随人别，凡结构异同，折旋向背，各昉其意而为之。如图史绘形，随物肖像，略存神采，尚有典刑，诚墨林之遗轨、草圣之楷模也。嗟乎！秦汉事繁，书檄章奏，多用隶草，以从简易。今海内同文，外史书名所掌，非《洪武正韵》弗遵，要以应便从宜，临文急就。草书之用，于治官察民，均有裨焉。

总之，不离古法者近是，藉令师心匠意，矩矱弗遵，则无为贵法矣。朕辑此编，岂直为游艺之资？倘亦治察之一助乎？是用书诸末简，以谕朕志如此。

万历十二年二月

葛环赠左都御史诰书[①] 奉天承运，皇帝制曰：潜德之士，敦崇谊行，不自表见，而能训迪嗣人，懋隆德业，以乂邦家，厥功伟矣。不霈愍褒，何以答其启佑之勤哉。尔累赠资政大夫、户部尚书葛环，乃都察院左都御史守礼之父，坦夷以介，倜傥而奇，身居畎亩之中，式表乡闾之范。含贞履素，行不愧于古人；好义乐施，世皆称为长者。庆钟哲嗣，作朕名臣，宜赐殊恩，以昭诒谷。兹特赠尔为资政大夫、都察院左都御史，祗歆宠渥，永贲泉扉，灵其有知，是为不朽。

制曰：朝廷褒宠大臣，必原其诲育之劳，而申赐之命，怙恃均焉。所以劝忠而广孝也，矧祗服慈训，登于列卿，而德音始背者乎。尔累封太夫人李氏，乃都察院左都御史葛守礼之母，慧柔成性，淑慎禔身，孝恭允协于苹蘩慈惠，不殊于樛木鬲成，令子总朕宪台，懿范犹存，休恩可靳。兹特赠尔为夫人，命隆三赐，益章机杼之勤；光被重泉，永慰杯棬之慕。

隆庆六年八月二十五日

① 明隆庆六年（1572）八月二十五日，明穆宗朱载垕特赠葛守礼之父葛环为资政大夫、都察院左都御史，赞其潜德之士，好义乐施，行不愧于古人，为乡邻之榜样，其母李氏慧柔成性，特赠为太夫人，并颁诰书。该诰书为青黄等五色绢本，长410厘米，宽33厘米，全文300余字，端庄小楷书写，末端盖有皇家“敕命之宝”“广运之宝”方形印章。该诰书保存完好，距今已有440多年。

碑文

书丹勒石，自古以来就是彰显功业、赞许贤能、告慰先人、佑启来者的传世之举。前有霍去病封狼居胥、李斯刻石琅琊，后有天安门前的人民英雄纪念碑，功德永昭，青史永垂。

德平古镇，先贤辈出，凭一寸丹心、满腹才华而报国家、惠民生、兴文学、敦风俗者甚众，风范遗世。百姓感念，碑刻颇多，记录在册的有21篇，现择其要者录入。

夏河筑堤碑记

〔南朝宋齐间〕明僧绍[①]

维有宋元嘉二年秋七月，平昌笃马河冲决古堤，民以柳笼土，葺苇而为遏，坏溃无已，功消千百。县令周云霖雨省视，上下形势熟在心臆。

乃达郡州，用集厥役。州许立功乡境，茂绪前基。云以兹津远注大河，来经平原，往滥无棣，回流两岸，其势郁濛，涛怒湍激急疾，一有浸啮，弥原漫野，奔腾之变，害在庐田。

盖昔有鬲君之所常蹙，而前平原相之所不能治，于以跋涉躬亲，经之营之。比率百姓，肇理畚挶，伐木北原，征匠责治。迤立坚垒以束鸿波，随疏积土以泻悍涛。当此之时，鼛鼓肆兴，登薨靡辍，而川无滞越，水土通演，未半年而工程攸毕。

斯乃奠居之嘉绩，而息土之永规也。昔禹修川河，《书》志其功；稷躬禾稼，《诗》列于雅。夫不惮劳谦之勤，奋图其职，定害安民，恶得浸没而不章焉？故伐石纪功，昭贤于后。

① 明僧绍（？—483），字休烈，德平人，一字承烈，南朝宋、齐隐士，经学家，遁还摄山，建栖霞精舍居住。齐永明年间，征国子博士，没上任，卒。

朝奉郎刘公墓志铭

〔宋〕黄庭坚

君讳禹，德州德平人，字希俭。年二十，举明法及第，补栾城尉。名能捕盗，奏徙藁城尉，藁城盗为不发。调德荣主簿兼县事，监井淡而征不除，君为岁蠲四十万。罢官，民追送之。又为永州军事推官，权邵州武冈县。武冈溪洞蛮蜂出，烧民积聚，郡治兵，令民入保。君从数骑入其巢穴，晓以祸福，其酋请杀始事者二人以平。以忧去，服除，授资州录事参军兼司法事。始至，将佐皆易之，见其决狱，乃大惊，郡有难办事，辄倚君。改大理寺丞，知北海县。俗喜屠牛私酤，君阴籍其姓名区处，具疏壁间，民相告曰："是不可犯。"迁太子中舍，知乐寿县事。迁殿中丞，改奉议郎。乐寿、南皮县金堤两间，使者度缮堤以障水，利南皮而害乐寿。南皮令以私书诱乐寿仕家子，得其愿状，告部使者，使者下书问抑民状。君会民金堤，乃得南皮私书，而焚之曰："南皮令亦欲自便其民，顾不善谋耳。当报以德。"以"愿者寡，不愿者众"报使者。通判汾州，迁承议郎，恩加朝奉郎。察举吏曹，不忮而趋辨。汾水被堤，稍啮永利西监，君督护作暑雨中，工休乃去，以故得疾。以元祐八年七月丙辰卒，得年五十有九。丧过汾市，多陨涕者。君喜读书，善射，在官居家，长者爱之。德平王英状君行事如此。英言行有物，直可信，故纪焉。君曾大父思齐，大父诚，父芝，皆力田，而芝以君赠奉议郎。娶张氏。继室赵氏，安德县君。男曰槩、宷、粢、桀。女嫁苏某、张潞、郭彦佐、张绎、张颀，有季居室。以元符二年六月丁酉，葬于其县击壤乡之西原。宷墨衰来乞铭，三反而不懈，乃予铭。铭曰：吏优于检奸，或贿或残。勤民惠恤，吏或舞其笔。呜呼！君洁可以驭吏，惠可以扶弱，孰能不克？修恕以德，勤事怠食，瘁不偷息，其施不遐，惟畀之啬。力耕者不穑，尚其子之食。

重修庙学碑记（节选）

〔元〕杨恒[①]

皇元有天下，以夫子之道，保国家、安民生莫不由之。又学校者，敦俗育才在焉。乃循报本之典，究清源之方，笾豆弦诵，遍于海陬。况德平之为县，聆睹皇化为近哉！其尹佐能修典礼之事宜矣。县之学庙毁于金季，前邑长盛谕尝营草堂于故地。至元壬辰

① 杨恒（1234—1299），字武子，兖州人。为人宽厚，任秘书少监，秩满还乡。

秋，今县令阎士安建政谒而叹曰："明时尚文，如此礼乐之所，兹何宜缺。"师生咸曰："人存政举，匪贤尹孰任？"曰："忝长于斯，敢不自勉。"冬十二月，主簿杨亨至，谓尹曰："学庙风化之原，今寸功未加，何以为治？君其任此无让。"曰："待吾贤簿共之。"曰："愿从付委。"政暇，乃会教官冯继善与邑之贤者史益让等，定其规制，为役事起本。且请命于廉司，白于州监，赞以月给。县之尹佐偕其属，各输禄半载，四民同称所有以助焉。为大成殿楹四，大成门如之。不徒壮丽，又益丹刻。观者咸曰："不图儒宫之盛，使人敬仰如此。乱后未之见也。"适教官冯继善修德广业，足为众师，故县之尹佐日率众执经问难，访议得失，为学者先，风俗翕然一变。於呼！学庙成矣，礼教兴矣，为政者知所以导民矣，学士济济知向方矣，此邑之贤才盈滋于兹始矣。

葛公祠堂碑记

〔明〕郑洛[①]

公起家嘉靖己丑进士，历官礼部、户部、刑部尚书，御史大夫，晋太子少保，垂四十年所。今上御极三年，乃始得引年悬车，廪禄舆仆之赐蒙恩矣。越三年，拟召拜冢宰而公薨，天子哀悼，下公卿议谥"端肃"，遣官祭葬如例。制曰："可。"方是时，山东巡抚为汝泉赵公，直指使者为次山王君，以士民之请，檄邑令何君创公祠于东门之外。堂以四楹，列两庑，而门坊，而库亭，而宾馆、庖厨，缭以周垣，制称壮丽。公冢孙符卿龙池君，乃以负郭二顷为祭田，走其弟春元今检讨君凤池曦，请于赵、王两公。两公慨给佃户，籍名于官，董其役。

逾七年，代巡西玄韩君，议表名臣，以端风化。又檄有司括帑中羡，秩春秋祀，情文更兼至。顾独未有祠记也，符卿君嚄唶阙事，乃属言于余。往余为方伯时，曾瞻公风采于朝。后余嗣子令公里中，称公家塾美善尤具。符卿君要余言也，余曷其能已。

公生平行谊载传、志，不论。论其祠事之大者，尝闻诸公里人其言之也。当岁时伏腊，修束帛之仪，举禋祀之典，祝史正辞，子孙宗党咸在。其祭则有司主之，齐明盛服，俨对神明矣。诸缝掖之徒，从而后之，恭敬趋跄，咸颂先师矣。彼黄童白叟、妇人女子，过而瞻拜焉，曰："葛公、葛公。"自始祀迄于今，如一日也。余闻而洒然异之。

① 郑洛（1530—1600），字禹秀，号范溪，河北徐水县人。明朝中后期名臣，卒赠太保，谥号"襄敏"。

嗟乎！公何以得此于人心也？语有之："人无所不至，惟天不容伪"。《传》曰："至诚无息，不息则久，久则征。"夫至于征而后考定其人品也已。夫夫也官居台鼎之尊，身致青云之上，亦尘迹幻境耳。能使其身没之后，谥以美名，荣哀满朝乎？能使其仕宦所到，奉为名宦，尸祝遍野乎？能使其乡评不訾议，既推乡贤，复崇专祀乎？公一一备矣。且也有司掌风教者也，来莅者非一人；缝掖善臧否者也，后进者非一士。闾阎父老愚而神者也，更不可得而指数。而尽谁驱之？谁尸之？咸俯首倾心于公，久而勿替也。

故智可以落天地，不可以欺四海；力可以得天下，不可以得匹夫匹妇之心。朱邑祀于桐乡，庚桑楚祀于畏垒，一乡一邑之善，不可没灭，而况公乎？抑闻公升遐之日，上帝尝见梦且召，公里中人梦多符者。公果如梦化去，是岂偶然之故而已耶？正气所磅礴，在天为神，在地为人，神而复为人，人而复为神，贯古今，塞宇宙，不可得而穷极。公庙祀百世，安足多也。昔人谓傅说列星，申公岳降，亶非虚语。当日三公立祀之意，其有见于兹乎？

赵公名贤，汝阳人，官至南京吏部尚书。王君名藻，真定人，今官山东左布政使。何君名倬，杞县人，今官南京京畿道监察御史。皆著功名于缙绅，例得并记云。

新建白麟书院碑记

〔清〕德稜额[①]

邑之书院，原名般阳，雍正四年改为甘露。其后屡经兴废，故址已淹没无存。乾隆丁亥，前令彭公始即治东社学改建敬业书院。乙卯年，前令钟公复重修之。四十年来，剥落摧残，以兴贤育才之地，废为瓦砾之场，实堪悯焉。余于乙亥承乏是邑，即欲捐廉重修，无如专力难成，遂致迁延不果。每月召诸生，暂课于明伦堂，诱掖奖劝，四载于兹。比来鼓舞奋兴，生童日众，知此地人才素裕，特无肄业之区以培植之耳。因与诸生会议，愿首捐俸廉，倡修书院，诸生及绅士踊跃从事，乐为捐输。因地狭隘，乃于南门内购地五亩余，西接学宫，东联奎楼，洵文明之所也。遂即庀材鸠工，阅四月而落成，规模宏敞，远胜于前。考邑志，晋武帝时有白麟见于郊，因名"见麟里"。今取以为额正，以见名胜之地当必有应瑞而兴者矣。诸生等请记于余，爰述创立之由，勒诸贞珉。

---

① 德稜额，青州镶白旗人，清道光十五年（1835）进士。任德平县知县期间，续修《德平县志》，建白麟书院。

后之君子随时而修葺之，俾有基勿坏，足以育人才而培文风，是余之厚望也夫。

诗歌

诗歌，作为一种抒情言志的文学体裁，是展现德平文化的重要载体之一。这些诗歌，既展现了作者与众不同超凡脱俗的文采，又描绘了德平独有的地方景色，同时也表达了与德平难以割舍的渊源。现从中摘录部分，以供赏读。

诒明山宾诗

〔南朝梁〕萧统[①]

平仲古称奇，夷吾昔擅美。
令则挺伊贤，东秦固多士。
筑室非道傍，置宅归仁里。
庚桑方有系，原生今易拟。
必来三径人，将招五经士。

望鹦鹉洲怀祢衡

〔唐〕李白

魏帝营八极，蚁观一祢衡。
黄祖斗筲人，杀之受恶名。
吴江赋鹦鹉，落笔超群英。
锵锵振金玉，句句欲飞鸣。

---

① 萧统（501—531），即昭明太子，梁武帝长子。夙慧，五岁遍读《五经》，编有《文选》三十卷。后人辑有《昭明太子集》。

鸷鹗啄孤凤，千春伤我情。
五岳起方寸，隐然讵可平。
才高竟何施，寡识冒天刑。
至今芳洲上，兰蕙不忍生。

酬孟云卿

〔唐〕杜甫

乐极伤头白，更长爱烛红。
相逢难衮衮，告别莫匆匆。
但恐天河落，宁辞酒盏空。
明朝牵世务，挥泪各西东。

游子吟

〔唐〕孟郊

慈母手中线，游子身上衣。
临行密密缝，意恐迟迟归。
谁言寸草心，报得三春晖。

感别送从叔校书简再登科东归

〔唐〕孟郊

长安车马道，高槐结浮阴。下有名利人，一人千万心。
黄鹄多远势，沧溟无近浔。怡怡静退姿，泠泠思归吟。
菱唱忽生听，芸书回望深。清风散言笑，余花缀衣襟。
独恨鱼鸟别，一飞将一沉。

寄黄几复[1]

〔宋〕黄庭坚

我居北海君南海，寄雁传书谢不能。
桃李春风一杯酒，江湖夜雨十年灯。
持家但有四立壁，治病不蕲三折肱。
想见读书头已白，隔溪猿哭瘴溪藤。

题西山漫兴图（二首）

〔明〕郭谌

（一）

佛寺西林胜，人家乱石巅。
面溪开水阁，逐岭布山田。
磬自云中出，僧从树杪穿。
江湖兴何限，俱落酒杯前。

（二）

梯石凌高汉，攀萝上紫峰。
雄台须纵饮，丹壑几相从。
树鸟看垂帽，山云出荡胸。
翻嫌声利客，同此寄高踪。

葛少宰山房

〔明〕李攀龙[2]

少宰山房北海隈，千林窈窕白云开。
倚窗河势钩盘出，拂槛秋阴碣石来。
鲁国诸生纷授易，汉庭多士满题才。
临流重忆乘槎客，濯足还登万里台。

---

① 原注："乙丑年德平镇作"（宋元丰八年，黄庭坚曾任德平镇监）（《宋诗选注》）。
② 李攀龙（1514—1570），字于鳞，号沧溟，济南历城人，明代著名文学家。

挽葛与川先生

〔明〕于慎行[①]

少年声价省郎游，一节冰霜到白头。
降岳神生星应昴，济川功就壑藏舟。
朱门旧第庭槐冷，落日新阡陇树秋。
犹有故时双鹤在，月寒华表不胜愁。

赋

鹦鹉赋

〔东汉〕祢衡

惟西域之灵鸟兮，挺自然之奇姿。体金精之妙质兮，合火德之明辉。性辩慧而能言兮，才聪明以识机。故其嬉游高峻，栖跱幽深。飞不妄集，翔必择林。绀趾丹嘴，绿衣翠衿。采采丽容，咬咬好音。虽同族于羽毛，固殊智而异心。配鸾皇而等美，焉比德于众禽！

于是羡芳声之远畅，伟灵表之可嘉。命虞人于陇坻，诏伯益于流沙，跨昆仑而播弋，冠云霓而张罗。虽纲维之备设，终一目之所加。且其容止闲暇，守植安停。逼之不惧，抚之不惊。宁顺从以远害，不违迕以丧身。故献全者受赏，而伤肌者被刑。

尔乃归穷委命，离群丧侣。闭以雕笼，剪其翅羽。流飘万里，崎岖重阻。逾岷越障，载罹寒暑。女辞家而适人，臣出身而事主。彼贤哲之逢患，犹栖迟以羁旅。矧禽鸟之微物，能驯扰以安处。眷西路而长怀，望故乡而延伫。忖陋体之腥臊，亦何劳于

① 于慎行（1545—1607），字可远，山东东阿人。明代文学家、诗人，官至礼部尚书、大学士。

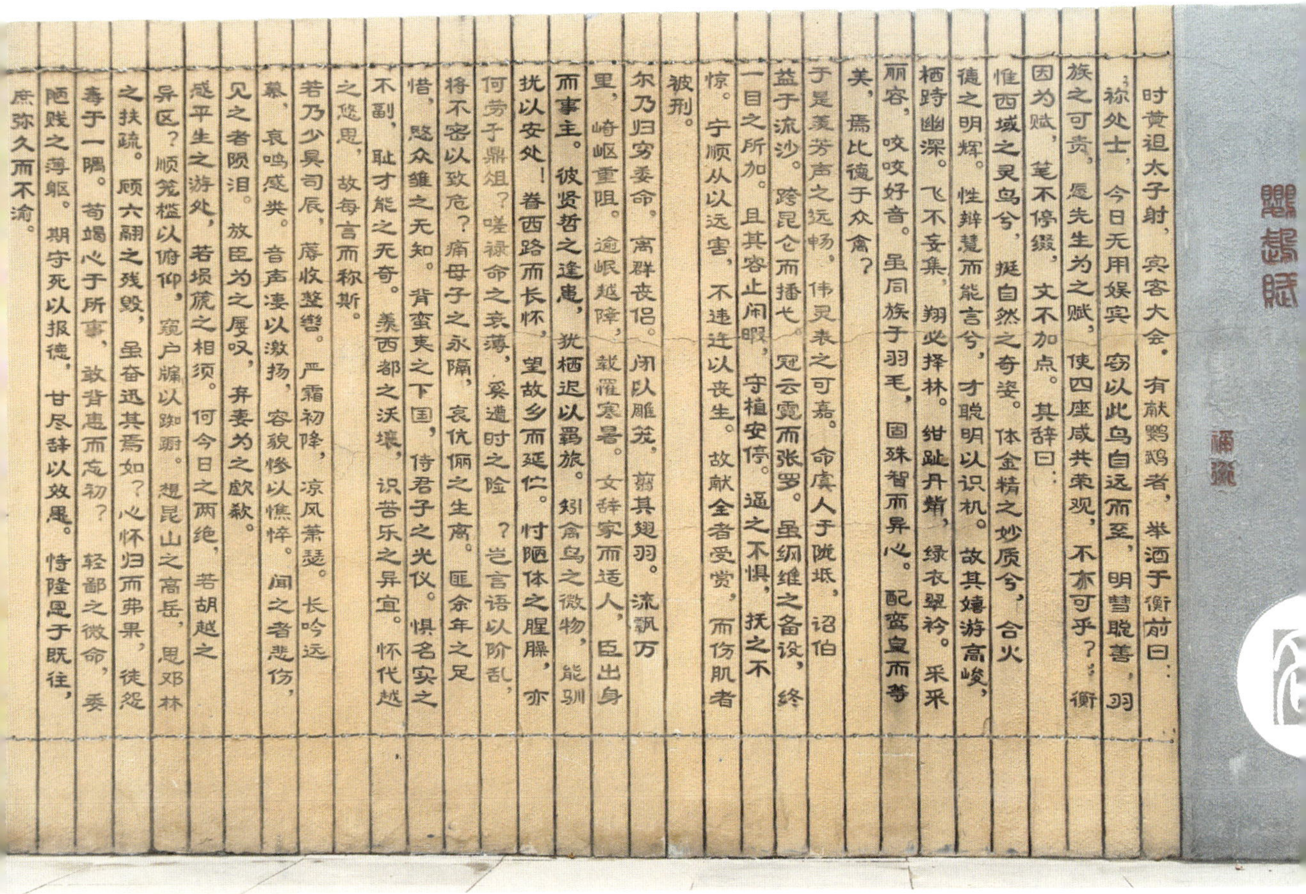

平昌公园鹦鹉赋碑（2017年）

鼎俎？嗟禄命之衰薄，奚遭时之险巇？岂言语以阶乱，将不密以致危？痛母子之永隔，哀伉俪之生离。匪余年之足惜，悯众雏之无知。背蛮夷之下国，侍君子之光仪。惧名实之不副，耻才能之无奇。羡西都之沃壤，识苦乐之异宜。怀代越之悠思，故每言而称斯。

若乃少昊司辰，蓐收整辔。严霜初降，凉风萧瑟。长吟远慕，哀鸣感类。音声凄以激扬，容貌惨以憔悴。闻之者悲伤，见之者陨泪。放臣为之屡叹，弃妻为之歔欷。

感平生之游处，若埙篪之相须。何今日之两绝，若胡越之异区。顺笼槛以俯仰，窥户牖以踟蹰。想昆仑之高岳，思邓林之扶疏。顾六翮之残毁，虽奋迅其焉如？心怀归而弗果，徒怨毒于一隅。苟竭心于所事，敢背惠而忘初！托轻鄙之微命，委陋贱于薄躯。期守死以抱德，甘尽辞以效愚。恃隆恩于既往，庶弥久而不渝。

梅花赋

〔清〕刘春仪[①]

禀乾坤之正性兮，诞罗浮之奇姿。标坚贞之素质兮，佩皎洁之芳仪。岂桃夭槿媚之堪媲，惟松操筠节之足持。于时瑶冰盈砌，璚霰飘墀。蓉脸摧残，褪萧洒文君之绮丽；柳枝凋谢，减风流张绪之腰肢。尔乃亭亭玉骨，冉冉仙肌。披凌霜之劲干，挺斗雪之妖蕤。疏影横斜，随明月以登珠箔；淡香缭绕，逐清风而入罘罳。冷冷紫雾晨梳，似旃檀之喷画阁；袅袅苍烟暮霭，如兰麝之拂彤帷。若夫寒飚乍敛，微雨初晴，瓣已疏兮仍卷，柎既困兮如酲。倚南窗兮欲寐，俯北槛兮才醒。霜禽偷眼，粉蝶舒情。或点寿阳之额，或高庾岭之名。不与芙蕖比艳，岂偕浓李争荣？折一枝兮寄驿使，飞半片兮落江城。伴绮筵兮迟琴韵，对玉斝兮媚篴声。江妃之诏促无烦，而轻盈自赏；何逊之句题不待，而旖旎难并。

噫嘻！东阁幽思，南国佳称。萼绿华去已矣，枝头豆子青青。索笑无复巡檐，探春谁与撷清？踏破岭云无觅处，梦来传野有奇馨。曷不蜚英腾茂，和盐屑于金鼎？而顾沐烟栉露，嚼玉蕊于壶冰也哉！

散文

无论是古代名人，还是当今雅士，都对与德平相关的人文景观，倾注了一份特有的情感。下面所选的一组散文，所选取角度不同，但所表述的那份浓浓的情愫相通。

荐祢衡表

〔东汉〕孔融

臣闻洪水横流，帝思俾乂，旁求四方，以招贤俊。昔世宗继统，将弘祖业，畴咨熙

① 刘春仪（1657—1685），字兰隐，号菊窗。德平县举人李图南之妻，性夙慧，善吟咏。精水墨花卉，词尤工，著有《蜚雪编》《菊窗吟稿》。

载，群士响臻。陛下睿圣，纂承基绪，遭遇厄运，劳谦日昃。维岳降神，异人并出。

窃见处士平原祢衡，年二十四，字正平。淑质贞亮，英才卓跞。初涉艺文，升堂睹奥。目所一见，辄诵于口；耳所暂闻，不忘于心。性与道合，思若有神。弘羊潜计，安世默识。以衡准之，诚不足怪。忠果正直，志怀霜雪。见善若惊，疾恶若仇。任座抗行，史鱼厉节，殆无以过也。

鸷鸟累百，不如一鹗。使衡立朝，必有可观。飞辩骋辞，溢气坌涌，解疑释结，临敌有余。昔贾谊求试属国，诡系单于；终军欲以长缨，牵致劲越。弱冠慷慨，前世美之。近日路粹、严象，亦用异才，擢拜台郎，衡宜与为比。如得龙跃天衢，振翼云汉，扬声紫微，垂光虹霓，足以昭近署之多士，增四门之穆穆。

钧天广乐，必有奇丽之观；帝室皇居，必蓄非常之宝。若衡等辈，不可多得。《激楚》、《阳阿》，至妙之容，掌技者之所贪；飞兔、騕褭，绝足奔放，良、乐之所急也。臣等区区，敢不以闻！

陛下笃慎取士，必须效试。乞令衡以褐衣召见，无可观采，臣等受面欺之罪。

送孟东野奉母归里序

〔唐〕孟简

秋深木脱，远水涵空，升高一望，而客思集矣。而东野于此，复奉母归乡，临崖歧袂，赠别之诗于是焉作也。夫道茂者随物而安，学至者缘情而适。东野学道守素，既以母命而尉，宜以母命而归，应不效夫哭穷途、歌式微者矣。若夫悲秋送远之际，瞻顾黯然，此江淹之所以销魂也，况吾侪乎。

宜疏园记

〔明〕葛守礼

平昌青郊三里许，有园方四十亩，周以垣，南临大道，果蔬花卉杂植其间。中为重垣，内构与川草堂，后建平楼，下为燕处，中取回尘，其上则以眺远。列两厢为储偫，后有土屋倚楼，最后为后乐亭。松竹交映，森森如也。

中门外，依井为莲池，种分红、白，既洁既清，不娇不妖，君子比德焉。此亦物外清区，而林间之别趣，主人自得，有不可以语人者。园名曰“宜疏”，盖南京礼部尚书葛子退老之所也。

人有问者曰："疏有三义：曰狂，曰卤，曰慵，皆非美称。此而曰宜，义何居也？"则应曰："疏者，对密为言也。而何尝有定用？不曰有'疏淡'乎？泊乎势利。不曰有'疏朗'乎？皎然心事。不曰有'疏快'乎？怡然天真。予得意于是，而取快于是，故于园自见焉尔。今入吾园，见田疏而硕，果疏而大，竹木花卉，亭亭各植，不相凌而自适，以至池面鱼游而不可饵，林中鸟啼而不可就。田夫圃子，袒裼歌呼而不可揶揄，而主人者亦徜徉乎其中，时游时息，时踞时卧，命无客酒，吟不韵诗，召子弄孙，以琴以咏，常不觉其日之夕也。故疏惟此园为宜。即如子言，若疏狂，不过放浪形骸；若疏卤，不过颠倒衣裳；若疏慵，不过日高睡起。在此园亦无不可也。夫子赞《易》曰'慎言语，节饮食'，曰'惩忿窒欲'，曰'何思何虑'，而总括之曰'易简'，皆疏之义也。言语疏则气固，饮食疏则脾欢，忿欲疏则心静，思虑疏则心完。疏乎，疏乎，真易简而天下之理得者乎！余既以'宜疏'名园，且将持以终其身，人即号余曰'疏翁'，亦无不可也。"既以语其人，因书以为园记。

祢衡：一个愤青的人生悲剧

林丽霞

教了十多年的书，写了十几万的字。在祢衡故里这弹丸小城，我可以自诩为"书生"了，这样就可以人云亦云地说说书生祢衡了。

既是书生，又生在齐鲁大地礼仪之邦，庙堂之上，像个拍三级片的红粉女郎一样，说脱就脱了，做出这样有伤风化有失体统的事，不是给读书人的脸上抹黑吗？

喜欢骂人，骂曹操，骂刘表，骂黄祖。他以为自己是块金子，早晚会在骂声中熠熠闪光，后来被黄祖给杀了，临死时还大骂不止。天下当权者，是可以骂的吗？

这一脱二骂，脑袋搬了家，却成就了祢衡千古之名。"祢正平裸体骂贼"，几个响当当的字，成为中国古代书生反抗强权张扬个性的文化符号。

十年寒窗，金榜题名。学会文武艺，卖与帝王家。没有哪一个书生不渴望建功立业治国平天下的，祢衡也不例外。"建安初，游许下，达颍川"。当时的颍川，乃荀氏等名门望族所在地。众所周知，曹操重用颍川名士，祢衡想走名士举荐之路。然而，"无所之适"。没有成功的原因很多，可能机遇不到，可能无慧眼识珠的人，更有可能，祢衡不愿意屈己于人。他说自己"天文地理，无一不通。三教九流，无所不晓。上可致君于尧舜，下可配德于孔颜"。这般心性，只愿意以自身才能博取功名，那种"朝叩富儿门，暮随肥马尘”的事是断然做不出来的。

求职未遂之际，孔融上书曹操，“吾友祢衡，其才十倍于我，淑质贞亮，英才卓砾”。“操遂使人召衡至，礼毕，操不命坐”。素有“礼贤下士”美名的曹丞相，这是你的待客之礼吗？热脸蛋贴在冷屁股上，换作别人，当时只能隐忍不发，谁让人家位高权重呢？祢衡却要硬碰硬，点着名字骂曹操手下的人是守墓屠狗的酒囊饭袋，当时张辽就想杀他。曹操说：“此人素有虚名，远近所闻，今日杀之，天下必为我不能容物。”于是命他为鼓吏。

曹操这样做的原因，是因为他觉得祢衡只是“素有虚名”，羞辱他一番，目的是让他夹起尾巴做人。如果他继续恶语相伤，曹丞相有的是办法对付他。另一方面，祢衡是孔融推荐的，当时孔融因为屡次对曹操的政治方案说三道四，已经得罪了曹操。孔融是名门之后，曹操不愿轻易拿他开刀，你祢衡一介草民，为孔融当当丞相的出气筒，又能奈何？况且，你和孔融、杨修是好朋友，背地里没少说丞相的坏话，今日送上门来，不是自取其辱？你以为凡是丞相的肚子里都能撑开船啊！曹丞相可是得撑船时就撑船，比如他对张辽。张原来是吕布手下战将，被俘时视死如归，大骂曹操，不仅没获罪，还受了重用。反之，曹丞相的肚子不想撑船了，“一合酥”那样的芝麻绿豆事，也是掉脑袋的罪。关键是，此时的曹操早已不是白门楼收张辽时那个刚刚起家的曹操了，此一时，彼一时。

丞相盛宴，祢衡着旧衣烂衫，鼓《渔阳三挝》，“音节殊妙，渊渊有金石之声，坐客听之，无不慷慨流涕”。曹操心里自然不受用，找茬问祢衡，为何不穿鼓吏的衣服。祢衡当场脱衣服来换，左右皆以袖遮面。丞相斥为无礼。祢衡说：“欺君罔上乃为无礼，吾露父母之形，以显清白之体耳。”我露露父母赐予的这清白曼妙的身体就是无礼了？你丞相挟天子以令诸侯才是欺君罔上无礼之极呢！然后历数曹操“六浊”，字字句句直刺他软肋。

这般奚落，我看祢衡是不把曹操放在眼里的，既然看不上，又何必颠颠地去呢？就像李白应召离家时感叹“仰天大笑出门去，我辈岂是蓬蒿人”一样，还不都是希望抱上当权者的粗腿，好显显自己的旷世之才？祢衡被赶出曹营时说：“欲成王霸之业，何以如此轻人耶。”在他心里，曹操是能够成就一番王霸之业并能让他施展抱负的人，之所以骂他，是因为他对自己的轻视。他渴望主子待他，是“上马襟，下马迎”的礼遇有加，是“三顾茅庐”的猥自枉屈。求之不得，既失望，又恼怒，便采取了极端的报复方式，演了一出“击鼓骂曹”。说曹操是枭雄，一点都不假，他没有采取别的装模作样的当权者惯用的方法——祢衡，你能耐是吧，不用你，晾干了你，而是把他送给刘表，来个借刀杀人。刘表识破曹操诡计，又把他送给黄祖。皮球一样踢来踢去，祢衡还不总结经验，照骂不误。曹操、刘表还值得一骂，没事你和黄祖那蠢人胡咧咧什么？真就是活够了！咔嚓一刀，终于如愿了。

知人者智，自知者明。祢衡既不了解当权者的心理，又自视甚高，容不得一点别人对他的看不起，他渴望得到当权者的赏识，又极力掩盖这种企盼。当理想与现实发生激烈的冲突时，他不是迂回，而是面对面地交锋。你看不起我，我也看不起你。你羞辱我，我也羞辱你。以卑俗亵渎尊贵，以丑陋戏弄尊严。不给任何人留有余地，也不给自己留后路。借黄祖的刀，愤青祢衡和这个世界彻底做了个了断。

“前身陶彭泽，后身韦苏州”。祢衡或许也应该学学陶渊明、韦应物归隐山林，但他偏又有出仕之心。他变着法地出仕，却又不肯牺牲自己的个性，以为能写《鹦鹉赋》那样的妙文，能鼓《渔阳三挝》那样的妙音，就要风得风要雨得雨了？心事宜明，才华须韫，如果祢衡做人稍微低调那么一点点，或许会给后世留下更多的精神产品。

每天从写着“祢衡故里”的牌坊下经过，天很蓝，水很清，肉很鲜，菜很绿，烟火红尘，太平人间，总觉得祢衡二十六岁那年，走的——让人心疼。

——发表于2005年9月《山东教育》

蹲坐在耳朵里的小村

邓荣河

小村很小，随便竖起一双耳朵，就能够让整个小村安安稳稳地蹲坐在里面。

天还没太亮，大公鸡就开始喔喔地叫鸣了。其实，叫也白叫，很多勤快的农人，比大公鸡醒得都早。现如今，随着农业现代化的一天天普及，农人们用不着再起五更睡半夜地劳作。虽然田地里没有多少农活了，但勤快惯了的农人早就形成了到点就醒的习惯。城里人兴散步，乡下人爱遛弯。无论是曲折蜿蜒的田间小道，还是芳草萋萋的沟坡林间，到处都可以见到乡下人遛弯的场景。或两三个人结伴相走，或组成小队谈笑而行，不紧不慢，不温不火，尽是些知足常乐的惬意，尽是些田园十足的浪漫。

随着牛羊的哞叫一声高过一声，袅袅的炊烟开始从每个院落里次第升起。我没有考究过“人间烟火”一词的最初起源，但在我的骨子里，总认为与乡下的炊烟有关。由于工作原因，我不经常回老家。偶尔回老家一趟，往往是还没到村口，最先见到的总是那些慢慢升腾着的炊烟。一时间，一种浓浓的乡愁油然而生，耳畔不知不觉间回响起老母亲在灶台前烧干柴的噼啪声。那声音尽管很微弱，但听来特亲切——听到它，那些六神无主的饥饿，便切切实实地拥有了着落。

村头有一棵大槐树，高高的枝杈间架着些大小不一的喜鹊窝。长尾巴的花喜鹊们，一年接一年地孵化着越来越风流的蛋。于是，大树上的花喜鹊一年比一年多，每天都有叽叽喳喳的叫喜声不绝于耳。其实，小村的很多喜不用叫，也没法叫，一天比一天富裕的小村可以说天天有喜。东家的二伯家新添了大胖小子，西家的四叔家买了豪车；南头的后生考上了名牌大学，北边的姑娘在大都市拥有了自己的公司……至于，那些登不上大雅之堂的小喜，有的是，自然成不了街头巷尾的谈资。

随着夜幕的降临，小村中心的小广场成为村民们聚集的中心。不知啥时起，跳广场舞也成了大妈大婶们每晚的必修课。伴着欢快的节奏，或在前排极为熟练地翩翩起舞，或在后边一招一式地进行模仿练习，人人满头大汗，人人沉醉其中。那些庄稼汉们，知趣得很，退于广场一隅，摆开龙门阵——“概不外传”的祖传秘方，永远也不怕走光的乡间绯闻，行家里手的传经送宝……人人都是小村的名嘴，件件都是小村的头版头条……

当然，最热闹当属每年的麦收、秋收。随着大型收割机的一阵阵轰鸣，低着头的麦穗谷穗们没了高度，多了风度，添了力度——金灿灿着乡下人的喜悦，争抢着成为国徽上最抢眼的象征。至于那些来回拉运粮食的拖拉机、三轮车，更是奔跑得上气不接下气，一辆辆“突突”着焦急，“突突”着喜悦。于是，一时间乡间小道被挤压得龇牙咧嘴，大街小巷被折腾得汗流浃背。丰收的喜悦，写满了小村人的额眉……

——发表于2008年12月《山东教育》

著作述略

葛守礼 著《葛端肃公文集》《葛端肃公家训》等书。《葛端肃公文集》刻本较多，有 18 卷本和 10 卷本两个系统。18 卷本含文 16 卷、诗 2 卷，现存有明万历十年（1582）赵贤刻本、清乾隆五十六年（1791）钟大受刻本、清嘉庆七年（1802）葛周玉树滋堂刻本。清嘉庆本有葛周玉《重刻序》，述各本刊刻始末非常详细。葛周玉付刻底本今藏北京师范大学等单位图书馆，七册装，版心下印“棣等山房”4 字。

《葛端肃公家训》2 卷。与《颜氏家训》等书不同，此书是以纪传的形式，记录葛守礼一生的所作、所断、所思、所行，是对葛守礼执政思想的记录和总结，并通过这些记录，传递给后代做人、做事、执政、持家、善行、友邻的规范指南。所以乾隆《山东通

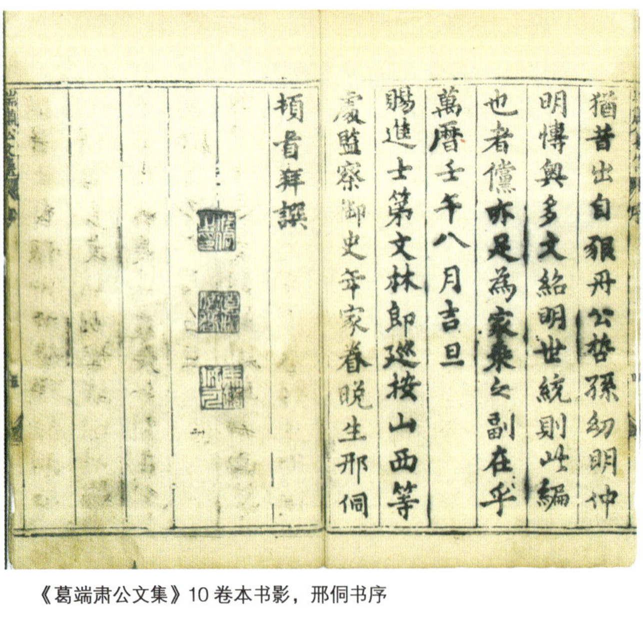
猶昔出自狠冊公哲孫幼明仲
明傳與多文紹明世統則此編
也者儻亦足為家乘之副在乎
萬曆壬午八月吉旦
賜進士第文林郎巡按山西等
處監察御史年家眷晚生邢侗
頓首拜譔

《葛端肃公文集》10 卷本书影，邢侗书序

志》将其列为史部传记类。国家图书馆、山东省图书馆等单位藏清嘉庆七年（1802）葛周玉重刻本，有葛周玉跋：“原稿前署视履家训，后署平昌逸叟与川子。”共 2 卷。葛周玉重刻本馆存较多。

葛引生 著《东山论草》《家礼摘要》《东山余墨》及《四书说》《易学指掌》《左传汇语》《过庭纪闻》等书。

《东山论草》3 卷。刻于明隆庆三年（1569）。乾隆《山东通志》据康熙《德平县志》著录，未标卷数。

《家礼摘要》5 卷。刻于明万历二十五年（1597）。乾隆《山东通志》据康熙《德平县志》著录，康熙《德平县志・艺文》载于慎行序。

《东山余墨》5 卷。明天启元年（1621），康丕扬作序，葛如麟作跋，乾隆《山东通志》据康熙《德平县志》著录，未标卷数。

以上 3 种刻本，清华大学图书馆、山东师范大学图书馆藏清嘉庆九年（1804）东山葛氏树滋堂刻《东山葛氏遗书》本。《四书说》4 卷，《易学指掌》2 卷，《左传汇语》2 卷，《过庭纪闻》2 卷，今皆不存。

葛昕 著《集玉山房稿》《郎中疏草》《易经本义详解》《通鉴人物要编》《葛符卿公尺牍序说》。辑《校刻孝经》《秘传阳宅要诀》《端肃公名臣记》《端肃公哀终录》《葛夫

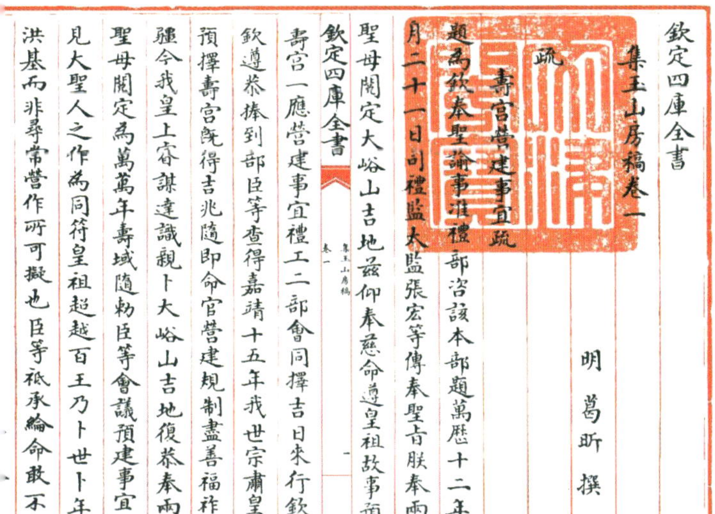
欽定四庫全書
集玉山房稿卷一
明 葛昕 撰
疏
壽宮營建事宜疏
題爲欽奉聖諭事准禮部咨該本部題萬歷十二年九
月二十一日司禮監太監張宏等傳奉聖旨朕奉兩宮
聖母閱定大峪山吉地茲仰奉慈命遵皇祖故事預作
壽宮一應營建事宜禮工二部會同擇吉日來行欽此
欽遵恭捧到部臣等查得嘉靖十五年我世宗肅皇帝
預擇壽宮既得吉兆隨即命官營建規制盡善福祚無
疆今我皇上睿謀遠識親卜大峪山吉地復恭奉兩宮
聖母閱定爲萬萬年壽域隨勅臣等會議預建事宜仰
見大聖人之作爲同符皇祖超越百王乃卜世卜年之
洪基而非尋常營作所可擬也臣等祗承綸命敢不殫

葛昕著《集玉山房稿》，文渊阁《四库全书》刻本

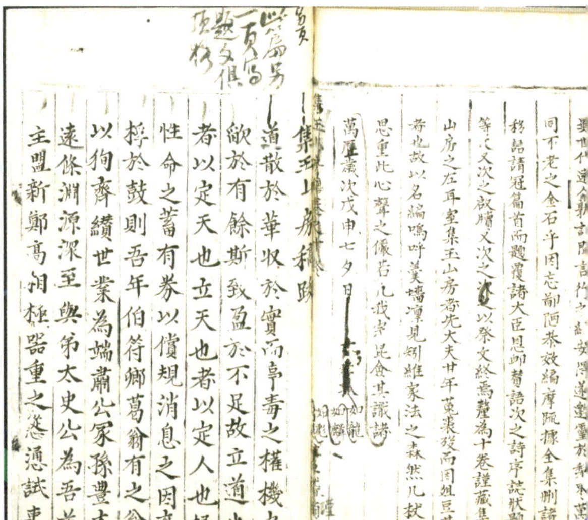

《集玉山房稿》誊抄本

人哀终录》《四代表传》《葛太母传》《集玉山房集古法书》。

《集玉山房稿》10 卷。刻于明万历四十三年（1615）。国家图书馆藏有清抄本，即《四库全书》底本；山东省博物馆藏清嘉庆九年（1804）葛周玉树滋堂刻本。《四库总目提要》曰："是集为其子如龙等所编，凡疏一卷，赞语一卷，诗一卷，序一卷，志、状一卷，记、铭、跋一卷，启一卷，书二卷，祭文一卷。"

葛曦　著《葛太史公集》。《葛太史公集》5 卷，清康熙元年（1662）刻。康熙《德平县志》云"有文集五卷行世"。乾隆《山东通志》作《葛太史集》。《四库全书存目丛书》据清华大学图书馆藏清嘉庆八年（1803）葛周玉树滋堂刻本影印。今山东省博物馆、南开大学图书馆等亦有此刻本。

葛如麟　著《葛宪使公集》《祀典管见》《丁丑吟》《德平文献考》《拙宦自状》《葛符卿公年谱》《葛端肃公族谱》。辑《葛符卿公行录》《历代帝王歌》《痘书》《痘疹括》《小儿语》等书。

《葛宪使公集》4 卷。山东省图书馆藏清嘉庆八年（1803）葛周玉树滋堂刻本，卷一诗、议、说、杂著，卷二序、记、题跋、祭文、传，卷三行状、行述，卷四墓表、墓志。

葛元福（1622—1697）　字向五，号谦斋。顺治十一年（1654）拔贡，官湖广长沙府同知，乡人称"钦简"。著《纲鉴策题》《传记合刻》《种花草》《读书录》等书。

葛曦主要著作《葛太史公集》
乔明德　提供

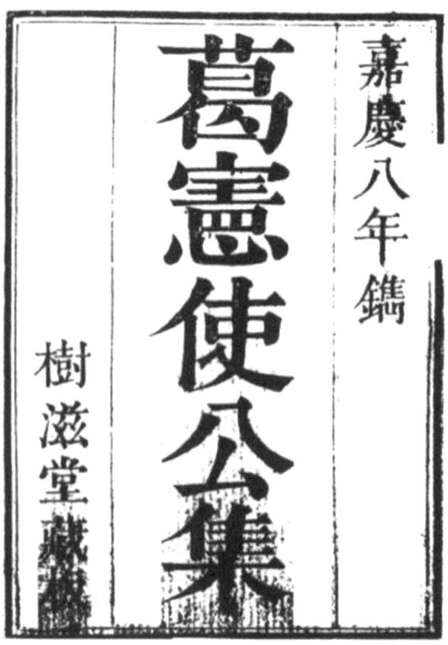

葛如麟著《葛宪使公集》，嘉庆八年（1803）树滋堂刻本

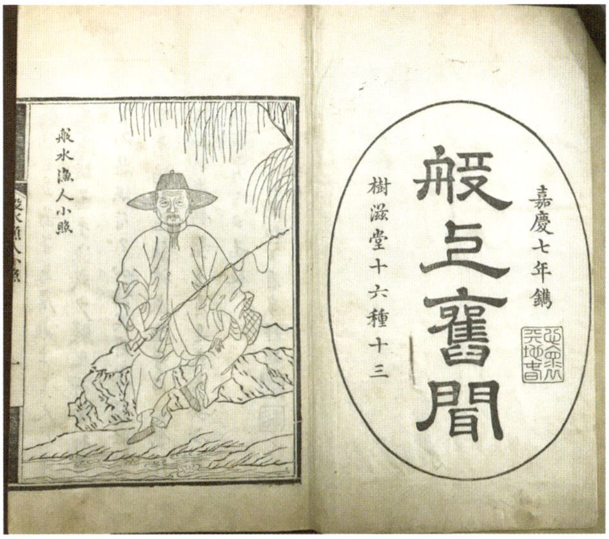

刻本《般上旧闻》，今藏中国社会科学院情报所

葛椝（1671—？） 字曾若，号述谦，又号思斋。著《思斋遗稿》、《思斋闲话》、《思斋遗稿》1 卷、《思斋闲话》1 卷。

葛周玉（1735—1805） 字溪璜，号振亭。乾隆三十年（1765）拔贡，乾隆三十五年（1770）恩科副榜。官山西泽州府凤台县知县。著有《般上旧闻》4 卷、《般上草堂》6 卷。

《贩书偶记》录有《般上旧闻》清嘉庆七年（1802）刻本，在中国科学院有存；由杜泽逊主编的《山东文献书目》中只著录稿本，而没有著录刻本。稿本《般上旧闻》6 卷，藏山东省博物馆，2 册装，每册各 3 卷。

德平部分历史人物著述一览表

表 6

姓名	朝代	著述
明山宾	梁代	《吉礼仪注》224 卷、《礼仪》20 卷、《孝经丧礼服义》15 卷
明克让	隋	《明克让文集》20 卷、《孝经义疏》、《古今帝代记》、《续名僧记》
孟　诜	唐	《食疗本草》3 卷、《必效方》3 卷、《补养方》3 卷、《家祭礼》1 卷、《丧服正要》2 卷
孟　简	唐	《咏欧阳行周事并序》、翻译《大乘本生心地观经》
孟　郊	唐	《孟东野诗集》10 卷
郭　谌	明	《草韵辨体》5 卷
葛守礼	明	《葛端肃公文集》18 卷、《葛端肃公家训》2 卷

续表 6

姓名	朝代	著述
葛引生	明	《东山论草》3 卷、《家礼摘要》5 卷、《东山余墨》5 卷、《四书说》、《易学指掌》、《左传汇语》、《过庭纪闻》、《东山葛氏遗书》
葛　曦	明	《葛太史公集》5 卷
葛　昕	明	《郎中疏草》、《集玉山房稿》10 卷
葛如麟	明	《葛宪使公集》4 卷
朱时化	明	《贺刘镇寰食饩序》
朱时显	明	《先师家事辨》1 卷、《春秋集说》4 卷
朱长印	明	《国朝山人修龄宋君传》
朱长泰	清	《画一法律疏》、《酌财赋以裕国用疏》、《陈荒政以弭盗源疏》、《周易致一》6 卷、《二帝三王年编》4 卷、《主敬斋遗稿》4 卷、《步天歌》1 卷、《奇方集史》2 卷、《修真节要》1 卷、《先师孔子家事辨跋》、《朱氏族谱》等
葛元福	清	《种花草》1 卷、《纲鉴策题》4 卷、《读书录》1 卷
葛　渠	清	《思斋闲话》1 卷、《思斋遗稿》1 卷
郭重熙	清	《春秋国事便览》3 卷、《姓氏原来》2 卷
弭惠溥	清	《中西年表》《历代大事年表》
葛周玉	清	《般上草堂》6 卷、《般上旧闻》4 卷
李同楠	清	《兰坡诗钞》2 卷
李敬修	清	《望云吟稿诗钞》
李树芳	清	《般阳觉公诗文集》
孙清峰	清	《振聋集》
刘旮仪	清	《绯雪编》《菊窗吟稿》
张安禔	清	《认识论》1 卷
郭长清	清	《纪游诗钞》《脉诀心要》
李法中	清	《读书札记》《指南吟稿》
孙希适	清	《四书典核类联》《古体杂咏》
刘长盛	清	《本邑节孝录》
李时敏	清	《逊志斋诗钞》
孔照珩	清	《杞园集》14 卷
阎翥鹏	清	《玉晖堂制艺》《绿雨山房试帖》各 1 卷
郑云鹏	清	《秋农遗稿》
张学文	清	《格致录》《遁斋集》《三鳣堂稿》
孙应骐	清	《慎终编》《文庙通祀考》

续表 6

姓名	朝代	著述
张　朴	清	《经史摘要》
李　根	清	《方村笔谈》
朱履庆	清	《德平县文献汇略》《平昌八景书画跋》《先邑人义助陈侯文》《吊古鬲城赋》《朱文懿先生行录》
朱其夏	清	《孔林泰山游序》
朱世官	清	《重修庙学碑记》《疏财息事记》
朱　博	清	《寿文邑侯序》《朱涵施锦衣记》
朱　传	清	续编《德平县文献汇略》12 卷
李图南	清	《息园稿》
郭云驭	清	《闻见书钞》4 卷、《眉士余笔》2 卷
郭晋光	清	《玉韫斋集》
宋国祚	清	《西郊老农闲咏》2 卷
刘允德	清	《默斋杂俎》2 卷

书画作品

承载德平厚重文化底蕴的书画艺术，在德平溯源已久。早在北宋时期，被称为“宋四家”之一的黄庭坚任德平镇监虽时间不长，却为德平留下精美的诗文和“尚意”的书风，德平书风亦由晋人的“尚韵”、唐人的“尚法”融入宋人的“尚意”。至明代，世人称“诗、书、画”三绝的郭谌（1476—1534），为德平镇郭家村人。自幼聪明好学，博涉五经，见解卓越，精六书，善绘画，著有《草韵辨体》《四体千字文》《名贤法书》《草诀百韵》《同升歌》《集古千文》等书法名帖。所著《草韵辨体》，明万历帝题跋赞曰：诚墨林之遗轨，草圣之楷模也。其《四体千字文》现存临邑文化馆。郭谌《西山漫兴图》

（现存故宫博物院），集诗文、绘画、书法为一体，时称“三绝”精品。现代的黄居祥（1908—1954），临邑县德平镇丁家庄人。幼时就读于白麟高小，后毕业于省立三中。擅长工笔画和漫画。1936年离家参加抗战，先后在山东省立第四民教辅导区、第五战区动员委员会宣传队工作，用漫画、话剧等形式从事宣传工作，后在安顺办事处守护故宫国宝期间，他走遍了周边苗族村寨，创作了大量反映当地风俗的写生作品，在搜集和挽救西南少数民族服饰的工作中取得重要成就，获文化界高度评价。1950年，根据在安顺采风而创作的画作《安顺牛场》，所表现的是20世纪40年代，安顺赶场时各族同胞聚在一起交易的热闹场面。该作品后被贵州省安顺市获悉，给予高度评价，被称作“安顺的清明上河图”。黄居祥创作的大量反映安顺民俗服饰的作品，得到张大千、马衡、董作宾、朱家济、庄严、刘娥士等大家赞赏，国画大师张大千誉其为“西南之美”。

当代德平更是涌现大量的书画人才。全国书法家协会会员2人：段成桂、葛汝清。段成桂，字伯硕，任全国政协常委、中国文联副主席、中国书协顾问、吉林省书协名誉主席、吉林省博物院名誉院长、吉林省文史研究馆馆长、民进中央开明画院副院长。第一届中国书协理事，第二、三届书协常务理事，第四、五届中国书协副主席兼鉴定评估委员会主任。葛汝清，山东临邑德平镇葛老庄人，山东省德州市书法家协会原常务副主席，任德州市书法家协会顾问、山东省书法家协会理事、中国书法家协会会员，其作品多次在国家和各省、市级书画展中入展并获奖。山东省书法家协会会员4人：王占山、王宗普、付俊红、丁翠芬。全国美术家协会会员1人：张英才，中国美术家协会会员、中国摄影家协会会员、致公党中央文化委员会委员、中国美术家协会编审，供职于中国美术家协会展览部，其作品多次在国内外展览中展出并获奖，并被国内外多家博物馆和藏家收藏。山东省美术家协会会员4人：王占山、沈鸿兰、曹强、郭彩霞。德平的书画爱好者在德平书画名家的带动下，积极推动德平书画事业的发展，开设有兰亭书院、春雨画室、学校内的书法大课堂等，邀请中国书协会员宋凤华、黄勇骏、王玉强等到德平指导。德平李恩东、陈振华、任德志等人经常到临邑县书协主办的书社去学习。陈振华、刘雪梅夫妇指导的学生多次在省、市书法比赛中获奖，培养出一批又一批的书法爱好者，为传承德平书法事业做出贡献。

书法绘画作品选

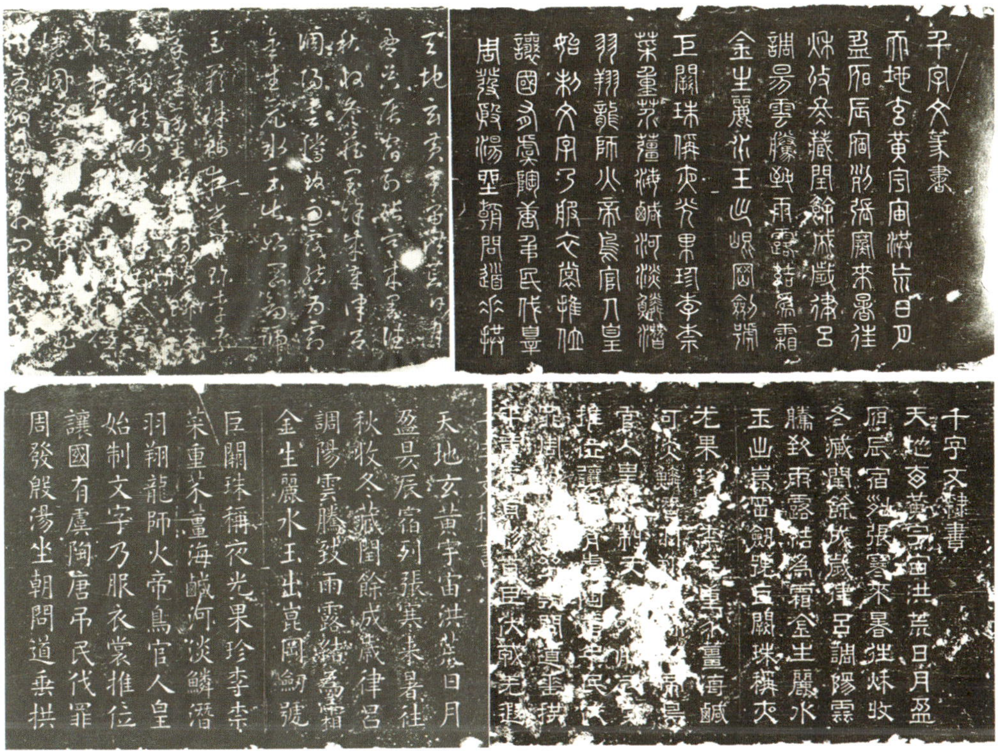

郭谌《四体千字文》（现存临邑文化馆）

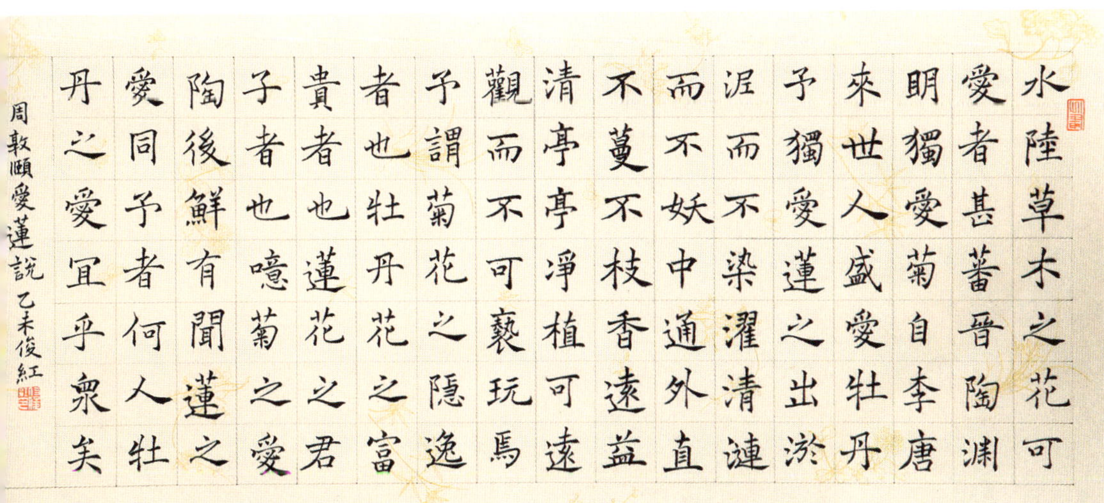

付俊红《周敦颐爱莲说》

葛汝清《松鹤延年》

黄居祥《安顺牛场》

张英才作品

王占山《寻幽图》

曹强《苏武牧羊》

郭彩霞作品

富贵牡丹图

释文：
千山鸟飞绝，万径人踪灭。
孤舟蓑笠翁，独钓寒江雪。

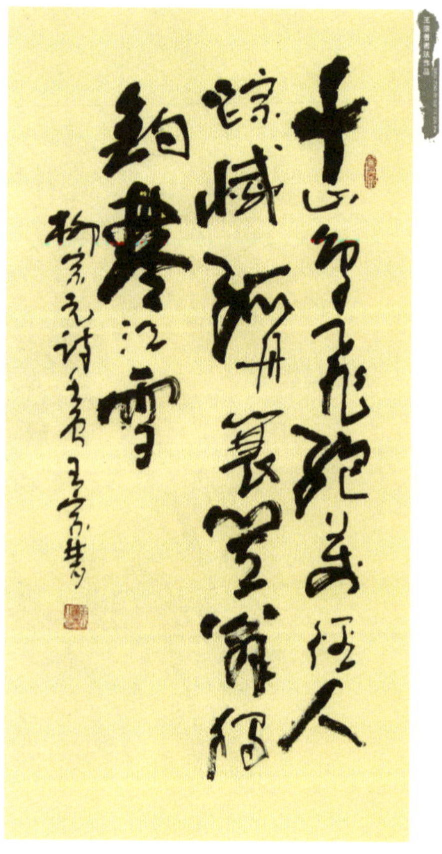

王宗普、沈鸿兰夫妇作品

名人与名镇

2000年来，德平及任职德平的仁人志士，在朝心忧天下，在野德惠乡里，其道德文章、情怀功业，理当铭记。据不完全统计，德平历史上涌现出文学名士10余人，郡王3人，驸马1人，侯7人，子爵1人，男爵1人，从一品2人，国子祭酒1人，国子博士6人，刺史8人，太守10人，明清以降进士10余人、举人70余人。近现代又涌现出许多著名人士。

人物传略

高诩（？—37） 字季回，平原般县（今德平镇）人，东汉经学家。其祖父高嘉是汉元帝的老师，传授过元帝《诗经》，官至上谷太守。高诩的父亲高容在汉哀帝、汉平帝年间担任光禄大夫。高诩也被征入朝中拜为郎中。王莽篡位之后，高诩父子不愿为其效力，自长安逃脱拒不为官。光武帝刘秀即位以后，大司农宋弘举荐高诩为官，历任郎官、符离长，后来担任了朝中博士，专门研传《鲁诗》。他为官清正、学识渊博，官至大司农。汉光武帝建武十三年（37），高诩在任上去世，朝廷赐给钱和墓田。

高诩作为博士，在两汉交替之际，对于《诗经》的传承有一定的贡献。《后汉书》《德平县志》有传。祀乡贤祠。

陶丘洪（生卒年不详） 字子休，东汉平原鬲县（今德平镇）人。清达博辩，文冠一时。与鲁国孔融、陈留边让齐名。州郡以礼任命，推举为孝廉，不去就任，后征召到太尉府。

时河东太守史弼因故得罪宦官侯览，遭其诬陷，获罪，下诏狱，陶丘洪等奔走朝廷申诉。孝廉魏劭毁坏自己的形貌，变换自己的服装，假作家僮，看护史弼。魏劭与同郡人把郡里的寺邸卖了，向侯览行贿，得以减死罪一等，送左校劳动改造。当时人有对此事讥议说："平原行贿以免史君之罪，岂不是愚蠢。"陶丘洪说："从前文王被纣拘于羑里，闳夭、散宜生怀金送纣，纣免了文王的罪。如今史弼遭了祸患，正义之士因此献宝，这有什么可以怀疑的呢！"讥议的人就无话可说了。

陶丘洪有名于世，以俊秀为后进冠盖。卒年仅 30 岁。

祢衡（173—198） 字正平，东汉末名士，文学家，平原郡般人（今德平镇小祢家村人）。从小聪敏好学，成年后博学多识，善辩好胜，为人刚直，崇尚气节。

东汉末年，民不聊生。黄巾起义导致地方豪强拥兵自重。曹操接受荀彧"奉天子以令不臣”的建议，迎汉献帝迁都许昌，颁布《求贤令》，唯才是举，延揽天下英才。祢衡因战乱避难荆州，听闻汉献帝定都许昌，满怀报国热情前往。准备晋见汉献帝陈述治国方略。但他以汉献帝为正统，存心扶危济倾，有志匡扶汉室，不屑于和把持汉室大权的曹操及其部下交游，唯与鲁国孔融及弘农杨修交好。孔融深爱其才，几次向曹操推荐他，他却“素相轻疾，自称狂病，不肯往，而数有恣言”。对曹操很是轻慢。

当时曹操三败吕布，新定兖州，为同袁绍、袁术争锋，图谋招安刘表，稳固后方。谋士贾诩因刘表为江南文坛领袖，建议以文学之士前去，便于沟通。荀攸推荐了孔融，孔融借机再次推荐祢衡，并上疏汉献帝，即著名的《荐祢衡表》，盛赞其才：“弘羊潜计，安世默识，以衡准之，诚不足怪。……帝室皇居，必蓄非常之宝。若衡等辈，不可多得。”遗憾的是，汉献帝不能自主，以表付操。

曹操因祢衡狂言，心中已经怀恨，因才颁求贤令，祢衡又素有才名，不敢杀他。听说其善于击鼓，便召他为鼓史，想要杀杀他的锐气，再确定出使荆州之事。于是在建安二年（197）正月大会宾客，检阅鼓史们的鼓曲。所有鼓史击鼓前都要脱掉原来的衣服，换上鼓史的专门衣服。轮到祢衡上场时，演奏《渔阳》鼓曲，表情姿态与众不同，曲调节奏铿锵悲壮，听到的人无不受到感染，慷慨流涕。因为是曹操特召其为鼓史，所以他一直走到曹操面前。主管礼乐的小吏呵斥他说：“为何不换衣服，就敢轻率进见？”他说：“好！”于是先解外衣，接着脱掉剩下的衣服，赤身裸体站在那里，取过鼓史的衣服慢慢穿好，神色自若地再次击鼓之后离开。曹操笑着说：“本想羞辱祢衡，没想到反让祢衡羞辱了我。”

孔融回来后数落祢衡，顺便说了曹操求贤诚意，他答应出使。孔融再次拜见曹操，说他患有狂病，现在请求亲自来谢罪。曹操大喜，命令门卫有客人来马上通报，并等他到很晚。祢衡却着单衣，缠头巾，拿木棒，坐军营门口，用木棒捶地大骂。守营军士汇报上来，曹操很是生气，对孔融说：“祢衡这小子太狂妄了，我要杀他，就像杀死麻雀、老鼠那样容易，但此人素有虚名，杀了他会使四方豪杰认为我无容人之量。现在就让他出使荆州，招安刘表，看看他的本事怎么样。”祢衡因其不是汉献帝诏令，拒不奉命，被曹操派人强行送到荆州。

刘表是汉室宗亲，汉末清流名士领袖，荆州学派创始者。祢衡初到荆州，和刘表相处得很愉快：“衡辩于言而克于论，见荆州牧刘表日，所以自结于表者甚至，表悦之，以为上宾。”他和刘表虽同为清流名士，但志向并不一样。他想依靠刘表逐鹿中原、匡扶汉室，刘表却只想坐拥荆州、安享太平。《后汉书·刘表传》载："表招诱有方，威怀兼洽，其奸猾宿贼更为效用，万里肃清，大小咸悦而服之，关西、兖、豫学士归者盖有千数，表安慰赈赡，皆得资全……爱民养士，从容自保。"没有更远大的志向，分歧渐显，祢衡对刘表也逐渐轻慢，刘表不能容忍，遂将他推荐给江夏太守黄祖。

祢衡在江夏替黄祖做文书方面的事，轻重缓急、内外亲疏都处理得很恰当。黄祖曾拉着他的手说："先生所做文章，正合我意，和我心中要说的话一样啊。"黄祖的长子章陵太守黄射，对他尤其友善，两人经常一起交游切磋。一日，二人出游共赏蔡邕所作的碑文，黄射甚是喜爱，回家后后悔不曾抄录。他说："吾虽一览，犹能识之，其中石缺二字，为不明耳。"随手写出，黄射急速派人抄写碑文，回来核对，一字不差，众人叹服。一次，黄射宴请宾客，有人进献一只鹦鹉，黄射端着酒杯对他说："希望先生为鹦鹉作一篇赋，为大伙助兴。"他提笔就写，文不加点，一气呵成，文辞华美，令人叫绝。此即传世名篇《鹦鹉赋》。

黄祖一介武夫，胸无大志。祢衡目无余子，不善周旋，两人渐行渐远。建安三年（198），黄祖在艨冲舟上大会宾客，祢衡出言不逊，使黄祖很难堪，就呵斥他，他对骂说："死锻锡公（死老头）。"黄祖大怒，命人用军杖打他，其更是大骂，黄祖遂令绞杀。黄祖主簿素来嫉恨祢衡，即刻就执行了。黄射得知消息后，光着脚赶来相救，为时已晚。一代英才，壮志未酬，就此陨灭，时年 26 岁。

祢衡故里（摘自 1933 年《山东古迹名胜大观》）

黄祖酒醒后也非常后悔，命人将他厚葬于鹦鹉洲边。仁人志士过此，多所咏叹。李白曾有诗凭吊：“才高竟何施，寡识冒天刑。至今芳洲上，兰蕙不忍生。”此鹦鹉洲于明末被江流冲毁后消失，清雍乾年间，汉阳南门外江边又新淤出一个沙洲，名“补课洲”，嘉庆年间更名为“鹦鹉洲”。光绪二十六年（1900），在其上重修祢衡墓，石建，方形，古朴别致，至今尚存。

祢衡故里小祢家村，90 年前已成废墟，但“祢衡井”在淳朴乡民的守护下，历近 2000 年风霜依然甘洌。1933 年，德平县长戴章民，勒石立碑于井旁，碑高两米，正面刻有“祢衡故里”4 个大字，今已毁。德平人民为纪念祢衡，以现存祢衡井为中心，在小祢家村原址建设了祢衡公园。

其著作原有 4 卷，现已失传。仅有《吊张衡文》《鲁夫子碑》《颜子碑》《鹦鹉赋》传世。

明僧绍（？—484） 字休烈，一字承烈，南朝宋齐年间德平后明村人。通晓经书，有儒术，关心民生。宋武帝元嘉二年（425）七月，明家村西北笃马河（今马颊河部分河段）冲决古堤，他立即会同县令周云报告州官，用半年的时间完成了笃马河的疏通、加固工程，并作《夏河筑堤碑记》记述此事。

明僧绍

宋元嘉年间，他两次被举荐为秀才。当时秀才并非明清时期一般读书人的泛称，而是源于汉武帝元封四年（前 107）的举荐制度，命公卿、诸州每年举荐秀才 1 名，意为优秀、卓异人才。南北朝时尤为重视，非有大学问、大智慧、大德望者不能被察举。他没有应征，而是到长广郡崂山聚徒讲学，从者甚众。

宋永光元年（465），镇北府征召他为功曹，没有赴任。第二年，淮北四州被北魏攻陷，他随家族南迁至建康（今南京）。宋泰始六年（470），征召他为通直郎，没有应征。南迁后，不再设帐讲学，无经济来源，又坚不出仕，导致生活困难。无奈之下，于宋升明元年（477）因乏粮随其弟青州刺史明庆符到郁州（今连云港）生活，住在弇榆山栖云精舍，每日流连山水，绝不参与其弟政务，一次也没有进过郁州城。宋升明二年（478），萧道成任太傅，延揽天下英才，以大礼聘请明僧绍、顾欢、臧荣绪 3 人，征召他为记室参军，也没有去。

宋升明三年（479），萧道成以齐代宋，为齐高帝。他十分仰慕明僧绍的道德学问，专门下诏：“朕侧席设座，以待贤士，心中怀想尘俗之外的隐者。齐郡明僧绍志向高远，潜心钻研古代典籍，学问高深，节操高洁坚贞，应当加以褒奖。”征召他为员外郎，称病没有应征。随后，齐高帝给崔思祖写信说：“明居士志向值得敬重，我以前的旨意竟然没有传达给他吗？天气稍凉，想举办讲习之事，请明居士讲授，你可以到他那儿，把我的意思全部告诉他，让他和明庆符一块回来。”信中还说：“伯夷、叔齐不吃周朝粮食却采食周朝野菜，在古时候尚且受到人们非议，现今难道能止息这些谈论吗？聊作笑谈。”终究还是没有如愿。齐建元二年（480），明庆符解除职务，僧绍随其返回建康，定居摄山。齐高帝已知他无意仕途，对明庆符说：“你的兄长不为王侯之事操劳，也算是尧的方外之臣了。朕虽然没有与他直接交往，有时却在梦中相遇。”赠给他一支竹根如意，一顶笋箨冠。他平时精研佛学，听说佛教徒释僧远有高尚的风范德行，便去定林寺拜望。值齐高帝正在定林寺，听说此事后，便想出寺去见他。释僧远问他：“天子如果前来，居士你怎样和他相见？”他说：“山野之人，正应当凿墙挖洞以躲避，如果得不到同意，就只能像戴良那样翻墙逃跑了。”最终也没有见面。齐永明元年（483），齐武帝敕命召见他，称病不肯相见，下诏征聘他为国子博士，也没有应征。

在摄山期间，明僧绍精研佛学，修筑栖霞精舍，写作完成了《周易系辞明氏注》《正二教论》。后逢法度禅师自黄龙来，于栖霞精舍讲授《无量寿经》，深得其敬重，发愿于摄山造佛像，未及实施，于齐永明二年（484）去世，葬于摄山，临终前将栖霞精舍奉送给法度禅师。其子明仲璋继承父志，与法度禅师在摄山西峰石壁上合力凿成无量寿佛及2尊菩萨造像。齐永明七年（489），法度禅师以栖霞精舍为基础，正式创立栖霞寺。

他终生隐居，没有出仕，世人称为“处士”“征君”。唐高宗亲撰“明征君碑”，现存于南京栖霞寺。

苟金龙之妻刘氏（生卒年不详） 平原平昌人，廷尉少卿刘叔宗的姐姐。南北朝时北魏宣武帝正始三年（506），苟金龙任梓潼太守，兼任郡所辖关城的主帅。当时萧衍派兵围攻关城，不巧苟金龙因病卧床，不能率部抵抗，部属们见形势危急，都非常恐惧。刘氏挺身而出，率领督促城中兵民，修缮和整理作战的各种兵器装备，一个晚上就全部完成。在刘氏率领下，守城将士抗敌100多天，兵士死伤超过半数。关城副帅高景暗中图谋叛变，刘氏发觉后将他斩首，并斩杀他的同伙数十人。剩下的守城将士，她让大家衣服分着穿，粮食省着吃，劳逸负担一视同仁，将士们都敬畏她，听从她的指挥。由于取水的井在外城，不久被敌军占领，城内便断绝了水源，许多人因喝不到水而渴死。刘氏集合城里的男女老幼，对他们晓以尽忠守节之理，大家一道向天祷告，同时呼号喊叫，霎时间大雨倾盆而下。刘氏令大家拿出公家和私人的布匹绸绢乃至身上穿的衣服，在城里四处悬挂起来接雨，再把它们绞干取水，并把各种各样的容器都拿出来储水。守城的兵民人心愈发坚固。益州刺史傅竖眼率领援军赶到，敌军退走。傅竖眼知道情况后对刘氏惊叹不已，就具表奏知朝廷，宣武帝对此十分赞赏。正光四年（523），孝明帝赏赐刘氏，并封其子苟庆珍为平昌县子，食邑200户，另外2个儿子都得到官职。

明山宾（443—527） 字孝若，南朝齐梁年间德平后明村人。父明僧绍，博通三教，隐居不仕，人称征君。家学渊源，7岁就能明辨是非，并能讲出道理，13岁博通经传。齐永明二年（484），僧绍去世，他服丧恪尽礼节。因哥哥明仲璋患有积久难愈的病，家道空虚，生活困难，服丧期满后，接受朝廷诏令，离家担任官职。

明山宾

齐永明五年（487），任州从事。齐建武二年（495），任齐始安王萧遥光抚军行参军，后为广阳令，不久离职。齐中兴元年（501），被萧衍聘为相府田曹参军。齐中兴二年（502），萧衍受齐禅让即皇帝位，国号梁，改元天监，任他为尚书驾部郎，不久升任治书侍御史、右军记室参军，负责掌管修订吉礼。梁天监四年（505），诏开五馆，教授国学，置五经博士各一人，他居首。不久转任北中郎咨议参军，侍奉皇太子读书，又连续升任中书侍郎、国子博士、太子率更令、中庶子。梁天监十五年（516），任征远将军、北兖州刺史，加授持节仪仗，督帅缘淮河诸州军事。梁普通二年（521），征召为太子右卫率，加给事中，升任御史中丞。后因公事失误降职任黄门侍郎、司农卿。梁普通四年（523），升任散骑常侍，兼领青、冀二州大中正。太子东宫新设学士，由他担任，随即兼任国子祭酒。梁普通五年（524），兼任国子博士，并授假节，代理北兖州事务。梁大通元年（527），因病去世，时年85岁。

明山宾为官清廉，关心民众。任北兖州刺史时，所管辖的平陆县（今济宁汶上县）歉收，百姓食不果腹，他便命令打开官仓放粮赈济百姓。后任刺史检查州中官署，发现粮食缺少，以为是他挥霍损耗造成的损失，遂命有关部门追究责任，将他的住宅没收入官府。山宾不置一词，没有为自己申诉，而是另外买地建造住宅，却又因为没钱，房子迟迟不能完工。此事后来被昭明太子萧统知道，下令说："明祭酒虽然深受君主重用，出朝镇抚大州郡，节制一方，官位显赫，但因为官清廉，总是宦囊羞涩，听说建房子因缺钱不能完工，现在送上微薄的资助。”并赠诗一首：“平仲古称奇，夷吾昔擅美。令则挺伊贤，东秦固多士。筑室非道傍，置宅归仁里。庚桑方有系，原生今易拟。必来三径人，将招五经士。”

明山宾生性淳厚善良。曾经因为家中贫困，卖掉所乘的牛，交易达成钱物两清之后，想起一事，又对买主说：“这头牛曾经得过漏蹄症，治好已经很长时间了，但是恐怕以后或许会复发，我得告诉你知道。”买主马上要求退还一部分钱。隐士阮孝绪听说这件事后，感叹说：“明山宾的言行足以使人回归淳朴，遏制浅薄不良的社会风气了。”

明山宾为官忠正，才能卓异，深得梁武帝信任。梁大通元年（527），他在北兖州刺史的任上去世，消息传到京城，举朝哀悼。梁武帝封赠侍中，信威将军，谥号“质子”。昭明太子为其举哀，赠钱10万、布100匹。委派太子舍人王颙监护丧事，又专门给前司徒左长史殷芸下令说：“北兖信至，明常侍遂至陨逝，闻之伤怛。此贤儒术该通，志用稽古，温厚淳和，伦雅弘笃。授经以来，迄今二纪。若其上交不谄，造膝忠规，非显外迹，得之胸怀者，盖亦积矣。摄官连率，行当言归，不谓长往，眇成畤日。追忆谈绪，皆为悲端，往矣如何！昔经联事，理当酸怆也。”

明山宾长久担任学官，传授经典，也勤于著述。门生故吏遍于天下，并且性格宽缓通达，和学生接触亲切随和，深得学生敬爱，有《吉礼仪注》224卷，《礼仪》20卷，《孝经丧礼服义》15卷传世。

刘叔宗（？—535） 字元纂，北魏末乐陵郡平昌县（今德平镇）人。谦和，颇有学业，幼举秀才。不久任沧州治中。孝庄帝永安中，加官镇远将军、谏议大夫。

北魏末，尔朱荣发动“河阴之变”，高昂与兄高乾起兵反抗，叔宗与兄海宝附之。前范阳太守刁整心附尔朱荣，遣弟刁安寿袭杀海宝，叔宗归于高昂。中兴元年（531），高欢任命他为廷尉少卿。太昌元年（532），加镇军将军、光禄大夫。东魏孝静帝天平元年（534），累升车骑将军、左光禄大夫。天平二年（535）卒。赠使持节、定州刺史。

明克让（525—594） 字弘道，明山宾长子，德平后明村人。气度雍容，学识渊深，博览群书，尤其精通《三礼》《论语》，天文、历法、占卜都深有研究。

明克让

明克让博通经史，诗文俱佳。14岁时，逢湘东王舍人朱异在仪贤堂讲授《老子》，堂边有修竹一丛，朱异令他以此为题吟诗。他一挥而就，其作最后言“非君多爱赏，谁贵此贞心”。四座皆惊，从此文名鹊起。

梁大同五年（539），明克让任湘东王萧绎法曹参军，历任司徒祭酒、尚书都官郎中、散骑侍郎兼国子博士、中书侍郎。梁太平二年（557），梁灭亡，他由西魏转仕北周。因才华卓异，周明帝任命他为麟趾殿学士，然后任著作上士，转外史下大夫。和卫王宇文直友善，历任汉东、南陈两郡太守。北周保定元年（560），周武帝即位，征召他任露门学士，会同麟趾学士庾季才及众司天官制定新历法。结束后，因功任司调大夫、开府仪同三司，赐爵历城县伯，食邑五百户。

隋开皇元年（581），杨坚称帝，拜他为太子内舍人，转率更令，晋爵为侯。奉旨和太常卿牛弘等人修订礼乐章程。经多方考证，裁断订正了很多朝廷的典章制度。为太子内舍人时，太子杨勇好学不倦，精于诗词歌赋，性格宽仁和厚，尊老敬贤，经常和明克让、姚察、陆爽、刘臻等文学名士流连盘桓。尤其是对明克让，以师礼相待，全国各地进贡珍奇贵重的食物，总是先赐给他品尝。在这种氛围下，太子府汇集了天下才学之士，成一时之盛。隋开皇十四年（594），因病辞官，不久去世，享年 70 岁。隋文帝甚是伤感惋惜，封赠其为通直散骑侍郎，赐缎 500 匹、米 300 石。太子又赠绢布 2000 匹、钱 10 万、朝服 1 具，给棺椁 1 付，极尽哀荣。

著述颇丰，有《孝经义疏》1 部、《古今帝代记》1 部、《续名僧记》1 卷、《明克让

明克让教授学生观测天象塑像（2018 年摄于临邑明德文化苑）

文集》20卷传世。

张雍（生卒年不详） 字子雍，德平人，研究毛诗学专家。北宋开宝六年（973）中第，授官东关县尉。改作监丞，主管南雄州。升太子右赞善大夫，主管开封府司禄参军。不久为秘书丞，担任推官。端拱元年（988），累升太府少卿，加谏议大夫，出为西川转运使，主管梓州。此时，四川王小波、李顺起义。为保卫梓州，张雍绕城固守，设计屡败起义军，80日，围始解。为此，宋太宗下诏书给予奖励，并提升张雍为给事中，后改工部侍郎，转礼部、户部、兵部3部侍郎，其宦绩扬名内外。大中祥符元年（1008），以尚书右丞致仕。卒年70岁。光绪《德平县志》有传。

刘禹（1035—1093） 字希俭，北宋德平（今德平镇）刘家村人。他天生聪慧，自幼喜爱读书，善射箭。20岁时考中进士，踏入仕途，历任栾城尉、藁城尉、德荣主簿、永州军事推官、资州录事参军、北海知县（大理寺丞）、乐寿知县（太子中舍、殿中丞、奉议郎）、汾州通判（承议郎、朝奉郎）等官职。元祐八年（1093），因病逝世在汾水治河工地上，享年59岁。

任藁城尉时，刘禹大力整顿治安秩序，使得"盗为不发"。不久，他调任德荣主簿兼县事监。上任后，刘禹发现德荣井盐产量很低，盐税极重并且未按规定予以免除，搞得德荣民不聊生。未经上级批准，他就私自免除了当年40万两的盐税。这种先斩后奏的做法，在当时是要冒杀头危险的。因为此事，他被免官。当地百姓十分留恋他。当他离开德荣时，百姓跪地挽留。他被百姓拦在路上，一天没走出一里地。宋英宗得知此事后大惊，急派钦差前来调查。钦差如实反映德荣税赋太重，造成民怨沸腾的情况。于是，朝廷肯定刘禹的做法，不久提升他为永州军事推官。

刘禹担任永州军事推官时，武冈县溪洞一带匪患猖獗。历届官府束手无策，任其横行。刘禹到任后，攻心为上，深入虎穴劝降匪徒，颇有关云长单刀赴会的气魄，令人击节叫好。

因平定乱匪有功，刘禹升任资州录事参军兼司法事。上任伊始，同僚都十分轻视他。等见到刘禹审理案件公正严明、断案如神后，才都刮目相看。此后，资州凡是难办案例都由刘禹负责审理。

刘禹为官崇尚节俭，不事铺张。他出任北海知县时，当地有私自宰牛卖私酒的习俗。刘禹暗地里调查这些人的姓名住所，然后写成告示张贴墙上。老百姓见了，相告说："这事儿可不敢犯。"此后，慑于刘禹公正廉洁的官威，北海违法犯罪案件大幅减少。

任乐寿知县时，刘禹以德报怨，妥善处理了乐寿、南皮两县因缮堤挡水引发的纠纷，受到当地百姓的称颂。乐寿与南皮接壤，两县都遭水灾威胁。上级部门打算修筑加固河堤阻挡洪水，但考虑到河堤修成后将对南皮有利，而对乐寿有害，恐引起两县械斗，便下书征求两县的意见。南皮县令为达到修堤目的，便私下写信，以物质利益相诱求得乐寿官吏的支持。乐寿官吏都以愿意修堤上报使者。刘禹得知此事后，便召集乐寿县百姓到河堤上，当众宣读南皮县令书信的内容，指出南皮县令只考虑南皮县利益而不顾及邻县安危的做法，实在不是一个好办法。但是，南皮县令也是为了一方百姓安危，应该给予谅解。于是，烧掉了书信，以乐寿县同意修堤的人少、不同意修堤的人多为理由上报使者，避免了县内百姓因加固河堤而遭受到更大的水灾，维护了乐寿数万百姓的利益。

元祐八年（1093），刘禹任汾州通判，恩加朝奉郎。当时，雨多河水上涨，汾水大堤侵蚀、坍塌、缺损严重，水患危及汾州百姓的安全。农历六七月间，正是天气炎热、高温多雨的时候，刘禹亲临一线，吃住在汾水大堤，现场监督、指导加固汾水河堤。未及完工，便染重病逝去。当他的棺柩路过汾州时，数万民众洒泪相送。

曾任德平镇监的北宋著名文学家黄庭坚，得知刘禹病卒的消息后，十分痛心，慨然提笔为其撰写墓志铭。在铭中，黄庭坚评价刘禹："君洁可以驭吏，惠可以扶弱，孰能不克？修怨以德，勤事怠食，瘁不偷息，其施不遐。"

元符二年（1099）六月，刘禹棺椁移至原籍安葬。墓址今已无考，仅留《朝奉郎刘公墓志铭》一文。

万缗（生卒年不详） 字飏，元朝德平县人（今德平镇花王村人）。初名识笃儿。其祖父兀鲁，朔方人，以功封德平，至元初晋爵郡王。其父察汗，初为汝宁知府，官至统军。

察汗之子识笃儿生得白皙魁梧，神宇秀伟，聪明而富于辩才。以武状元被招为驸马，封邑德平，在德平城南一里许建驸马府，名为花王府。识笃儿轻利重义，乐善好施，曾捐钱万缗供国用，皇帝钦赐姓名"万缗"（此为德平万姓之始）。始授监察御史，累官山东东西道、淮西肃政廉访史。

因德平学庙毁于金，元初，县令盛谕在原址营修草堂。至元二十九年（1292），阎士安任知县，召集教谕冯继善及当地贤者史益让等商议重修学庙，并撰文请命于廉访司。时任廉访佥事的万缗说："德平是我祖父郡王的封地，我父亲的居住地，也是我的家乡。”遂捐出自己的俸禄100缗，倡修文庙。由于万缗带头捐俸，州县官员同僚、乡人贤士皆捐款赞助，学庙得以开工修建，至元甲午年（1294）秋顺利完工。元贞元年（1295）夏，立碑于学庙大成殿前。万缗祀乡贤祠。

郭谌（1476—1534）　字信夫，明朝德平县郭家村人。父亲郭洪，生有12个儿子，郭谌行八。因居钩盘之涯，自号盘浒居士。自幼聪明，读书有独到见解，不到20岁即成廪生，很快补博士弟子员。博涉五经，而尤精于六书，兼擅绘画。他曾认为，写文章主要是表达好中心思想，不必总是拘泥于形式和引经据典。明正德十三年（1518）岁试，郭谌因答案不合主考官的口味，在申辩无效的情况下，拂衣而出曰：“出仕致身，岂能就这么一条道路？”于是潜心研究书法，他在已掌握颜体楷书和张旭草书的基础上，上溯苍籀，下逮钟王，对中国书法历史和各体的来龙去脉潜心钻研，做到心领神会。

岁试结束后的当年秋天，礼部在全国范围内选拔擅长书写的人才，以图改进朝廷的公文缮写。当时，全国有数百人应考，42岁的郭谌考试成绩名列第一，名公巨卿，无不欲得郭谌的笔迹加以珍藏。缙绅大夫慕名者，多是自备纸绢求其作画或写诗题文。识者称以“三绝”，与王维、米芾的作品等同。廊庙殿宇，多请郭谌题写匾额；仕宦豪门，家无郭谌之字不算阔。嘉靖年间，郭谌升任武英殿中书事，负责在内阁中抄写文书。郭谌在京期间接连遭遇母亲、生母丧葬，在家守制长达10余年。至明嘉靖十一年（1532），始授中书科带俸序班，敕封登仕佐郎（从九品）。嘉靖十三年（1534）春节，奉命携带信函走访明室山东各处藩王府邸。因为积劳成疾，行程安排太紧，至兖州病情加剧。于正月初九回到老家德平，当夜病逝，享年58岁，葬于郭家祖茔。

清光绪二十年（1894），郭谌墓因年代久远，墓荒石毁，邑举人王炳辉为其作墓表，并题写“迹追钟王”碑额。光绪二十九年（1903），郭氏后人为其补建石碣。

郭谌对书法理论的贡献主要在草书。他的《草韵辨体》与《草诀百韵》，详细描述了草体的产生和演变过程，介绍了学习草书的要领与诀窍，是后世学习草书的基本理论教材。他编著的《草韵辨体》墨本珍藏于宫廷之中。明万历十二年（1584），万历帝亲自为之作序和跋。郭谌留存于世的

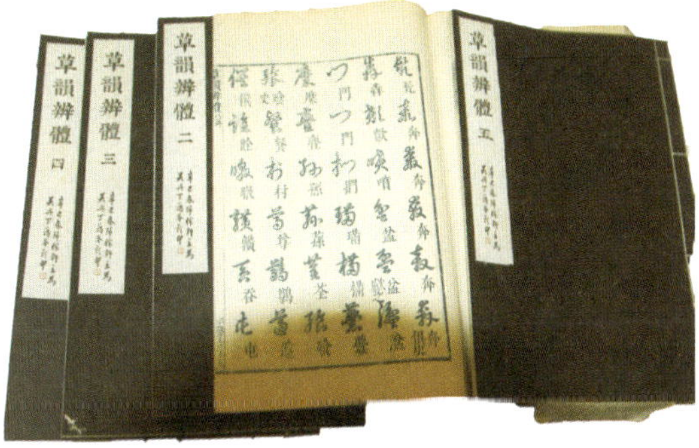

郭谌《草韵辨体》

石版有:《八分》《集二王》《草诀百韵》《四体千字文》《同升歌》《同升义会序》等。其中,《四体千字文》《同升歌》《同升义会序》石版与“循天理”横匾、“道为真事业，身是小乾坤”楹联等，现存临邑县文化馆内。

郭谌的传世画作有《西山漫兴图》卷轴，现存于故宫博物院，上有题诗，书有7体，集精彩于一幅，诗、书、画“三绝”归于一人，被时人视为神品。

郭谌一生很爱吟诗，但诗作存下来的不多。《德平县志》仅载《题西山漫兴图》诗3首和《同升歌》1首。

葛守礼（1505—1578） 字与立，又字与川。明嘉靖七年（1528），考取乡试第一名。第二年考中进士，授职彰德府推官。之后历任兵部主事、礼部祠祭主事、仪制郎中、河南提学副使、山西按察使、陕西布政使、右副都御史、户部侍郎、吏部左侍郎，升南京礼部尚书、户部尚书、刑部尚书、都察院左都御史等职。为官期间，葛守礼刚正不阿、清正廉明、不畏权势、竭忠罔懈的品格赢得了后人的敬仰。

葛守礼在彰德府任职期间，当地一巨盗被擒拿归案。强盗捏造事实，诬陷一巨富人家，受株连者达一百多人。葛守礼在弄清事实后，将受到诬陷的人全部释放。主审此案的人借机到御史那儿攻击诬陷葛守礼。朝廷派员来查，葛守礼据实相告。在事实面前，攻击葛守礼的人被驳斥得哑口无言。一百多人被洗去不白之冤。葛守礼这种秉公执法、毫不畏惧、明察秋毫的审案风格，众人叹服，从此名声大振。

明嘉靖十四年（1535），葛守礼任兵部主事，管理山海关的事务。其间主持创修《山海关志》，由詹荣主笔。志中设地理、关隘、建置、官师、田赋、人物、祠祀、选举共8卷，卷首有图28页，详细绘出明代自山海关至黄花镇的驻兵及兵数等情况。相继建角山望京亭，创建养济院，建房屋40余间。同时，增补关法，力除积弊，关内外很快安定下来。嘉靖十六年（1537），葛守礼父葛环去世。他回家奔丧。服阕后，补授礼部祠祭主事、仪制郎中。此时正赶上宁王府家人刑满释放，请求给予封号，交城、怀仁、襄垣的三个宁王近支也请求继封。按制度，郡王死，其近支不得继封，葛守礼坚辞不许。后来，葛守礼因病在家休养，三府的人趁机入京行贿万金，阴谋得逞。不料此事被嘉靖帝得知，下令查处，受贿名册上唯独没有葛守礼的

葛守礼

名字。嘉靖帝由此事更清楚了他的清正廉明，因而更加重用。

嘉靖二十一年（1542），葛守礼改任河南提学副使，后又升为山西按察使、陕西布政使、右副都御史、户部侍郎、南京礼部尚书等职。此时朝廷有严嵩独揽朝政，嫉贤妒能、专横跋扈。葛守礼的存在，严嵩如芒刺在背，便以考察官员政绩平平为由，将葛守礼降职。嘉靖帝问起葛守礼近况时，左右官员推说葛守礼年老多病已回家休养。嘉靖帝很是惋惜。这是葛守礼第一次辞官。

明隆庆元年（1567），隆庆帝继位，起用葛守礼为户部尚书。葛守礼洞察时局，针砭时弊，竭力反对当时的“一条鞭法”及“一串铃法”。他在奏折中说，京城附近，山东、河南等地乞讨的人越来越多，原因在于当地官员违法纪、乱纲常，苛捐杂税太重。中原地区土地贫瘠，正常赋税尚交不齐，何况又加上徭役。一些工匠、富商却因为无田而免除了徭役，农夫独自承受沉重的负担。他请求改正田赋规定，去除差役之法。此外，他列举了“一条鞭法”及“一串铃法”中征收摊派不均、侵占挪移等弊端，强烈要求恢复旧制，使黎民百姓安居乐业，国库充盈。后来，大学士高拱与首辅（宰相）徐阶不和，朝中大臣攻击高拱的人很多。葛守礼因拒绝参加攻击高拱而受到责难，就以乞养老母为由第二次辞官归里。

隆庆三年（1569），隆庆帝重新起用高拱为相。高拱感动葛守礼的为人，建议重新起用葛守礼。隆庆四年（1570），葛守礼又被起用刑部尚书。至隆庆六年（1572）冬，葛守礼改任都察院左都御史。

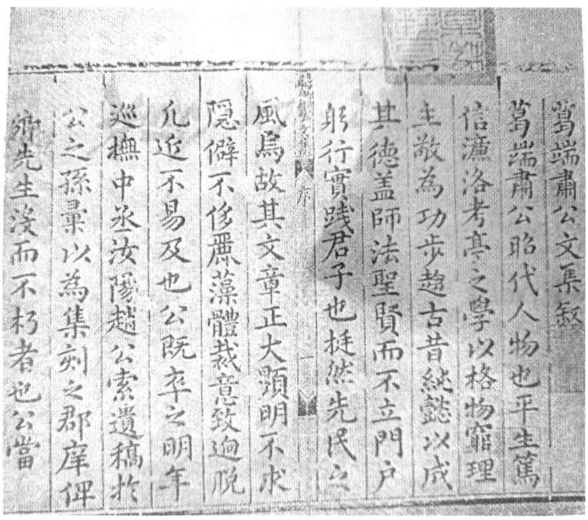
葛端肅公文集敘
葛端肅公昭代人物也平生篤
信濂洛考亭之學以格物窮理
主敬為功步趨古昔紱懿以成
其德蓋師法聖賢而不立門户
躬行實踐君子也挺然先民之
風焉故其文章正大顯明不求
隱僻不修黼藻體裁意致迥脱
凡近不易及也公既卒之明年
巡撫中丞汝陽越公索遺稿於
公之孫彙以為集刻之郡庠俾
鄉先生沒而不朽者也公嘗

葛守礼主要著作《葛端肃公文集》　乔明德　提供

明万历元年（1573），10 岁的万历帝登基。当时内地地势低洼，河道淤塞，葛守礼上书请求效仿古井田制，使农田旱涝有备。高拱为了抑制司礼监宦官冯保日益膨胀的权势，上疏“请求夺司礼监之权，还给内阁”，与冯保展开了激烈的斗争。冯保依仗太后的势力暗中联合内阁次辅张居正，将高拱驱逐回家。张居正升为首辅（宰相）。不久，又发生了方士王金谋逆案，张居正想借此置高拱于死地，株连高拱九族。危急时刻，葛守礼洞察一切，秉公审理王金案，机智地粉碎了冯、张二人的阴谋，挽救了高拱及同僚的性命。万历元年九月，葛守礼被众大臣推荐入内阁参赞机务，而张居正惧怕葛守礼廉直，便暗中与冯保蒙骗年幼的万历帝，阻挡葛守礼入阁。万历三年（1575），葛守礼毅然辞官，万历帝封他太子少保。

万历六年（1578）正月，葛守礼病逝，赠太子太保（从一品），谥号端肃，治以国葬，敕建葛公祠（春秋致祭）、葛公墓。

葛守礼著作，有《葛端肃公文集》18 卷、《葛氏家训》2 卷，以及《端肃公奏章》《建真武庙碑记》《重修城隍庙碑记》《谢起户部尚书表》《与巡抚刘安锋书》《与方伯沈对汤书》《与中承姜蒙家书》《宜疏园记》《谢加官保政仕表》等。

葛如麟（1577—1650） 字子仁，号朝池，葛昕次子。明万历三十一年（1603）举人，万历三十八年（1610）进士。历官至陕西按察使，乡人称“贞靖”。

万历五年（1577），葛如麟出生于太仆寺邸署。“生而广颡长眉，双目炯炯，鲜啼声，族党过从称誉藉藉”。葛如麟 7 岁读《韩诗外传》，性敏强记，过目不忘。万历

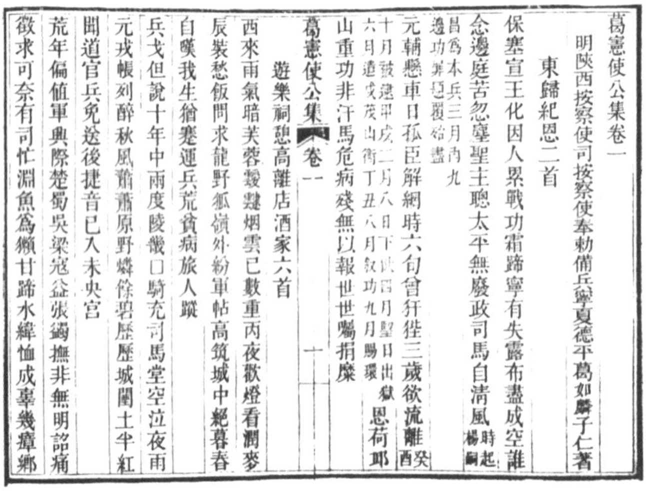
葛憲使公集卷一
明陝西按察使司按察使奉勅備兵寧夏德平葛如麟子仁著
東歸紀恩二首
保塞宣王化因人累戰功霜蹄寧有失露布盡成空誰
念邊庭苦忽塵聖主聰太平無廢政司馬自清風時起楊鎬
昌爲本兵三月丙九邊功并題覆始盡
元輔懸車日孤臣解網時六旬曾犴狴三歲欲流離癸酉
十月被逮甲戌二月八日下獄四月聖日出獄六日遣戍茂山衛丁丑八月叙功九月賜環
恩荷邱山重功非汗馬危病殘無以報世世囑捐糜
葛憲使公集 卷一 一
遊樂祠憩高離店酒家六首
西來雨氣暗芙蓉䨵䨴烟雲已數重丙夜歡燈看潤麥
辰裝愁飯問求龍野狐嶺外紛軍帖高筑城中絕暮春
自嘆我生猶蹇運兵荒貧病旅人蹤
兵戈但說十年中兩度陵畿口騎充司馬堂空泣夜雨
元戎帳列醉秋風離離原野燐條碧歷歷城闉土半紅
聞道官兵免送後捷音已入未央宮
荒年偏值軍興際楚蜀吳梁寇益張餉撫非無明詔痛
徵求可奈有司忙淵魚爲獺甘蹄水緯恤成辜幾瘴鄉

葛如麟文集　　乔明德　提供

二十二年（1594），补弟子员第一参加省试。万历三十一年（1603），登乡荐，中举人。万历三十八年（1610），中进士，授官临晋县（今山西临猗县）知县。万历四十年（1612），在临晋县为唐文学家司空图立《唐司空表圣故里碑》。后调任榆次县（今山西太原）。万历四十三年（1615）九月，又继升户部江西司主事、郎中。明天启二年（1622）四月，升湖广下江防参议。其间，遭逢母亲丧事，葛如麟回家处理母亲丧事。终了后，改补陕西潼关兵备道，升河东兵备副使，晋阶参政，不久升任按察使。因宁夏军队中有人谗言诋毁，明崇祯七年（1634）六月，被贬守备茂山（今广东新会）。崇祯十年（1637）九月，事情真相大白，以原官归里。抵家之日，即重修族谱。清顺治七年（1650）十月，因痰水突发去世，时年74岁。

刘沓仪（1657—1685） 字兰隐，号菊窗，山东滨州人，德平县康熙二十年（1681）举人李图南妻。生负夙慧，善吟咏，尤精水墨花卉。词尤工，不逊李清照。著有《酟雪编》《菊窗吟稿》。诗作收入《国朝山左诗续钞》《武定诗钞》《国朝闺秀正始集》《山左人词》《香咳集》等。她是清代很有影响的女词人、诗人和书画家。16岁时写的咏史诗《吊孔明》《叹马谡》诸作，同代文人张学文读后，赞叹不已，称赞她“才力华瞻，见识宏富，不类女子”。17岁与李图南结为夫妻，婚后不久李图南被授为莒州学正，此后几年她与笔墨做伴，这一时期，是她在书画和诗词创作上造诣最深的阶段。29岁因肺痨而死。齐河女诗人郝秋岩跋其诗集曰：“读《山左诗钞》，如赵雪庭、周淑履诸女史，皆足继古名媛。兰隐之诗未知与诸家何如，然使克享其年，其造伐正未可量，而卒以早殁，不竟其才，悲夫！”

李同楠（生卒年不详） 字仙培，号乃樵，德平茄子李村人，清道光年间岁贡（岁进士）。幼年丧父，家境贫寒。自幼发奋学习，砥砺品行，孝敬母亲，尊敬兄长。与兄析家，分产业为三，只取其一。弱冠以诸生食廪饩，品学兼优。知县德稜额赞赏其教化世人的文章，称“此广场利器也”。性喜奖掖后学，以躬行、心得为首要事务。管理书院事，倡导捐修，士大夫间都佩服他的清廉耿介。他尤善书行草，时称“邢侗而后，罕有其比”，无论识与不识，皆钦慕称善。著有《兰坡诗抄》2卷及家训行世。

王炳辉（生卒年不详） 字星垣，德平斜家村人。清光绪二十二年（1894）甲午科举人。学识广博，教学勤谨，跟从其学习者多为知名之士。其中，有南皮张氏兄弟二人，结业后留学日本，皆获博士学位。校方询问其师承，二人皆称星垣先生所授。日本遂赠王炳辉“日本东京大学博士”，命二人回国交付衣冠、证书（1958年被毁）。光绪三十三年（1907），王炳辉任德平县农会会长，著有《九河故迹考》《德平乡土志》，今均散佚。另外，还为明朝书法家郭谌撰写墓表，其弟子许存瑞书丹上石，其石今存。

季麟台（1881—1958）字凌云，德平西沈家村人。自幼聪颖，为人正直，有民族气节，医德高尚。

少时家贫，靠父经营小杂货维持家庭生活。刚刚成年，即去关东，在黑龙江省木兰县一家大粮户教书。因有才识，被县聘为教育局长。不久，升任省参议员。其间开始默研医书。

“九一八”事变后，国民政府对日本一再妥协。在抗日无路、报国无门的情况下，季麟台退隐闲居故乡，在德平县城开设“青云堂”药铺从医。行医中，他同情民众，穷人当时无钱者，或病愈后偿还，或予以减免；对临危病人，坚持送医药到门。治疗中，他主张诊断要慎，用药要精。一个初夏，陵县张习桥村马兴坤的3岁小女身染重疾，在德平住院五六天，高烧不退，昏迷不醒。院方劝其转德州就医。时逢阴雨，汽车不通，无奈，就近转青云堂治疗。经其辨证施治，转危为安，康复如初。因其医术高明、医德高尚，求医者络绎不绝，在德平一带名望很高。

“七七”事变后，日军占领德平县城。其药铺更名为“槐荫医庐”，移往沈家村。一边行医，一边做抗日救亡工作。1939年年初，一位八路军侦察员住其家中，以“师徒”关系为名，到城内为伪军队长看病，借以刺探敌情。不久，八路军攻打县城时，季麟台选自己最好的树为部队做云梯，把“槐荫医庐”当作战地医院，对每个伤病员，都亲自检查、包扎、治疗。战后，部队极缺西药，他以采买中药为名，冒险买通关卡，由济南购来大批药物为八路军解难。1954年，他被选为德平县第一届人民代表大会代表。1956年，将药铺交归集体。

1957年，他受聘赴山东省中医学院主讲《伤寒论》。1958年秋，回乡养病去世，终年78岁。

季麟台大半生从医，对《金匮要略》《伤寒论》深有研究，著有《槐荫医案》15卷。

葛树贵（1887—1923）德平杨家村人。清光绪三十年（1904），由于家乡连年闹灾荒，实在活不下去，穷苦人纷纷背井离乡，四下逃荒。17岁的葛树贵用辆小独轮车推着双目失明的老母亲，到北京长辛店，在舅父的帮助下当了工人。

葛树贵把工友们的事都当作自己的事，帮助别人干活从不惜力。要是哪个工友受工头的欺负，他立刻挺身而出，仗义执言。有个叫恩日尔的奥地利人，在工厂南边开了个砖窑场，给窑场做饭的厨师是个河北人。一日，厨师的妻子到窑场探亲，恩日尔竟乘厨师去北京买菜的机会，奸污了他的妻子。厨师愤怒之极，杀死恩日尔，把尸体投入井中，在窑工的帮助下逃奔他乡。事情发生后，当局不但不替中国人做主，反而抓去9名工人，工厂还将这9名工人开除。有个外号叫愣张的工人送给总管的礼，让工头马承泰私吞，总管因没收到他的礼就要开除他。愣张咽不下这口气，用改锥捅死马承泰，被当局判死刑。一件件不平的事，激起葛树贵的义愤，他看在眼里，记在心上，仇恨的怒火在他胸中越烧越烈。

1922年8月，长辛店的铁路工人在邓中夏的领导下举行第一次大罢工。罢工委员会向铁路局提出开除5个工头，给全路工人加薪等条件，否则就不复工。条件送去后，铁路局迟迟不予答复。于是，俱乐部一声令下，京汉铁路长辛店各工厂罢工了。8月24日上午，葛树贵带着纠察队占领火车站，他们的任务是截断铁路运输，阻止所有过往的车辆通行。狡猾的铁路局长赵继贤得知罢工的消息后，赶忙与北京卫戍司令王怀庆密谋策划，派出一列军车，企图对罢工实行武力镇压。这时的长辛店车站，站台上、铁道上、铁路两旁的山坡上到处站满手拿罢工小白旗的工人。葛树贵率领纠察队员们，一个个手持月牙斧，高举红色队旗，威风凛凛，严阵以待。两个穿黑制服的铁路警察站在司机室门口，用枪在纠察队员面前比比划划，狐假虎威。葛树贵临危不惧，率领纠察队员俘虏这两名警察，并带到了俱乐部。最后，迫于压力，赵继贤无计可施，只得认输，乖乖地答应罢工委员会提出的条件，把卢沟桥站上被捕的工人换回，开除了5个霸道工头，给工人长工钱。持续3天的京汉路罢工取得完全胜利。这令人振奋的消息一下子传遍全中国。1923年2月4日，长辛店铁路工人遵照总工会的命令，按时开始大罢工。纠察队布岗放哨，占领工厂和车站。第二天，军阀开始往长辛店调集大批军队。葛树贵带领纠察队，负责站岗放哨，看管工厂，保护工会，与军队对峙。罢工坚持了下来。6日下午，敌人又陆续调来大量兵力，把长辛店团团围住，并限制工人的活动。罢工虽仍然坚持着，但气氛却非常紧张。夜里，敌人在工贼的引导下，开始疯狂地逮捕工会领导人。第十四混成旅旅长时全胜指挥兵力，对工人实行武力镇压。葛树贵和杨诗田走上前去据理力争，时全胜不等他俩把话说完，就举起指挥刀，命令军队轰人。工人队伍一时后退，一时又向前拥，形成拉锯的局面。时全胜穷凶极恶地拔出手枪，展开混战，葛树贵、杨诗田、辛克红等人受重伤。后敌人的马队赶到，工人的队伍被冲散。当天夜里，头部受重伤的葛树贵牺牲。

第二排左二为朱广辉，公私合营时期的拍照（1958年）
朱庆堂 提供

朱广辉研制的“婴儿胺”产品包装

1966 年，长辛店铁路工人遵照中国共产党的指示，在火车站西边的山坡上修建“二七”烈士陵园，安放葛树贵的遗骨，建墓立碑，永志不忘。每年的清明，人们纷纷到这里，在墓前培上一把土，插上一束花，以慰藉烈士。

朱广辉（1912—1997） 字明宣，德平朱家亭子村人。出身贫寒。1936 年，在天津河西大街（今利民道）卫生堂做学徒。1937 年，到小站前街（今兴隆街）隆茂源药铺坐堂应诊，开始自己配制成药，所制活血止痛粉、小儿湿疹糖，是“正痛片”和“婴儿胺”的前身。骑自行车到盐山、黄骅、沧州、德州等地推销。1938 年，他避难天津，在振太公寓（后来的南市旅馆）租房制药卖药。后在兴安路租房 2 间，正式挂牌开办广辉制药厂。解放后更名为天津公私合营广辉制药厂，后称东风制药厂、天津中央制药二厂，现为天津中央制药有限公司。1957 年，朱广辉捐资在村内营建学校 17 间，竣工时存照留念。

李明华（1916—2010） 原名郭德鑫，德平南关村人。1925—1930 年，在当地读书。1930—1938 年，边务农边在南关街中药铺当学徒。1938 年 10 月，由黄家齐、周可增 2 人介绍加入中国共产党。1939 年，经德平县党组织介绍到乐陵县冀鲁边区抗日军政学校学习。1939 年 8—9 月，任匡五县抗日运动委员会宣传部长。1939 年 10 月，任德平县中一区区委书记。1940 年 3 月至 1941 年 6 月，任德平县委宣传部长。1941 年 10 月至 1943 年 3 月，任临北工委书记，地委组织部训练主任、教员。1943 年 3—7 月，任匡五县五区区委书记。1943 年 12 月，任匡五县七区区委书记。1947 年 1 月至 1948 年 2 月，任临邑县兴隆寺分区区委书记。1948 年 9 月至 1949 年 2 月，任临邑县委委员，兼任临

李明华

邑县宿安分区区委书记。1949 年 2—6 月，任渤海二地区委南下二大队组织科长。1949 年 7 月起，先后任浙江省机械筑路队军代表，浙江省委土改工作团台州地区队长，省委土改工作团温州地委副团长、总支书记，浙江农学院副总务长、院党委委员，上虞县人民委员会县长、县委常委，宁波地委财贸部检查科长，四明山农场场长、洪塘农场场长，象山县人民委员会副县长。"文化大革命"期间曾受到过冲击。1979 年 3 月起，任象山革委会顾问等职。1982 年 11 月离休（原行政 13 级，享受地专级政治生活待遇）。因病于 2010 年 11 月 4 日逝世，享年 95 岁。

张克信（1917—1995） 德平陈家寨人。初中文化。1938 年 8 月入伍，1938 年 11 月入党。入伍后于 1938 年 8 月任八路军冀鲁边区东进挺进纵队干训队学员，1939 年 2 月在该纵队教导营任文书、股长。1946 年 11 月，在冀南七分区政治部民运科任科长。1951 年 3 月，任第六炮校校务部部长。1954 年 10 月，任炮兵军事学校管理副处长。1958 年 2 月，任南京炮兵学校副校长。1964 年 5 月，任总参谋部装备计划部处长。1971 年 7 月，任济南军区炮兵司令部副参谋长。1978 年 7 月，经中央军委批准离职休养。1982 年 8 月，享受副军职待遇。参加过抗日战争、解放战争等许多战役，英勇顽强，浴血奋战，为新中国的成立做出重要贡献。中华人民共和国成立后，长期从事炮兵及炮兵院校的领导管理工作，为人民解放军炮兵的发展壮大付出大量心血。1955 年 9 月，被中央军委授予上校军衔，1964 年 3 月晋升为大校军衔。1988 年 9 月，又被中央军委授予独立功勋荣誉章。1995 年 8 月 21 日因病逝世，享年 78 岁。

时泽民（1921—1978） 德平时家村人。1938 年入伍，1939 年加入中国共产党。抗战时期，任八路军山东军区 115 师青年股股长。解放战争时期，任解放军第三十八军队列科长。平津战役时期，担任第四野战军政委罗荣桓的秘书。新中国成立后，担任总政治部主任肖华的秘书。中南军区时期，任武汉市军管会副主任。1954 年调入中南空军，1959 年调入武汉军区空军司令部任办公室主任、军区空军党办主任。"文化大革命"期间，先后任洪山区革命委员会主任、武汉市城市规划建设委员会主任。1974 年又回到武汉军区空军司令部工作。因积劳成疾，1978 年 2 月 1 日病故于汉口空军医院，享年 58 岁。

李安镇（1923—1983） 德平碱李村人。贫农出身，中共党员。解放前给地主、资本家当长工、赶大车。得到翻身解放的李安镇，积极响应中国共产党的号召，走互助合作的集体道路。1952 年，带头办起德平县第一个农业生产合作社，被推选为社长。他努力工作，发动群众改土治水，不断改变家乡的面貌。几十个春秋，其所在社、队，始终为县先进单位。生活中，他处处严格要求自己，时时想着群众。一次，社员魏海安的独生子有病，因无钱治疗十分发愁，他了解情况后，一面安慰魏海安夫妇，一面筹款，使病人得到及时就医治疗。他爱人即要分娩，社里照顾部分细粮，被他婉言谢绝。在其带领下，农业社办得很红火，粮棉产量不断提高，群众生活逐步改善。1951—1953 年，他曾连续被山东省授予劳动模范称号。1960 年获华东地区劳动模范称号。1976 年后，升任公社党委副书记、县委委员。其襟怀坦白、克己奉公、吃苦在前、享受在后的风格，深得群众好评。1983 年 1 月 25 日病逝，终年 61 岁。

崔文顺

崔文顺（1926—1977） 字魁宜，德平蔡家村人。幼时聪明倔强，入范家桥小学读书。1944 年考入满家学校师范班。同年弃学参加鲁北支队，后调渤海二军分区文工队，活动于临邑、德平一带，曾演出歌剧《白毛女》等。1949 年加入中国共产党，升任文工队四分队副队长。不久，入山东师范学校戏剧专科班学习，结业后，转华东大学艺术系深造。1954 年 8 月 7 日，华东大学 36 人接管了上海一家资方电影公司，改名“海燕电影制片厂”。在拍摄第一部影片《伟大的起点》中，崔文顺饰演一名工人。自此，他 10 年中拍摄影片 9 部:《哈森与加米拉》《五十一号兵站》《雾海夜航》《落水记》《湖上的斗争》《乔老爷上轿》《凤凰之歌》《李双双》等。演出中，无论任主角、配角，均能体现出他富有生活气息的艺术才能。

1962 年，崔文顺支农回乡。1963 年被临邑县“一勾勾剧团”聘为导演，并参加演出和剧本创作。1964 年秋，于宿安乡徐店村写的《杏黄麦熟》剧本，得到省出版部门的称赞。后来，剧本未及出版，反被解聘。

“文化大革命”后，1977 年,《大刀记》开拍。海燕制片厂到德州、宁津拍外景，同时为崔文顺落实政策。安排他回厂，先做庶务工作，并在《大刀记》中饰纤夫。移至曲阜拍内景时，正值中秋，他心情过度兴奋，患心肌梗死离世，终年 52 岁。

名人与德平

黄庭坚拒行市易法 黄庭坚（1045—1105），字鲁直，号山谷，又号涪翁。洪州分宁（今江西修水）人。北宋著名文学家、书法家。宋治平四年（1067），考中进士，任叶县（今属河南）尉。元丰三年（1080），任吉州太和县（今属江西）知县。元丰六年（1083）十二月，黄庭坚调任德平镇监镇官，元丰七年（1084）夏秋间到任。

黄庭坚一生命运多舛，颠沛流离。他关心国事，同情人民，为人有抱负，有识见，讲操守。黄庭坚在任德平监镇官时，官府正欲在本镇推行市易法（即由官府管理市场贸易）。黄庭坚说，德平镇小民贫，人民负担不起官府的强制征收，“若行市易，必至星散”。在他的极力反对下，市易法遂停止实行。

元丰八年（1085）三月，宋神宗去世，宋哲宗继位。四月，黄庭坚被召入汴京任校书郎、《神宗实录》检讨官。任职德平虽不足一年，却写出其代表作《寄黄几复》，其名句“桃李春风一杯酒，江湖夜雨十年灯”广为传诵。明初，黄庭坚祀德平名宦祠。

年富建文昌祠 年富（1395—1464），字大有，本姓严，讹传为年。南直隶怀远（今安徽省蚌埠市）人。明永乐十五年（1417），考中举人。永乐十六年（1418），以会试副榜授德平训导。

此时，年富刚 20 多岁，他穿着工整，才具、气概严谨庄重，且勉励自己，丝毫不敢懈怠，就像老成持重的儒生一样。经过 9 年教化，年富的学生、门徒中，优秀、才智出众者达 9 人。

年富在德平期间，看到祭祀孔子等圣贤的圣庙，位次失序，立即加以整理、纠正；大殿、房屋毁坏、倒塌，立即捐献自己的俸禄加以修缮。明宣德三年（1428），年富升为吏科给事中，在任上，他纠正违失，识大体。明宣宗认为六科任务重要，命令每科选两人掌管事务，年富被选中掌管刑科。宣德十年（1435）春，明英宗继位，年富升任陕西左参政。在陕西任职 9 年间，他遇事果断勇敢，有所作为，不受权势阻挠，因此声名震动关中。明景泰二年（1451），年富凭借右副都御使身份出任大同巡抚，管理军政事务。明天顺二年（1458），经大臣举荐，年富被授南京兵部右侍郎，还未上任，又改为户部右侍郎，巡抚山东。他在赴任的路上，听说自己治下的地方遭了蝗灾，马上上疏奏明皇帝。朝廷下令改任左副都御使，仍巡抚山东。山东官吏都听说过年富的声名，知道他来了都畏惧服从，那些豪猾之徒都销声匿迹。

明天顺四年（1460），户部尚书一职出现空缺，当时的吏部尚书、太子太保李贤举荐年富担任这一职务。明英宗身边的大臣都表示年富不合适，但英宗不为所动，说“户部不能没有年富，人们大多不喜欢年富，但这正是年富贤能的原因”。于是，英宗特意召见年富，并任命他为户部尚书。

明天顺八年（1464），明宪宗继位。年富因陕西频繁用兵，而掌管钱饷的人不称职，请求罢免左布政孙毓。吏部尚书王翱认为年富侵犯了他的职权，所请不合理。年富极力辩解，说“荐贤为国，非有所私也”。为此，他请求辞官还乡，宪宗一再安慰，将他留下来，并下旨罢黜孙毓。不久，年富因毒疮病亡，享年 70 岁，谥号“恭定”。祀德平名宦祠。

年富为人刚烈正直，为官廉洁，秉性清静，遇事敢作敢为，且始终不渝，成为一代名臣。他在德平期间，缮修文庙，建文昌祠，并留下“平昌八景”中“五景”脍炙人口的诗作，分别是《魁台夕照》《平昌春雨》《古塔昏鸦》《龙泉晓钟》《重平烟柳》。

金陛废弃火甲巡逻制度 金陛（生卒年不详），浙江德清举人。明万历四十五年（1617），任德平知县。任职期间，督促民众开垦农田，修建城池望楼，疏通盐法，整理户籍编制，相联互保，稽查盗贼，将德平治理得政通人和、民富讼平。

百姓对积弊已久的火甲巡逻制度很厌烦，金陛推行雇役巡逻，公私两便，百姓称善。遇到朝廷临时征调物资之事，常用自己的俸禄充抵，而不麻烦百姓。县里的读书人有穷困的，常予以资助。曾有人奉朝廷诏令购买散边军布，送至德平已坏，金陛不畏强权，刑杖驱离。

任满，擢升邳州知府。百姓请求留任，未获准，为其建祠祭祀。

季静申免纤夫征调 季静（生卒年不详），字仁山。江南泰兴监生。康熙五年（1666 年），任德平知县。到任后，一切与民休息，缓征徭，平争讼，修保甲，劝耕读，处事敏达，善于抚驭，政通人和。

当时，德州因运河运输需要，在周边征调纤夫。而德平、德州相距140余里，依朝廷法规，不在征调纤夫范围。因为前任知县不敢依法申请，德平被错划入征用之列。官船来去无规律可循，主管官员害怕误事，往往先期征发，让纤夫在德州长期等候，“拘执细弱闭之空室中，使其饥饿寒冻，骈肩叠足，不得少休息，未及舟而困毙者，不知其凡几矣”。久而久之，相沿成例，百姓苦不堪言。季静到任后，问明情况，认为州邑之例，不如朝廷之法。从体恤民众的角度出发，发文通过主管官员向巡抚申请废除德平征调纤夫的做法，“德平之民去州辽远，于法不当为纤夫于州”。主管官员以成例推脱，季静不为所动，反复陈请，最终废除了从德平征调纤夫的徭役。德平百姓感佩不已，勒石以记，并建生祠祀之。任满，擢兵部主事。

沈志达请免河库协银 沈志达（生卒年不详），字沛生，奉天人。初任笔帖士，康熙十五年（1676年），任德平知县。任内咨访民隐，厘弊除奸，立社学，建营房，修祠庙，设义冢，惠政无数，将德平治理得狱息讼平、盗戢民安，并申免德平县河库协济银，造福一方百姓。

德平旧有协济德州安德驿浅夫银462两，代解河库。康熙七年（1668）有旨，此银两改归各州县，则应由德州完解，德平县协济银两编入地丁。解司却以没有明发豁免为由，指定德平继续代解，属额外派征，都分摊到了德平老百姓的头上，怨声载道。前任知县徐希龙曾申免此事，未获准。沈志达到任后，查明原委，条析数千言，从关心民瘼的思路出发，恳请豁免，反复数次，最终获准，大大减轻了德平百姓的负担。任满，擢柳州府同知。

德稜额修建白麟书院 德稜额（生卒年不详），字笛舟，青州镶白旗人，进士。清道光十九年（1839），任德平知县。在任期间，他“政持大体，不务虚名”。为德平的教育发展奠定了基础，做出了贡献。

德平书院始建于明嘉靖年间，由知县杨自效督建，名为“般阳”。清雍正四年（1726），改为“甘露”，几经兴废，故址已湮没无存。乾隆三十二年（1767），知县彭宗古改建东社学为“敬业书院”。乾隆六十年（1795），知县钟大受进行了重修。几十年间，书院剥落摧残，破败不堪。德稜额见到此景后感叹，“以兴贤育才之地，废为瓦砾之场，实堪悯焉”。遂有自己捐钱重修之念，无奈力量微小，以致拖延没有结果，学生只能在书院的正殿听课。4年间，经引导扶植，褒奖鼓励，学童日益增多，方知德平人才富足。德稜额再次倡修书院，并带头捐款，结果“诸生及绅士踊跃从事，乐为捐输”。

经过4个月的时间，书院落成。“西接学宫，东联奎楼，洵文明之所也。”“规模宏敞，远胜于前。”（德稜额《新建白麟书院碑记》）书院建成后，据《德平县志》记载，“晋武帝时有白麟见于郊”，必是祥瑞兴盛之地。因此，命名为“白麟书院”。德稜额希望“后之君子随时而修葺之，俾有基勿坏，足以育人才而培文风，是余之厚望也夫”。不仅如此，他还依次修缮了学宫和魁星楼，德平“士民称颂弗衰”。

人物表

德平历代封爵一览表

表7

序号	姓名	朝代	皇帝	爵位
1	有鬲氏	夏	—	—
2	陆　通	周	齐宣王	元侯
3	刘　卬	汉	文帝	平昌侯
4	张　万	东汉	光武帝	重平侯
5	朱　祐	东汉	光武帝	鬲侯
6	刘　昱	东汉	和帝	西平昌侯
7	鼓　恺	东汉	顺帝	西平昌侯
8	苟庆珍	北魏	孝明帝	平昌县子
9	宇文弢	隋	文帝	平昌县公
10	陆　溥	唐	武后	平昌县男
11	兀鲁	元	世祖	郡王
12	陈友直	明	英宗	德侯
13	朱允榳	明	世宗	德平王
14	朱载瑮	明	世宗	德平王

德平明清进士一览表

表8

朝代	姓名	字号	考中年号科榜	官职
明	李　勗	勉之	明永乐丙戌科林环榜	巡按御史
明	吴　润	公泽	明成化丙戌科罗伦榜	户部员外郎

续表 8

朝代	姓名	字号	考中年号科榜	官职
明	吴　溥	公济	明成化壬辰科吴宽榜	未仕卒
明	蔺　琦	字廷玺	明成化辛丑科王华榜	顺天府尹
明	吕　佑	子启	明弘治癸丑科毛澄榜	户部主事
明	葛守礼	与立、与川	明嘉靖乙丑科罗洪先榜	左都御史
明	王麟趾	明野	明万历庚辰科张懋修榜	知县、御史、主事
明	葛　曦	仲明、凤池	明万历癸未科朱国祚榜	翰林院检讨
明	季东鲁	国望、岱石	明万历癸未科朱国祚榜	副使
明	葛如麟	子仁	明万历庚戌科韩敬榜	按察使
清	刘允德	字孟寀、号默斋	清顺治丙戌科傅以渐榜	盐山知县
清	朱长泰	谦茹、大来	清顺治丁亥科吕宫榜	授知县，升主事
清	朱　传	唯一	清乾隆壬申恩科秦大士榜	未仕卒

德平黄花菜种植基地（2018 年）

大事纪略

西汉时德平设立县治

德平历史悠久，据光绪《德平县志》记载：上古时期，为陆终氏封域；尧、舜、禹、商为有鬲氏封域，属兖州；西汉年间设县，始名鬲县，隶属于青州部平原郡。德平设立县治自此始。

宋元丰七年（1084）黄庭坚任德平镇监

宋元丰七年（1084），著名文学家、书法家黄庭坚因反对王安石变法，自江西太和知县调任德平镇监，监管全镇税务。在德平期间写就《寄黄几复》诗，其中的“桃李春风一杯酒，江湖夜雨十年灯”成为千古佳句，至今为人传诵。

1956 年德平撤县设镇

1956 年 2 月 24 日，国务院同意山东省人民委员会关于调整合并和撤销德平县的意见。1956 年 2 月 28 日，山东省人民委员会会议讨论通过撤销德平县的行政区划调整方案（草案）。1956 年 3 月，撤销德平县治。原德平县下辖 10 个区，64 个乡、镇，752 个村，66375 户，272653 人。撤销后，将西部 2 个整区和 2 个区的 12 个乡划归德县；将南部 3 个整区和 5 个乡划归临邑县；将东部 2 个区的 7 个乡划归商河县；将东北部 2 个区的 11 个乡划归乐陵县。

2008 年“创业年”活动

2008 年 1 月 30 日，为进一步加强农村基层组织建设，努力提高广大村干部带领群众共同致富的本领，促使村组干部进一步解放思想，树立创业理念，推进全镇经济快速健康发展，经镇党委和政府研究决定，把 2008 年作为村干部“创业年”。在“创业年”活动中，全体村干部积极带头开展招商引资，领办、创办民营企业，兴建养殖小区，发展特色种植基地。村干部在带头致富的同时，通过领办、创办民营企业带动群众就业，创办各种种植、养殖基地为群众找准致富道路。全镇上下形成人人争先创业、竞相发展的良好局面，为实现“富民强镇”的奋斗目标奠定坚实基础。

2008 年德平镇被列为“全国发展改革试点小城镇”

2008 年 3 月 25 日，德平镇被国家发展改革委列为第二批“全国发展改革试点小城镇”。德平镇立足于经济、政治、区位优势，坚持以科学发展观为统领，按照“招商引资壮财源、城镇建设提形象，结构调整增民收，文化旅游促发展”的工作思路，坚持“农民向镇驻地集中、居住向社区集中、产业向园区集中、土地向种植大户和合作社集中”的原则，结合德平实际，努力打造经济实力强、城镇规模大、发展基础好、特色鲜明、镇容镇貌整洁的全国改革试点镇。

2012 年德平镇被评为“国家级生态镇”

2012 年，德平镇借助参评“国家级生态镇”这一契机，加大生态城镇建设力度，全力打造惠及全镇千家万户的生态家园，使德平人民逐步享受生态文明生活。2012 年 12 月，德平镇被环保部评为 2010—2011 年度“国家级生态镇”。

2014 年德平镇被评为“全国重点镇”

“全国重点镇”是当地县域经济的重要组成部分，承担着加快城镇化进程和带动周围农村地区发展的任务。德平镇位于临邑、陵县、宁津、乐陵、商河五县市交界处，省道 323 线贯穿全境，商贸辐射人口达 60 万人，是临邑县域发展次中心。

2012 年，德平镇党委决定申报新一轮“全国重点镇”，按照中共十六大提出的“全面繁荣农村经济、加快城镇化进程”的要求，努力将德平镇建设成为促进农业现代化、加快农村经济社会发展和增加农民收入的重要基地。

2014 年 7 月 21 日，住房城乡建设部、国家发展改革委、财政部、国土资源部、农业部、民政部、科技部等部门公布了新一轮“全国重点镇”名单，德平镇位列其中，是临邑县唯一获此殊荣的乡镇。

2018 年德平镇被列入全国农业产业强镇示范建设名单

2018 年，根据中央农村工作会议、中央 1 号文件有关部署要求，为深化农业供给侧结构性改革，推动实施乡村振兴战略，农业农村部、财政部启动农业产业强镇示范建设工作。经县（市、区）申请、省级遴选、部级审查，决定批准全国 254 个镇（乡）开展农业产业强镇示范建设，德平镇位列其中。

2018 年德平镇游子文化节

2018 年 9 月 22 日，围绕乡村振兴、推动新旧动能转换、乡村赋能工程，德平镇党委、政府成功举办临邑县首届中国农民丰收节暨德平镇首届游子文化节。活动现场，来自天南海北的近 200 名游子欢聚一堂，畅叙乡情，共谋发展，为广大游子提供了一个可以直接参与家乡建设的平台。会后，德平镇政府与北京恩源科技有限公司合作实施乡村赋能工程，建立赋能企业和赋能生产基地、门店，助力脱贫攻坚，打造家乡特色品牌，推动工业反哺农业。游子文化节上，还成立了德平镇游子联谊会。

德平首届游子文化节（2018 年）

富民家庭农场内盛开的油菜花（2018年）

附录

德平旧志汇略

《德平县志》始修于明朝嘉靖年间，历经明、清两朝及民国，总计 7 次编修。

明代旧志　嘉靖《德平县志》，明嘉靖三十三年（1554），知县赵鏄修。

万历《德平县志》，明万历三十四年（1606），知县王霖修。

清代旧志　康熙《德平县志》，戴王缙修，刘胤德纂。清康熙十二年（1673）刻本 4 册 4 卷，由刘胤德依前志校对参订，考证史籍，补入一二条而已。选举人物于唐以前诸人，未有著明籍里，艺文所录冗滥无绪，至于文献事实，所增无几。现藏于国家图书馆。

乾隆《德平县志》共 4 卷，钱大琴纂修。清乾隆三十八年（1773）刻本 4 册，现藏于国家图书馆。

嘉庆《德平县志》共 10 卷，钟大受纂修。清嘉庆元年（1796）刻本 4 册，现藏于国家图书馆。

光绪《德平县志》共 12 卷，6 册，凌锡祺修，李敬熙纂。清光绪十九年（1893）刻本，现藏于国家图书馆。

此外，光绪年间曾有《德平乡土志》，2 万余字，不分卷，纪事至光绪二十五年

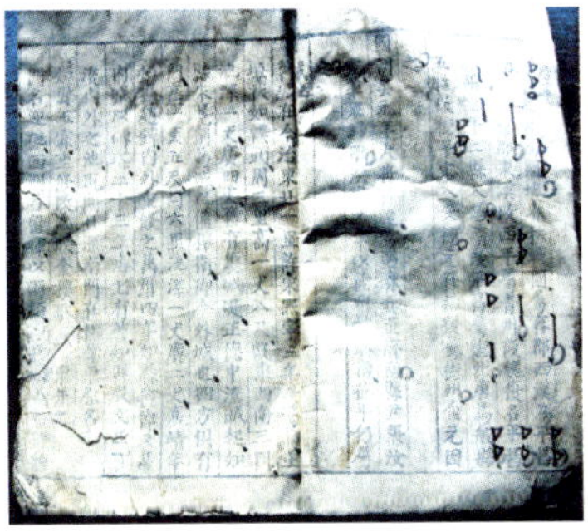

万历《德平县志》书影

《德平县前志》书影

（1899）。志目有：舆地、历史、政绩录、兵事录、耆旧录、人类、户口、氏族、宗教、实业、地理、山水、道路、物产、商务等。未署作者，仅见稿本。现存于山东省博物馆。

民国旧志　民国《德平县续志》共12卷，吕学元修，严绥之纂，1936年铅印本。同时，重印光绪《德平县志》，改称为《德平县前志》。均藏于临邑县档案馆。

旧志整理　为让世人更加详细地了解德平的历史文化，临邑县史志编写中心先后于2012年11月、2017年12月点校整理并重新印发《德平县续志》、光绪《德平县志》。

《德平县文献汇略》线装、手抄、孤本，共12卷，包括封域、建制、政赋志、官师、人物、科贡、恩例、祥异等诸多方面，记载了上至远古、下至前清的史实，是一部记载原德平县的地方性史籍。

原是由康熙三十二年（1693）廪生朱履庆编辑的家藏手抄本。乾隆二十二年

民国《德平县续志》书影

点校光绪《德平县志》书影

《德平县文献汇略》(傅宗国整理影印)

(1757),朱家遭遇大火,这套文献化为灰烬。乾隆二十五年,其侄孙进士朱传志续编,寻找草底、征集史料,召集同仁及诸弟抄录,装订成册家藏。1966年,在"破四旧"运动中,原临邑县文化馆员、德平镇付家村人傅旭亭从即将焚烧的旧书堆里抢救出来,珍璧保藏。2012年,傅宗国将其父珍藏的这部史籍梳理编辑,由原来的12卷整合为4册,自己出资影印。

旧志序

明嘉靖三十三年(1544)《德平县志·序》(节选) 夫德平之为邑旧矣,地以名别,名以时异。上征星野,下稽往牒,而沿革之迹昭矣,故首志建置。禹定九州,表名山大川,是疆域之辨也,可无书乎?故次志山川。乡镇,民攸止也,抚之则聚,虐之则散,而登耗于是乎稽,故志乡镇。王公设险以守国,城池其大者也,坚瑕葺毁,斯守土之重务也,故志城池。土殖物以为民资,而或诛求于土之所无,至竭泽以鱼焉,是资民者适以厉民;粟米、力役赋于户口,顷流徙日众,岂两税有弗平耶?均司牧者所当念也,故志土产,志户口。风鼓于上,俗沿于下,虽叔世习尚滋漓,然犹有齐鲁之遗休焉,变而之道,易易耳,故志风俗。官之有廨,咸需民财力以构之也。厚下安宅,其恫民之艰而培其基乎?故志公署。学校、书院,士所群聚讲业而出以桢国者也。师不失所教,弟子不失所学,庶无负修举之意耶,故志学校,志书院。典祀兆守有域,礼之大经,非无文之秩也,岁时当慎于洁备乎,故志坛壝。邮传,古侯遗怀方之志也,而弊滋于冒滥,民疲于奔命,当路者其审裁节之宜乎?故志邮传。礼有其举之,莫敢废也,矧庙貌而尸祝之者多有功于民者也,可勿录乎?故志祠庙。释老之宫遍海内,历唐宋迄今,豪杰起而排之者不少矣,乃卒无损于其盛,岂二教沦浃肌肤,而惟以虚玄胜耶?矧其教亦足以使人清心寡欲,以基天下之治?故志寺观。造舟为梁著于诗,而扛摧绮约杂见子史,君子于此可以观政矣，故志桥梁。吊古兴上世之思，墟墓式过客之车，是人心之不可泯也，故志古迹，志冢墓。鸣珂碎锦，所以昭贤表遇；崇功保庸，所以砺世磨钝：是咸作之劝也，故志牌坊，志功赏。设官分职，自有邑以来，其姓字湮没不传者多矣，而炳焉特著，必其政理之可述也，故志职官，志名宦。国朝以科贡为正途，而出于科者类跻崇膴，贡则鲜有显赫，亦其势然耳，故志科目，志应贡。史籀既邈，姿媚日新，邑之拟迹欧、颜者踵曳矣，故志中书。源深流远，根沃末茂，影响之理也。睹天宠推貤之隆者，其思深源而沃根乎？故志恩封。孝义、贞节，民之纪也。每惧夫舆论之弗协耳，兹论定于学校则公矣。公而不载，何以树风？故志孝义、贞节。邑自祢正平而下，岿然为众所瞻企者，代不数人。故间气之钟也，义当特书以传，故志人物。夫志以纪事，事以文显。凡文之有关于事，各以类附，如《一统志》之例；舍是无录者矣，故诗文不专志。天道远，人道迩，灾祥非所急也，而要之天人之际微矣，故志灾祥终焉。

赵鏄

清光绪十九年（1893）《德平县志·序》（节选） 夫德邑志创自有明，赵、王、戴三《志》不存，钱、钟二《志》互有详略。自兹以来，文湮献没。仅得于簿书所录，故老所闻，根据旧志而折衷之。或昔有而今无，或已废而复举。惟实事以求是，遑计笔墨之工拙耶？然而详能吏之循声，所以重官守；纪先哲之懿行，所以劝士风；录义民之殉节，所以励荩忱；传列女之苦贞，所以饬伦纪；表科目，序祀典，称学校建置之功，所以赞文教；志田赋，记灾祥，考方舆沿革之异，所以奠民生，推之物有可传，事有足取，靡不旁搜载籍，别类分门，俾信之今而传之后。此则殷切商榷，以求合乎义例之归者也。事既葳，捐频年俸馀，付之剞劂。盖数年来以有志而未逮者，至是而遹观厥成。邑士人诚能体修志之心，以仰副国家稽古右文之治，而铭勋史册，增光志乘。祺不敏，与有荣焉已。

光绪十九年岁在癸巳三月上浣，同知衔知德平县事钱塘凌锡祺撰

1936年《续修德平县志序》 县之有志犹国之有史也。史纪国事，言简而意赅；志纪县事，项繁而词费。历来膺民社考治谱者，莫不以邑乘为重。所谓典章、文物、政教、风土，固于是书觇之，亦古今得失之林矣。学元制锦才疏，承乏德邑，检阅案卷，窃以为县志一书关系重要，上奉功令，限期续修。胡可视为缓图，爰偕戚科长万祥、杨科长永信及地方机关人士，协议佥同设局开办，延聘严君绥之、武君殿祯担任县志局总分纂，郭殿武诸君分任各区采访员，八阅月而书成。严、武二君，新旧学识兼而有之，制成斯编，当足以信今而传后。因念旧志失修迄今四十余年，官斯土者，往往困于簿书鞅掌，政局沧桑，应付时变之不遑，尚何及于修文之举。学元躬逢佳会，得与证今论古，考献征文。藉政务余闲，作表章韵事，地方之幸，亦敝人之幸也。书将付印，余因略掇数言，弁诸简端，以志颠末。是为序。

德平县县长栖霞吕学元谨识

中华民国二十五年三月

阳关庙村的红花（2019 年）

主要参考文献

王霖修：万历《德平县志》，万历三十四年（1606）。

凌锡祺修：光绪《德平县志》，光绪十九年（1893）。

吕学元修：民国《德平县续志》，1936 年。

陵县志编纂委员会编:《陵县志》，内部印刷，1986 年 5 月。

中共临邑县委组织部、中共临邑县委党史资料征集研究委员会、临邑县档案馆编:《中国共产党山东省临邑县组织史资料》，中国文史出版社，1988 年 12 月。

山东省乐陵县史志编纂委员会编:《乐陵县志》，齐鲁书社，1991 年 11 月。

山东省宁津县史志编纂委员会编:《宁津县志》，齐鲁书社，1992 年 6 月。

山东省临邑县史志编纂委员会编:《临邑县志》，齐鲁书社，1993 年 7 月。

商河县志编纂委员会编:《商河县志》，济南出版社，1994 年 8 月。

中共临邑县委组织部、中共临邑县委党史研究室、临邑县档案馆编:《中国共产党山东省临邑县组织史资料（续）》，中国文史出版社，1997 年 9 月。

山东省临邑县史志编纂委员会编:《临邑县志》，中华书局，2004 年 9 月。

临邑县政协文史资料委员会、临邑县德平镇党委政府编:《鲁北重镇德平》，2007 年。

傅宗国:《德平县文献汇略》，2012 年。

中华书局编辑部编:《二十四史》，中华书局，2012 年。

临邑县政协文史资料委员会编:《临邑古今名人》，中国社会出版社，2015 年 1 月。

临邑县政协文史资料委员会、临邑县委党史研究室、临邑县民政局编:《临邑抗日烽火》，中国社会出版社，2015 年 8 月。

临邑县政协文史资料委员会编:《临邑 1900　2000 百年影像记忆》（上、下册），中国文史出版社，2016 年 12 月。

中共临邑县委组织部、中共临邑县委党史研究室、临邑县档案馆编:《中国共产党山东省临邑县组织史资料》，中国文史出版社，2015 年 11 月。

德州市地方史志编纂委员会编:《德州大事记》，方志出版社，2016 年 9 月。

临邑县政协文史资料委员会编:《魅力临邑》，中国文史出版社，2017 年 12 月。

政协临邑县委员会编:《翰墨丹青润梨城》，天津人民美术出版社，2019 年 1 月。

赵克生:《家礼与家族整合：明代东山葛氏的个案分析》,《求是学刊》，2009 年第 2 期。

编纂始末

德平镇是一座具有千年历史的古镇，西汉设县，自五代后唐至1956年撤县设镇前一直为县治驻地，历史源远流长，人文底蕴深厚。

德平历史上共7次编修县志，分别于明嘉靖、万历，清康熙、乾隆、嘉庆、光绪及民国期间。新中国成立70多年来，德平镇发生了翻天覆地的变化。2017年11月，镇党委、政府为保留乡土文化记忆，记录德平历史变迁及发展历程，从存史、资政、垂鉴、育人的角度出发，决定编写《德平镇志》。

镇党委、政府将镇志编纂工作列为镇文化工作重点，成立了以镇党委书记张洪东为主任、镇长张万里为副主任、党政班子成员为委员的编纂委员会，下设编辑办公室，选调11名文字功底出色、历史文化知识积累深厚的工作人员集中编纂。其间，动员全镇10个管区、134个村"两委"和镇直各单位，全面配合，挖掘相关资料。积极与上级部门及社会各界人士取得联系，深入搜集、掌握第一手资料。同齐河县赵官镇、临邑县临盘镇、宿安乡等已成书单位进行沟通、座谈，并形成初步思路。

2019年8月，临邑县党史办主任修广利邀请德州方志研究专家韩维新到德平镇座谈指导，启动德平镇中国名镇志申报工程。2019年9月,《德平镇志》进入编纂阶段，在编纂过程中，山东省委党史研究院业务指导处和德州市委党史研究院的专家，对镇志编纂的主体、体例、凡例、篇目设置分别给予指导。对原有资料进行取舍，突出重点，再次进行搜集、撰写，于2020年2月形成初稿。全书19万余字，内附230余张图片。《德平镇志》采用纲目体，突出亮点，结构灵活而不失志体，语言生动而不失端庄，图文并茂。

2020年4月，临邑县党史研究中心、临邑县地方史志研究中心对《德平镇志》进行初审，德州市委党史研究院、德州市地方史志研究院对《德平镇志》进行复审。2020年9月8日,《德平镇志》志稿终审会召开。参加人员有山东省委党史研究院业务指导处处长张耀龙，山东省委党史研究院二级调研员杜泉，济南市委党史研究院一级调研员丁爱军，枣庄市中区地方史志办公室原主任王光辉，德州市委党史研究院院长李士新，德州市委党史研究院科长李文等。各位专家分别从篇目调整、字词规范、目录整合、图片质量、艺文增删等方面，提出具体修改意见。对于专家老师们的意见，编纂小组成员给以高度重视，屡次认真细致地校对、修改，力求使本志稿能以更加完美的形象问世。

《德平镇志》编纂过程中，得到德州市档案馆、临邑县政协、临邑县档案馆、临邑县文化馆等部门的大力支持。同时，也得到郑永华、孙建功、乔明德、齐宝江、刘公明、葛汝江、刘安全、尚兴河、孟祥礼、蒋本军、郭培胜等各界人士的支持，一并表示感谢。

《德平镇志》虽经多次易稿，但因编纂时间仓促，再加之修志人员能力水平有限，难免有错漏之处，希望方志界专家及读者指正。

编　者

2020 年 10 月